Zimmermann

Erfolgreiches Büromanagement mit EXCEL 2024/ EXCEL Microsoft 365

Praxisbuch für kaufmännische Berufe

Merkur
Verlag Rinteln

Wirtschaftswissenschaftliche Bücherei für Schule und Praxis
Begründet von Handelsschul-Direktor Dipl.-Hdl. Friedrich Hutkap †

Verfasser:
Axel Zimmermann, Studiendirektor

* * * * *

1. Auflage 2026

Gesamtherstellung:
Merkur Verlag Rinteln Hutkap GmbH & Co. KG, 31735 Rinteln

E-Mail: info@merkur-verlag.de
lehrer-service@merkur-verlag.de
Internet: www.merkur-verlag.de

Merkur-Nr. 0825-01
ISBN 978-3-8120-0825-9

Vorwort

Mit dem Arbeitsbuch können die Fertigkeiten in EXCEL **selbstständig** und **selbsttätig** erworben werden, um auf diese Weise berufsbezogene Probleme zu lösen. Die Funktionen werden durch **Praxissituationen** erarbeitet und durch Aufgaben vertieft. Die Lernenden werden **anwendungsorientiert** durch die kaufmännischen Tätigkeiten des Büroalltags begleitet und bekommen dadurch einen hohen **Praxisbezug** vermittelt.

Das Arbeitsbuch ist **universell einsetzbar** sowohl für kaufmännische Ausbildungsberufe als auch für vollzeitschulische Bildungsgänge. Auch Bildungseinrichtungen, die sich auf die **Aus- und Weiterbildung** von berufstätigen Erwachsenen spezialisiert haben, profitieren vom Einsatz dieses Arbeitsbuchs. Zudem ist das Arbeitsbuch zur Erarbeitung der notwendigen Kompetenzen für ein **erfolgreiches Bestehen der gestreckten Abschlussprüfung** der Kaufleute für Büromanagement geeignet.

Das Arbeitsbuch enthält zahlreiche **Übungsaufgaben** zur selbstständigen Erarbeitung sowie Hilfen zur Vorbereitung eines handlungsorientierten Unterrichts. Sowohl die einfacheren als auch die komplexen **Programmfunktionen** von MS EXCEL bis hin zum **kollaborativen Arbeiten** werden erlernt und erleichtern die praktische Anwendung.

Wipperfürth, Winter 2025/2026

Axel Zimmermann

Inhaltsverzeichnis

1 Allgemeine Vorbemerkungen

2 Aufträge bearbeiten (Lernfeld 3)

3 Sachgüter und Dienstleistungen beschaffen/ Verträge schliessen (Lernfeld 4)

1 ALLGEMEINE VORBEMERKUNGEN

1.1 EXCEL 2024/EXCEL 365

EXCEL 2024 ist als Tabellenkalkulationsprogramm Bestandteil von Microsoft Office 2024, das unter den gängigen Betriebssystemen von Microsoft lauffähig ist.[1] Neben dieser „statischen" Version, die einmal gekauft und dann so verwendet werden kann, ist immer häufiger Microsoft 365 auf Computern installiert. Dabei handelt es sich um einen Abonnementdienst, der sicherstellt, dass immer die aktuellen Programme von Microsoft verfügbar sind. Bei Updates werden daher nicht nur Fehler behoben, sondern auch neue Funktionen eingebunden, die bei einem *EXCEL* mit fester Versionsnummer erst in der Folgeversion erhältlich sind. Daher sind *EXCEL* 2024 und *EXCEL* aus dem Microsoft 365-Paket nicht identisch, aber viele Funktionen und auch die Bedienung sind nahezu gleich. Beiden Versionen ist auch gemein, dass das kollaborative Arbeiten, also die gemeinsame (und zeitgleiche) Bearbeitung von Arbeitsmappen, einen großen Stellenwert einnimmt. In diesem Buch geht es in erster Linie um *EXCEL* 2024, aber es wird immer wieder Hinweise zu *EXCEL* 365 geben.

EXCEL 2024 bzw. *EXCEL* 365 ist ein Tabellenkalkulationsprogramm, das für die oben genannten Betriebssysteme[2] entwickelt wurde und deren spezielle Gegebenheiten ausnutzt.

Tabellenkalkulationsprogramme sind nach Textverarbeitungsprogrammen die am häufigsten eingesetzte Software. Diese Programme weisen eine weitgehend gleiche Funktionalität auf:

Auf einem elektronischen Arbeitsblatt können Sie mithilfe der einzelnen Zellen, die am Schnittpunkt von Zeilen und Spalten entstehen, Berechnungen durchführen lassen. *EXCEL* z. B. kann durch die Vielzahl der vorhandenen Funktionen sowohl kaufmännische als auch technisch-wissenschaftliche Problemstellungen bearbeiten. Ein besonderer Vorteil von Tabellenkalkulationen ist, dass ein Ändern der Eingabewerte automatisch zu einer neuen Berechnung führt. Ergänzende Textkommentare können Sie ebenfalls eingeben, um komplexere Berechnungen besser verständlich zu machen und für Dritte nachvollziehbarer zu gestalten.

In der kaufmännischen Praxis werden Tabellenkalkulationsprogramme deshalb sehr vielfältig eingesetzt.

1.2 Aufbau und Grundzüge der Bedienung von EXCEL unter Windows

EXCEL ist in der Version 2024, bzw. die aktuelle Version von *EXCEL* 365 zusammen mit seinen Vorgängern, inzwischen das erfolgreichste Windows-Tabellenkalkulationsprogramm. Wegen des großen Umfangs (z. B. mehr als 400 Tabellenfunktionen, zu denen in der Version 2024 noch einmal mehr hinzugekommen sind) gibt es zahlreiche Hilfsmittel, die unterschiedliche Assistenten umfassen. Außerdem ist die Programmiersprache Visual Basic für Applikationen (VBA) enthalten, mit deren Hilfe auch komplexere Probleme gelöst werden können. Allerdings wird diese immer mehr durch JavaScript und Lambda-Funktionen, die benutzerdefinierte Funktionen sind, ersetzt.

EXCEL bietet das Konzept der Arbeitsmappe, die in der aktuellen Version standardmäßig ein Blatt (Tabellen und andere Dokumente) enthält, welches jederzeit erweitert werden kann.

Ergänzender Hinweis:

Wenn Sie jedoch generell eine andere Zahl an Tabellenblättern in neuen Arbeitsmappen benötigen, können Sie nach einem Klick auf die Datei-Registerkarte (Datei) in der linken oberen Ecke unten links Optionen aufrufen. Unter Allgemein können Sie dann die gewünschte Anzahl von Arbeitsblättern festlegen: So viele Arbeitsblätter einfügen: 1 (zwischen 1 und 255).

1 Es gibt auch Microsoft Office für MacOS und iOS von Apple sowie Android von Google, auf die hier aber nicht weiter eingegangen wird.

2 Wir gehen davon aus, dass Sie mit den Grundzügen der Bedienung von Microsoft Windows vertraut sind. Sollten Sie hierbei Defizite aufweisen, erarbeiten Sie sich bitte mit dem Lernprogramm Ihrer jeweiligen Windows-Version diese Grundfertigkeiten.

Neben den Dokumentennamen (Namen der Arbeitsmappen) können erläuternde Informationen gespeichert und als Suchkriterien verwendet werden.

EXCEL bietet außerdem ein eingebundenes Grafikprogramm. Die Bedienung mit der Maus ist sinnvoll, vor allem im Hinblick auf das Anklicken von Symbolen, Markieren, Kopieren usw. Auf die Tastatur kann jedoch nicht ganz verzichtet werden. Sie wird vor allem für Zahlen- und Texteingaben sowie für Hotkeys (= Tastenkombinationen, die bestimmte Befehlsfolgen ersetzen können) benötigt. Außerdem lassen sich einzelne Vorhaben auch schneller umsetzen, wenn mit Tastenkürzeln gearbeitet wird.

1.2.1 Wichtige Grundbegriffe im Zusammenhang mit der Computermaus

Die Bewegungen, die Sie mit der Maus auf dem Tisch ausführen, werden auf den Bildschirm übertragen. Damit können Sie jeden Punkt des Bildschirms ansteuern. Je nach Anwendung nimmt der „Mauszeiger" unterschiedliche Gestalt an. – Sollte die Maus einmal nicht so funktionieren, wie Sie sich das denken, dann könnte dies auch an der Tischoberfläche liegen. Probieren Sie einfach mal die Maus auf einem Blatt Papier zu bewegen, wenn kein Mauspad vorhanden ist. Wenn Sie einen Touchscreen haben, kann natürlich auch manchmal einfach ein Tippen auf dem Bildschirm die schnellste Variante sein, die zum Ziel führt.

Folgende Begriffe werden im Zusammenhang mit der Mausbedienung gebraucht:

Begriff	Bedeutung
Zeigen	Der Mauszeiger wird durch entsprechende Bewegungen auf ein bestimmtes Objekt des Bildschirms gerichtet.
Klicken	Die Maustaste wird einmal kurz gedrückt. Sollte nichts anderes vermerkt sein, bezieht sich die Bezeichnung „Klicken" immer auf die linke Maustaste.
Doppelklicken	Die Maustaste wird zweimal kurz hintereinander gedrückt. Im Normalfall ist immer die linke Maustaste gemeint (siehe „Klicken").
Ziehen	Mit dem Mauszeiger auf etwas zeigen und die linke Maustaste drücken. Bei gedrückter linker Maustaste bewegen Sie den Mauszeiger auf dem Bildschirm.
Ziehen und Ablegen („Drag & Drop")	Markierte Elemente können mithilfe der Maus im gleichen Dokument oder zwischen verschiedenen Dokumenten kopiert oder verschoben werden. Der Mauszeiger verändert bei dieser Funktion sein Aussehen.

1.2.2 EXCEL unter Windows starten

Da *EXCEL* eine „normale" App ist, wird es auch so gestartet, wie Sie dies von anderen Anwendungen kennen. Unter dem Betriebssystem Windows 10 kann dies wie folgt aussehen. Abhängig von der vorhandenen Installation kann der Start auch anders ablaufen oder sogar durch eine didaktische Oberfläche in der Schule von Ihrer Lehrerin bzw. Ihrem Lehrer vorgenommen worden sein. Wenn Sie nicht wissen, wie es funktioniert, fragen Sie einfach nach. Alle Bildschirmfotos in diesem Buch sind unter dem Betriebssystem Microsoft Windows 10 entstanden.

Vorgehensweise	
1. Startmenü öffnen.	Auf den Start-Button klicken! 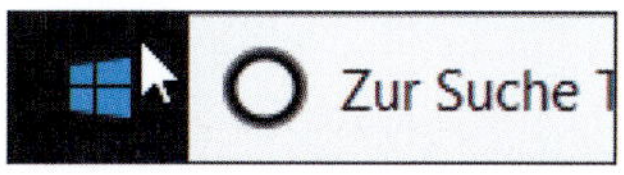
2. Unter „E“ nach *EXCEL* suchen.	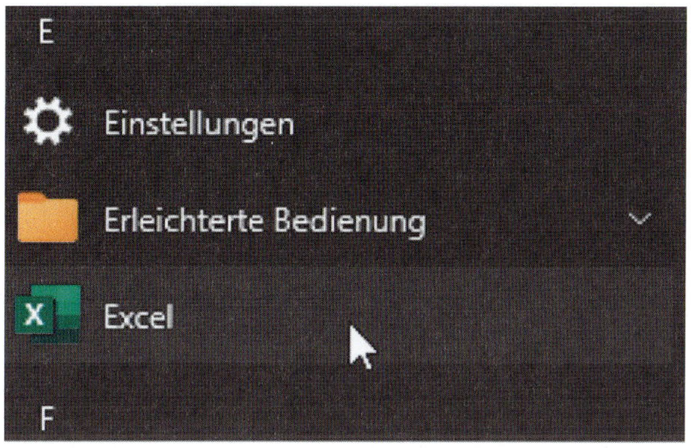
3. Alternative: „Zur Suche Text hier eingeben.“ anklicken und nach *„EXCEL“* suchen.	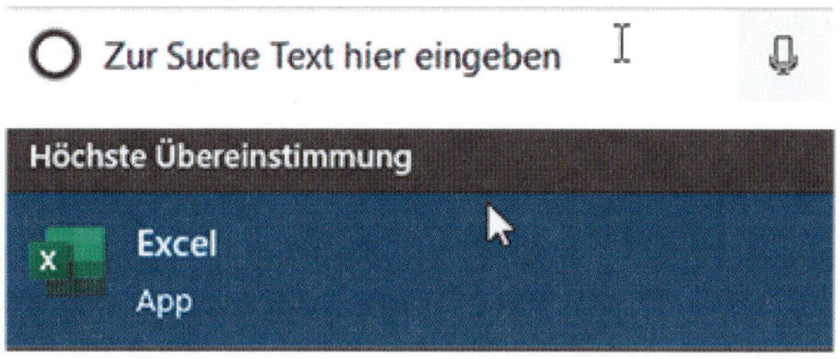
4. *EXCEL* starten.	Auf *EXCEL* klicken!

1.2.3 Oberfläche und Bedienelemente von EXCEL

Nachdem Sie das Programm gestartet haben, erscheint ein Startfenster, in dem Sie angeben können, ob Sie eine bereits vorhandene Arbeitsmappe weiterbearbeiten, eine neue, leere anlegen oder ein fertiges Design anwenden:

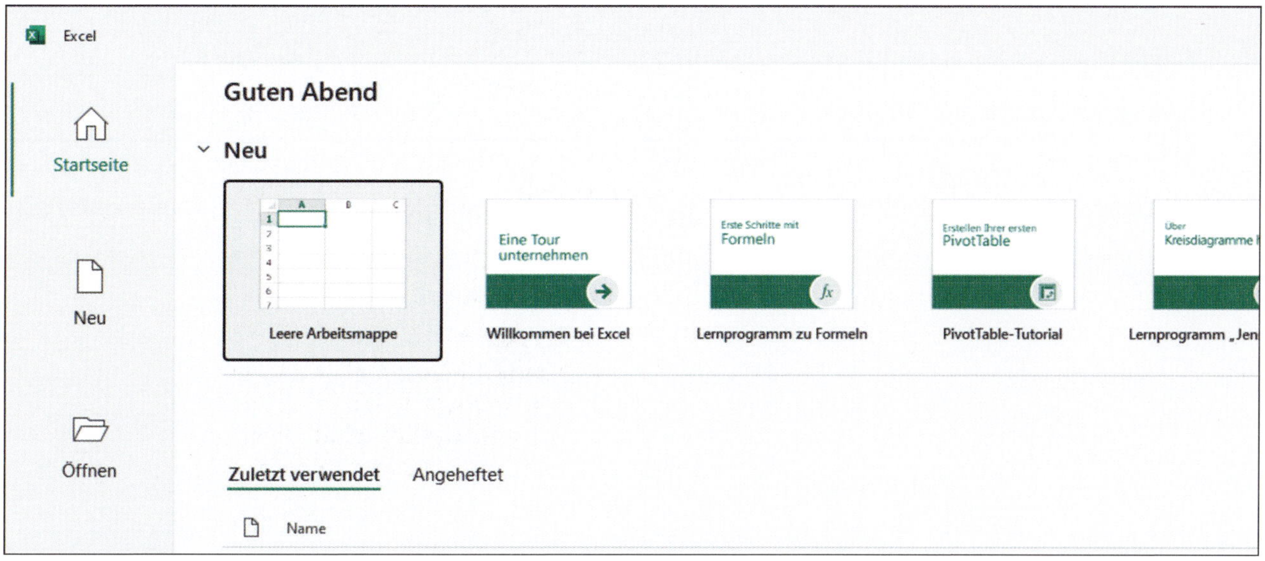

Wenn Sie hier auf „Leere Arbeitsmappe“ klicken, dann erscheint das Programmfenster, in dem *EXCEL* gestartet wurde. Das Bildschirmfenster von *EXCEL* 2024 ist folgendermaßen aufgebaut:

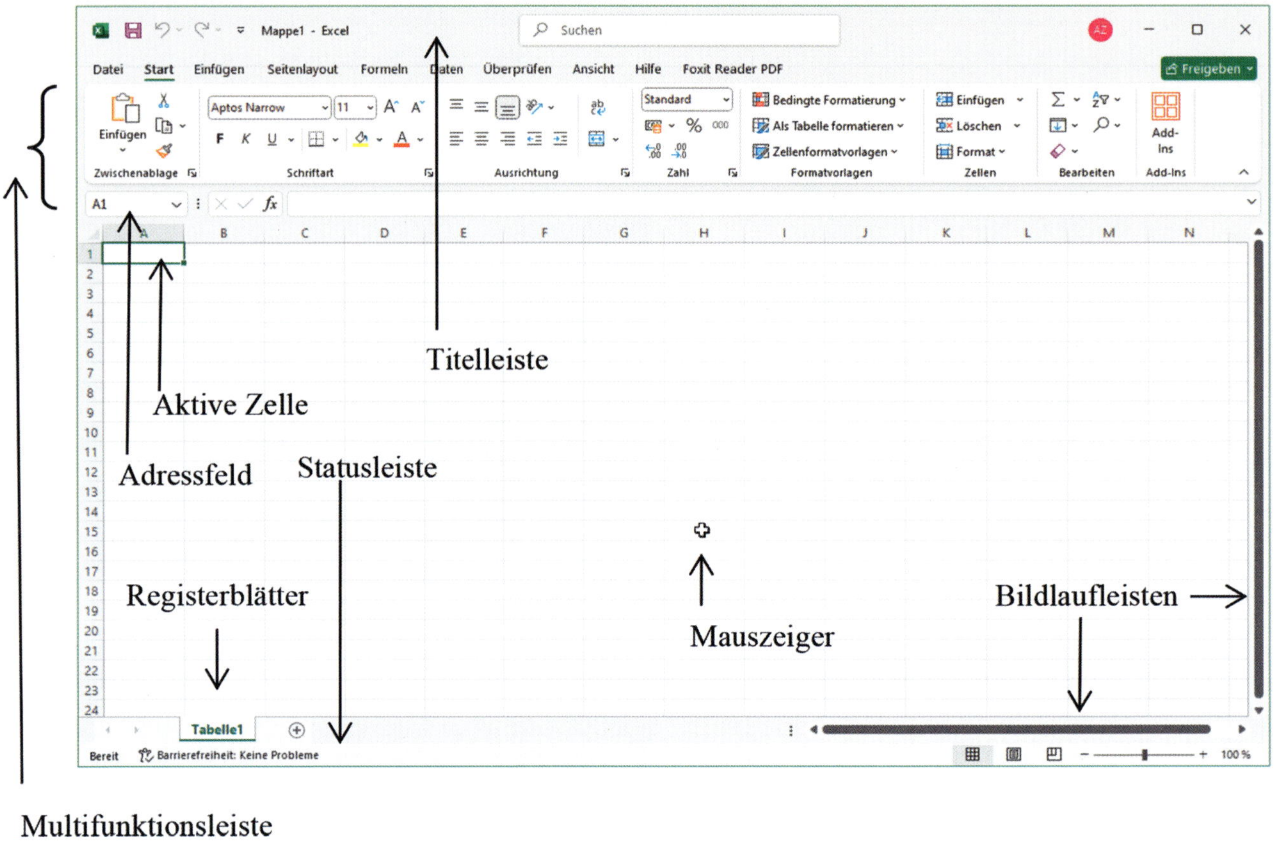

Den größten Teil des *EXCEL*-Bildschirms beansprucht der eigentliche Arbeitsbereich. In ihm erfassen Sie Ihre Tabellen. Sie können ihn mit einem Blatt Papier vergleichen. Die einzelnen Zellen des Arbeitsbereiches dienen dazu, Text- oder Zahleneingaben bzw. Formeln zur Berechnung aufzunehmen. Natürlich ist die Tabelle nicht auf den sichtbaren Teil des Arbeitsbereiches beschränkt. Ein Bildschirmausschnitt kann nicht die gesamte Tabelle darstellen, da jede *EXCEL*-Tabelle aus maximal 1.048.576 Zeilen und 16.384 Spalten bestehen kann. Die Spalten werden dabei mit Buchstaben bezeichnet. Auf die Spalte „Z“ folgt Spalte „AA“, darauf „AB“, „AC“ usw. bis zur Spalte „XFD“. Insgesamt gibt es also in **jedem** Tabellenblatt mehr als 17 Milliarden einzelne Zellen. Letztlich begrenzt nur der Arbeitsspeicher des Computers die Anzahl der Tabellen.

Titelleiste

EXCEL arbeitet wie jede Windows-App in einem eigenen Anwendungsfenster. Innerhalb dieses Anwendungsfensters werden die *EXCEL*-Arbeitsmappen geöffnet. Die Arbeitsmappe ist das Dokument, das Sie erstellen oder bearbeiten. In der Titelleiste des Anwendungsfensters können Sie ihren Namen ablesen. Wenn Sie *EXCEL* öffnen, wird standardmäßig eine neue Mappe mit dem Namen *Mappe1* geöffnet.

Multifunktionsleiste

Die Multifunktionsleiste ist der Nachfolger für diverse Menüs und Symbolleisten, die in vielen älteren Programmen den Kopf einer Windows-Anwendung ausmachen (in *EXCEL* bis zur Version 2003). Die Leiste soll helfen, die für eine Aufgabe notwendigen Befehle zu finden. Diese sind in logischen Gruppen strukturiert, die unter einzelnen Registerkarten zusammengefasst wurden. Sie beziehen sich jeweils auf eine Art von Aktivität. Es werden zudem immer nur die Karten angezeigt, die für die momentan durchgeführte Aufgabe sinnvoll ist. Hinzu kommt, dass diese auch noch individuell angepasst werden können und sich der Inhalt auch an die Bildschirmgröße anpasst. Sieht die Leiste bei Ihnen also anders aus, müssen Sie ein bisschen suchen, um die gewünschten Befehle zu finden.

Die Karten sind übersichtlich aufgebaut und bieten den direkten Zugriff auf die notwendigen Befehle, wie z. B. hier in der Start-Multifunktionsleiste:

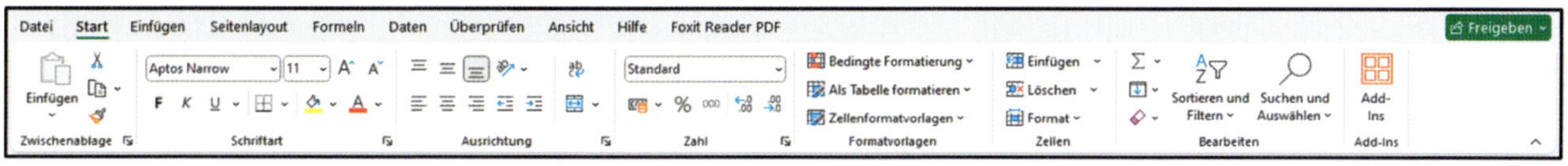

So sieht es dann aus, wenn Sie z. B. gerade ein Diagramm erstellt haben:

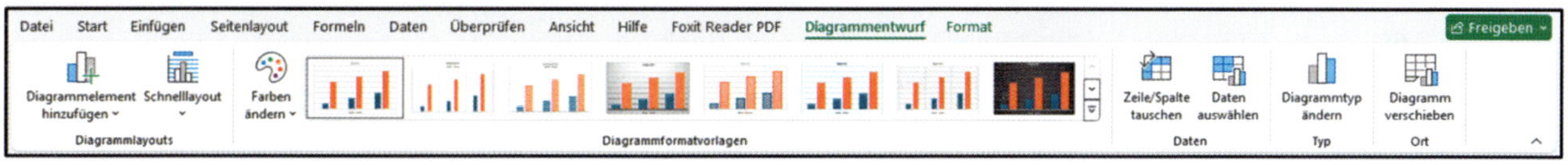

Über die entsprechenden Auswahlpfeile können Sie sogenannte Drop-Down-Menüs aufrufen. Rechts sehen Sie z. B. das für den Funktionsassistenten. Wenn Sie ein solches Menü aus Versehen aufgerufen haben, können Sie es jederzeit durch Drücken der Esc-Taste oder Klicken in den Arbeitsbereich verlassen. Auch andere Operationen lassen sich oftmals durch Drücken der Esc-Taste beenden bzw. abbrechen.

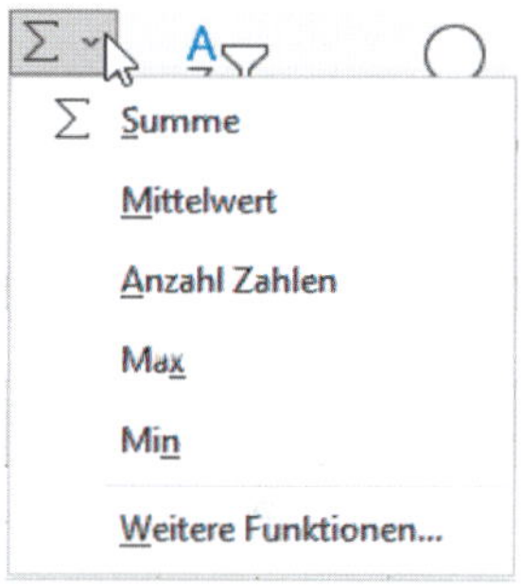

Registerblätter

Eine Arbeitsmappe kann mehrere Blätter beinhalten. Standardmäßig enthält sie ein Tabellenblatt (Tabelle). Die Namen der Blätter werden am unteren Rand des Arbeitsmappenfensters als Register angezeigt. Das Register des aktiven Tabellenblatts ist in der Grundeinstellung grün und fett hervorgehoben. In der Abbildung oben ist dies z. B. das Registerblatt *Tabelle1.* In einer Arbeitsmappe können Sie sich durch Anklicken von Register zu Register bewegen. Zum Ansteuern von Registerblättern können Sie auch die am linken unteren Rand des Arbeitsmappenfensters zu sehenden Registerlaufpfeile verwenden, die aber nur aktiv sind, wenn so viele Tabellenblätter vorhanden sind, dass diese nicht direkt angeklickt werden können:

Diese Pfeile sind doppelt belegt. Klickt man mit der Maus darauf, dann wechselt *EXCEL* zur vorherigen bzw. nächsten Registerkarte. Drücken Sie gleichzeitig die Taste Strg (auf manchen Tastaturen auch Ctrl), dann wird die erste bzw. letzte Karte angezeigt.

Durch Anklicken eines Registers aktivieren Sie das entsprechende Blatt.

Ergänzende Hinweise:

- Registerblätter können innerhalb von Arbeitsmappen über **Format → Blatt umbenennen** umbenannt und über **Löschen → Blatt löschen** gelöscht werden. Beides finden Sie in der Multifunktionszeile in der Registerkarte *Start* und dort in der Gruppe *Zellen.*
- Die Funktionen Verschieben und Kopieren in andere Arbeitsmappen sind über **Format → Blatt verschieben/kopieren...** möglich.
- Bei Bedarf können weitere Registerblätter über **Einfügen → Blatt einfügen** hinzugefügt werden. – Einfacher gelingt dies aber durch Auswahl des entsprechenden Symbols, welches Sie hinter dem letzten Registerblatt finden: (+)
- Schneller als durch die oben dargestellten Menübefehle können Sie diese Befehle ausführen lassen, wenn Sie mit der Maus auf das Registerblatt zeigen und die **rechte** Maustaste klicken. Dadurch öffnen Sie das sogenannte Kontextmenü (siehe Seite 14!).
- Die maximale Zahl der Registerblätter in einer einzigen Arbeitsmappe hängt vom Speicher ab, der Ihrer Tabellenkalkulation zur Verfügung steht.

Bildlaufleisten

Wegen der Größe einer Tabelle können Sie den sichtbaren Bildschirmausschnitt verändern. Dazu benutzen Sie die sogenannten Bildlaufleisten, die den Bildschirminhalt horizontal oder vertikal verschieben können. Klicken oder ziehen Sie an den entsprechenden Stellen mit der Maus:

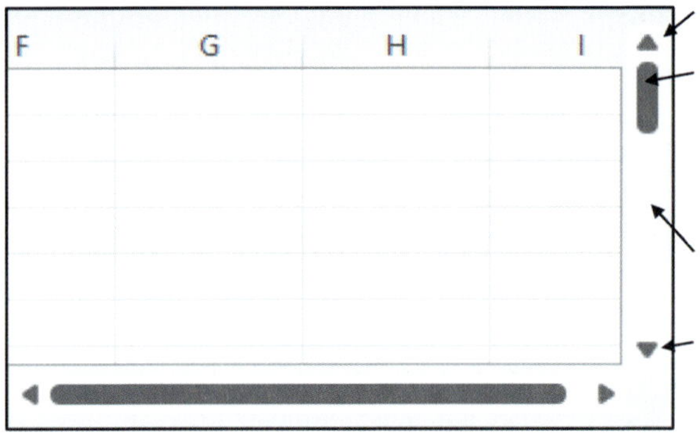

Bildlaufpfeil anklicken, um eine Zeile nach oben zu gelangen.

Bildlauffeld mit der Maus ziehen, um die Tabelle stufenlos durchlaufen zu lassen. Die Größe des Bildlauffeldes variiert. Sie ist abhängig davon, wo Sie sich in der Tabelle befinden.

Bildlaufleiste anklicken, um einen ganzen Bildschirminhalt nach unten zu gelangen.

Bildlaufpfeil anklicken, um eine Zeile nach unten zu gelangen.

Die Bildlaufleisten

Die horizontale Bildlaufleiste funktioniert in gleicher Weise bei Verschiebungen des Bildschirmausschnitts nach rechts oder links. Anklicken der Bildlaufpfeile verschiebt also den Bildschirmausschnitt um jeweils eine Spalte nach rechts oder links. Mit Ziehen des Bildlauffeldes können Sie den Bildschirm stufenlos horizontal durchlaufen lassen. Klicken Sie links von der aktuellen Position des Bildlauffeldes auf der Bildlaufleiste, gelangen Sie einen Bildschirmausschnitt nach links. Klicken Sie rechts davon, gelangen Sie einen ganzen Ausschnitt nach rechts.

Aktive Zelle

Jede *EXCEL*-Tabelle besteht aus einem Gitternetz von Zellen, die durch den Schnittpunkt von Zeilen und Spalten eindeutig festgelegt sind. Die aktive Zelle ist die Zelle, in die Sie Zahlen, Texte oder Formeln eingeben können. *EXCEL* hebt diese Zelle immer durch einen dicken Rahmen und eine farbliche Markierung der Spalten- bzw. Zeilenbenennungen hervor. In der Abbildung (Seite 10) ist die aktive Zelle z. B. die Zelle, die durch die Koordinaten Spalte A und Zeile 1 bestimmt ist. Die kurze Schreibweise für die Zellkoordinaten ist einfach A1. Die Koordinaten der aktiven Zelle werden außerdem im Adressfeld der Bearbeitungsleiste angezeigt. Wenn Sie Koordinaten in großen *EXCEL*-Tabellen angeben, kann durchaus auch etwas in der Art von ABA7812 herauskommen. Wichtig ist immer, dass erst die Buchstaben und dann die Ziffern genutzt werden und diese direkt aneinander geschrieben werden.

Eine bestimmte Zelle können Sie entweder auf der Tastatur durch Drücken der Richtungstasten [↓], [↑], [←] bzw. [→] ansteuern, durch Anklicken mit der Maus oder das Antippen bei Touchscreens mit dem Finger. Dadurch wird die Zelle zur aktiven Zelle gemacht, in die etwas eingegeben werden kann.

Mauszeiger

Je nachdem, wohin Sie den Mauszeiger bewegen, kann dieser ein anderes Aussehen bekommen. Der Mauszeiger hat, wenn Sie ihn z. B. im Arbeitsbereich bewegen, die Form eines Kreuzes. Zeigen Sie in die Multifunktionsleiste, nimmt er dagegen die Form eines Pfeils an. Weitere Mauszeiger-Formen werden Sie im entsprechenden Zusammenhang später noch kennenlernen.

Statuszeile

Am unteren Bildschirmrand erscheint unter dem Arbeitsmappenfenster die Statuszeile. Ein Blick auf diesen Teil des Bildschirms kann bei auftretenden Schwierigkeiten lohnend sein! Im linken Teil der Statuszeile erhalten Sie nämlich eine Kurzbeschreibung zur aktuellen Arbeitssituation oder zu einem gewählten Befehl. Im rechten Teil gibt Ihnen *EXCEL* Informationen zu aktuellen Einstellungen. In der Abbildung auf Seite 10 sehen Sie z. B., dass der aktuelle Zoomfaktor auf 100 % eingestellt wurde und *EXCEL* „Bereit" ist, also zurzeit keine Berechnungen oder dergleichen durchführt. Auch für kleine Zwischenrechnungen eignet sich die Statuszeile, denn wenn Sie mehrere Zellen markieren, in denen Zahlen stehen, werden z. B. Mittelwert, Anzahl und Summe ausgegeben. Stehen dort nur Texte, werden die Zellen mit Inhalt gezählt und als Anzahl ausgegeben.

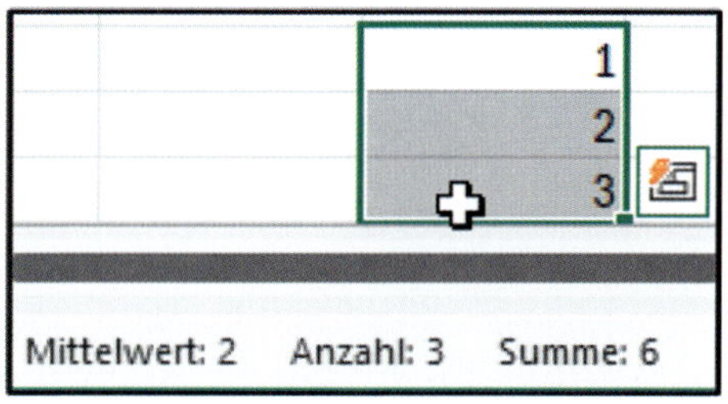

Adressfeld

Das Adressfeld dient einerseits zur Anzeige der aktuellen aktiven Zelle, kann andererseits aber auch dazu genutzt werden, Zellen gezielt anzuspringen. Eine Eingabe von „AZ1966", die Sie mit der ↵-Taste (alternativ geht auch immer die Enter-Taste vom Zehnerblock) bestätigen, führt z. B. dazu, dass die Zelle in Spalte „AZ" sowie Zeile „1966" markiert und im sichtbaren Bereich des Bildschirms angezeigt wird.

EXCEL-Hilfe

Die Office-Hilfe kann jederzeit durch einen Klick auf das Fragezeichen-Symbol (in der Multifunktionsleiste „Hilfe") oder durch Drücken der Taste F1 aufgerufen werden. Im Suchfeld können dann beliebige Fragen eingegeben werden. Es ist natürlich nicht notwendig, hier in vollständigen Sätzen zu schreiben, denn die Hilfe überprüft die eingegebenen Begriffe nur darauf, ob sie Schlüsselworte findet, die dann über die integrierte Hilfefunktion beantwortet werden, wobei oftmals aus mehreren Lösungsvorschlägen ausgewählt werden kann. Die Suchanfrage „Assistent benutzen" ergibt z. B. nebenstehendes Ergebnis.

Die Hilfe der *EXCEL*-Version 2024 bzw. *EXCEL* 365 sucht auch im Internet nach dem Begriff. Dazu ist ein funktionsfähiger (und in der Schule ein freigeschalteter) Internetzugang notwendig. Ansonsten wird nur die lokal vorhandene Datenbank durchsucht.

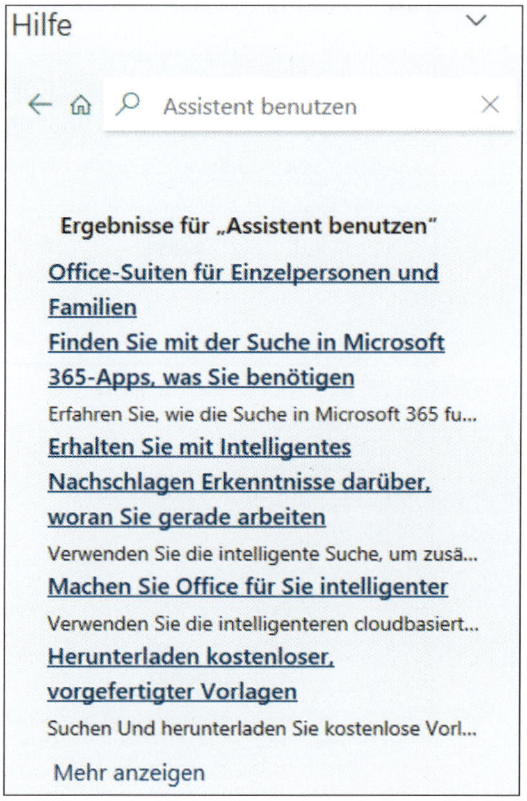

Kontextmenü

Oft ist das Kontextmenü hilfreich, das Ihnen zur Situation passende Befehle zur Verfügung stellt. Die Art der Zusammenstellung der Befehle ist davon abhängig, welche Operation Sie gerade durchführen.

Zeigen Sie mit der Maus auf ein Element (z. B. auf eine Zelle, eine Schaltfläche einer Symbolleiste oder ein Registerblatt) und klicken Sie mit der **rechten** Maustaste. Das Kontextmenü öffnet sich!

Wie Sie sehen, werden Ihnen alle relevanten Befehle zur Verfügung gestellt. Klicken Sie irgendwo im Arbeitsbereich (natürlich mit der linken Maustaste), schließt sich das Kontextmenü wieder.

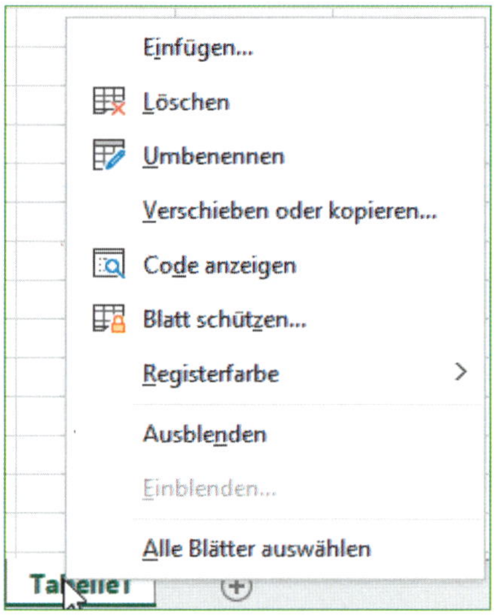

Kontrollfragen:

1. Erläutern Sie für die Arbeit mit der Maus die zentralen Begriffe:
   - Zeigen
   - Klicken
   - Ziehen
2. Wie schließen Sie ein versehentlich geöffnetes Menü oder Dialogfenster?
3. Welche Bedeutung haben die abgebildeten Registerlaufpfeile?

4. Wie öffnet man die Office-Hilfe?
5. Zeichnen Sie mit Pfeilen im unten dargestellten Bildschirm ein (oder auf einem eigenen Blatt, wenn dies nicht Ihr eigenes Buch ist): Multifunktionsleiste, Statuszeile, Registerblätter, Adressfeld, aktive Zelle und Bildlaufleisten.

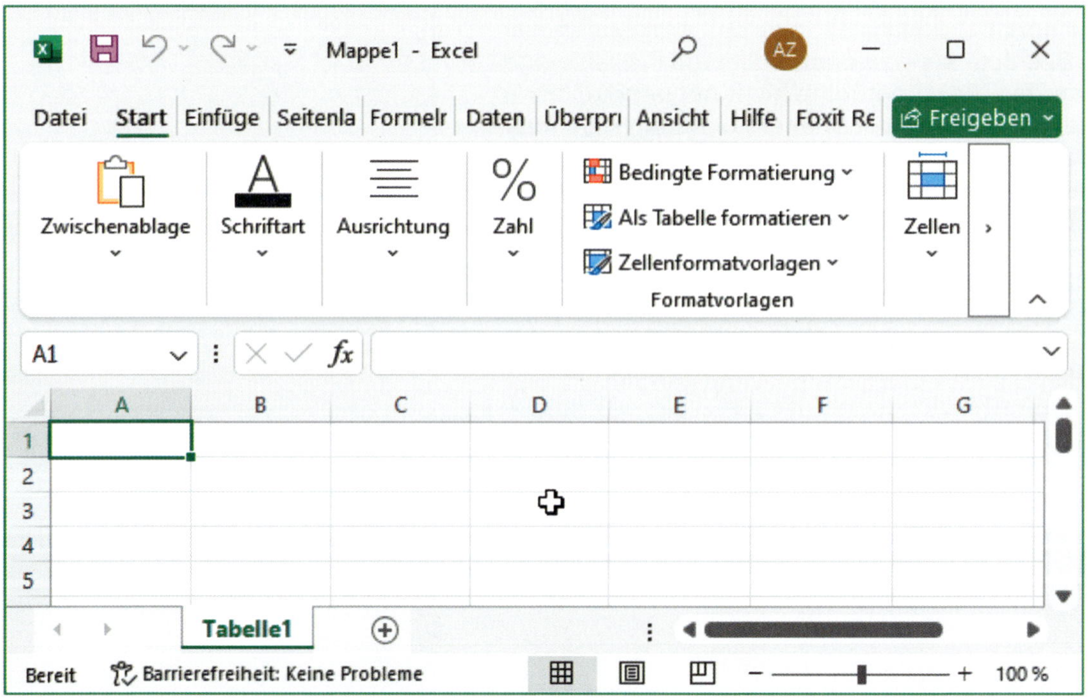

2 Aufträge bearbeiten (Lernfeld 3)

Kompetenzen, die Sie im Lernfeld 3 erwerben:

- ☑ Sie realisieren die Unterschiede bei der Eingabe von Texten und Zahlen.
- ☑ Sie wenden *EXCEL* an, um die Eingabe von Datenreihen zu automatisieren.
- ☑ Sie lösen einfache Probleme durch die Eingabe von Formeln.
- ☑ Sie sichern Ergebnisse, indem Sie Arbeitsmappen speichern.
- ☑ Sie wenden die Summenfunktion an, um Zahlen zu addieren.
- ☑ Sie benutzen Zahlenformate, um die Aussagekraft von Tabellen zu erhöhen.
- ☑ Sie strukturieren Tabellen durch Anpassung der Spaltenbreite.
- ☑ Sie gestalten Tabellen, indem Sie Zellen mit Rahmen und Muster formatieren.
- ☑ Sie benutzen die Druckfunktion, vermeiden dabei auftretende Probleme.
- ☑ Sie passen Tabellen durch das Löschen, Ausschneiden und Kopieren von Bereichen an.
- ☑ Sie benutzen absolute und relative Adressierungen sowie Namen für Zellen.
- ☑ Sie erzeugen spezielle benutzerdefinierte Formate.

Praxissituation:

In der Heinrich KG sollen die Umsätze der Vertreter, die das Unternehmen beschäftigt, für das erste Halbjahr 20.. erfasst und zusammengerechnet werden. Die unten aufgelisteten Namen und Umsätze werden in *EXCEL* erfasst:

Heinrich KG   Büromöbel und Zubehör

Vertreterumsätze im ersten Halbjahr 20..

Name	Januar	Februar	März	April	Mai	Juni
Meier	145000	147000	155000	149000	156000	154000
Dübel	96500	99000	101000	112000	109000	116000
Lehmann	215000	211000	199000	221000	227000	229000
Schleicher	188500	199400	184500	191000	196000	202000
Pieper	298000	317000	333000	322000	307000	328500

2.1 Texte und Zahlen eingeben

Die oben zu sehenden Zahlen und Texte sollen nun in *EXCEL* eingegeben werden. Dazu müssen Sie zuerst die Zelle aktivieren, in der die Eingabe stehen soll:

Vorgehensweise	
1. Zelle A1 ansteuern.	Anklicken!
2. Text eingeben.	Heinrich KG - Büromöbel und Zubehör
3. Eingabe bestätigen.	[↵] oder [Enter][1]

1 Die Tasten [↵] und [Enter] haben die gleiche Funktion. Sie können also eine der beiden benutzen. Im weiteren Verlauf dieses Buches wird immer nur das Symbol [↵] für die Eingabetaste benutzt.

Wenn Sie die [↵]-Taste drücken, wird die Eingabe abgeschlossen und die darunter liegende Zelle zur aktiven Zelle. Da die Textlänge die Standardspaltenbreite überschreitet, ragt der Text im Arbeitsbereich in die angrenzenden Zellen hinein. Spezielle Formatierungen sind nicht erforderlich, da *EXCEL* automatisch erkennt, dass es sich um einen Text handelt.

Wie Sie gesehen haben, wird der Text aber nicht nur in die aktive Zelle geschrieben, sondern auch in der Bearbeitungszeile angezeigt:

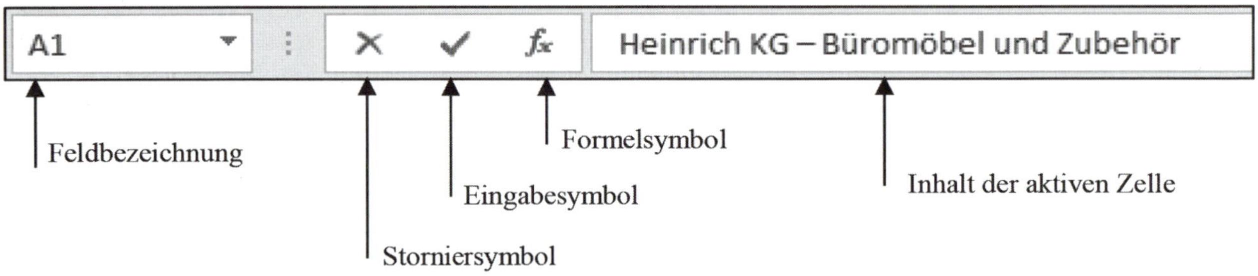

- Feldbezeichnung: Hier sind die Koordinaten der aktiven Zelle bzw. der Name der Zelle abzulesen.
- Storniersymbol: Solange die Eingabe noch nicht mit [↵] abgeschlossen ist, können Sie diese durch Klicken auf dieses Symbol widerrufen.
- Eingabesymbol: Klicken auf dieses Symbol hat den gleichen Effekt, als wenn Sie [↵] drücken würden (allerdings bleibt die Zelle markiert). Die Eingabe wird bestätigt und abgeschlossen.
- Formelsymbol: Dadurch wird *EXCEL* mitgeteilt, dass Sie eine Formel eingeben wollen. Über Formeln werden Sie weiter unten informiert.
- Zellinhalt: Hier wird der Inhalt der aktiven Zelle angezeigt. Wenn der Inhalt einer Zelle eine Formel ist, wird hier die Formel angezeigt. In der Tabelle erscheint dagegen das errechnete Ergebnis.

Ergänzende Hinweise:

- Wenn Sie Texte oder Zahlen eingeben, sollten Sie auf die Bestätigung der Eingabe mit der Maus über das Eingabefeld verzichten. Denn der Wechsel zwischen Tastatur und Maus kostet mehr Zeit, als wenn Sie einfach die [↵]-Taste drücken.
- Sie können übrigens die Eingabe auch dadurch abschließen, dass Sie mit den Richtungstasten [↓], [↑], [←] bzw. [→] die nächste Zelle ansteuern.
- Entsprechen die ersten Textzeichen, die Sie in eine Zelle eingeben, einem in dieser Spalte bereits vorhandenen Eintrag, nimmt *EXCEL* an, dass es sich um den gleichen Eintrag handelt und ergänzt die fehlenden Zeichen. Sie könnten also einfach mit der [↵]-Taste bestätigen. Soll aber ein anderer Text eingetragen werden, schreiben Sie einfach weiter. Die Funktion Auto-Vervollständigen können Sie über „Datei" und dann über die Schaltfläche „Optionen" sowie den Unterpunkt „Erweitert" durch Klicken auf das Kontrollkästchen vor AUTOVERVOLLSTÄNDIGEN FÜR ZELLWERTE AKTIVIEREN ein- oder ausschalten.

  Die automatische Vervollständigung funktioniert allerdings nur dann, wenn Sie innerhalb einer für *EXCEL* zusammenhängenden Tabelle arbeiten, also einem Bereich, in dem es keine Leerzeilen gibt.
- Möglichkeiten der Korrektur von Eingabefehlern:

  Wenn Sie in der Bearbeitungszeile hinter der fehlerhaften Stelle geklickt haben (Schreibmarke steht hinter dem Fehler!), drücken Sie die Taste [←]. Stellen Sie alternativ den Cursor durch Klicken vor die falsche Eingabe, drücken Sie [Entf]. Ein fehlendes Zeichen können Sie einfügen, indem Sie in der Bearbeitungszeile auf die Einfügestelle klicken und dann das Zeichen eingeben. Auf die gleiche Weise können Sie selbstverständlich später auch Formeln oder Zahleneingaben korrigieren.

Geben Sie nun noch folgende Texte und Zahlen in die Zellen ein, damit sich das folgende Bild ergibt:

	A	B	C	D	E	F	G
1	Heinrich KG - Büromöbel und Zubehör						
2							
3	Vertreterumsätze im ersten Halbjahr 20..						
4							
5	Name						
6	Meier	145000	147000	155000	149000	156000	154000
7	Dübel	96500	99000	101000	112000	109000	116000
8	Lehmann	215000	211000	199000	221000	227000	229000
9	Schleicher	188500	199400	184500	191000	196000	202000
10	Pieper	298000	317000	333000	322000	307000	328500
11	Summe						

Umsatztabelle nach Eingabe von Text und Zahlen

2.2 Datenreihen ausfüllen lassen

Die Eingabe der Monate Januar bis Juni bei den Spaltenüberschriften interpretiert *EXCEL* als Datenreihe, die Sie automatisch ausfüllen lassen können. Geben Sie zuerst in Zelle B5 den Anfangswert `Januar` ein. Wenn Sie die Eingabe bestätigen und die Zelle B5 wieder markieren, achten Sie bitte auf den „Ziehpunkt" (auch „Anfasser" genannt) am rechten unteren Rand:

Der Ziehpunkt an einer aktiven Zelle

Die Datenreihe der Monatsnamen lassen Sie nun von *EXCEL* ausfüllen:

Vorgehensweise	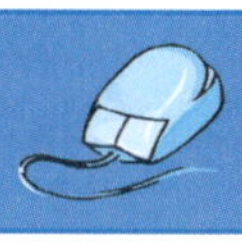
1. Zelle markieren, falls erforderlich.	Anklicken!
2. Mit dem Mauszeiger auf den Ziehpunkt zeigen. Der Mauszeiger ändert sich!	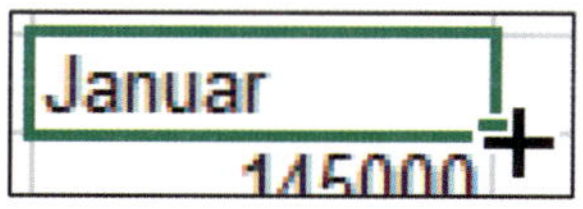
3. Mit gedrückter linker Maustaste zur letzten Zelle der Datenreihe ziehen, hier G5. *EXCEL* zeigt Ihnen die jeweiligen Monate beim Ziehen an!	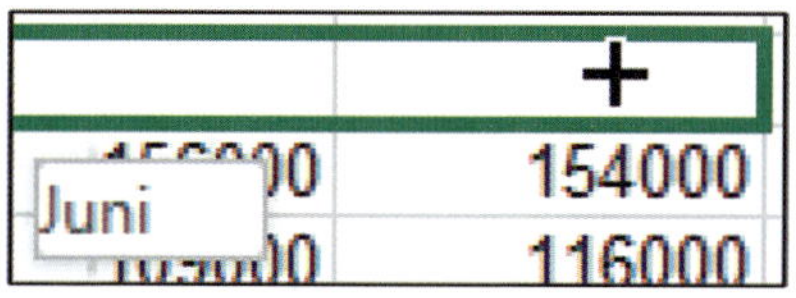
4. Datenreihe ausfüllen lassen.	Maustaste auf der letzten Zelle der Datenreihe loslassen!

2.3 Formeln eingeben

Die Summen der einzelnen Monate sollen nun von *EXCEL* berechnet werden. Dazu gehen Sie folgendermaßen vor:

<table>
<tr><th>Vorgehensweise</th><th>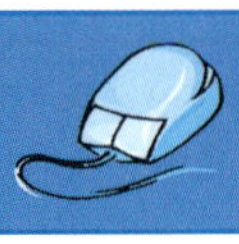</th></tr>
<tr><td>1. Zelle markieren, in welche die Formel eingegeben werden soll, hier B11.</td><td>Anklicken!</td></tr>
<tr><td>2. Geben Sie ein Gleichheitszeichen als Inhalt der aktiven Zelle ein, um eine Formeleingabe einzuleiten. Drücken Sie anschließend aber nicht die [↵]-Taste.</td><td>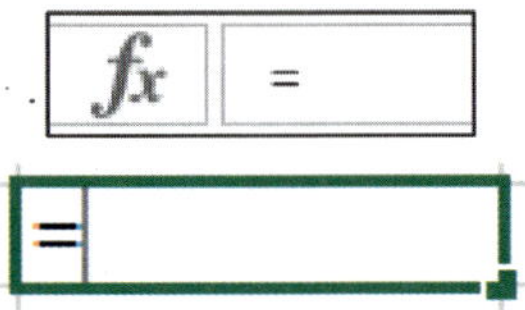
</td></tr>
<tr><td>3. Erste Zelle durch Anklicken markieren, die addiert werden soll, hier B6. EXCEL stellt die Zelle farbig dar (blau).</td><td>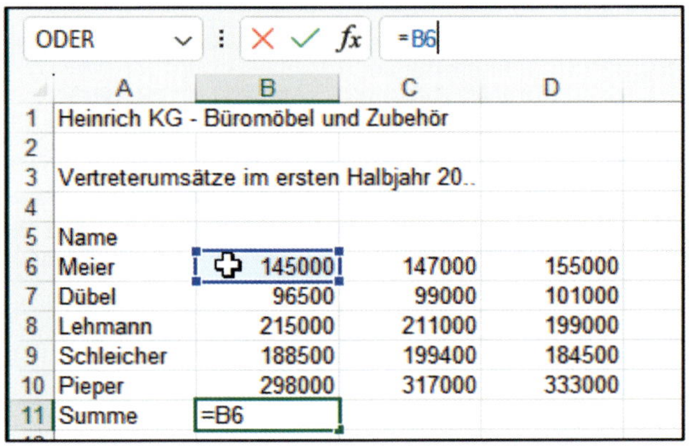
</td></tr>
<tr><td>4. Rechenzeichen + eingeben und die nächste Zelle, die addiert werden soll, anklicken. EXCEL stellt die nächste Zelle in einer anderen Farbe dar (rot).</td><td>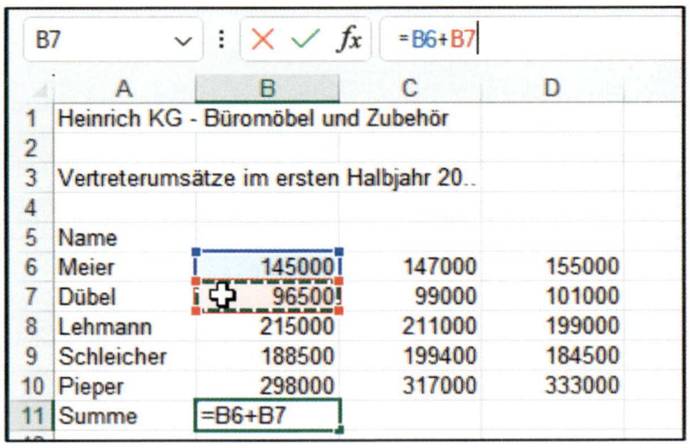
</td></tr>
<tr><td>5. Fortfahren, bis alle Zellen, die addiert werden sollen, in die Formel einbezogen sind. EXCEL wird jede Eingabe in einer anderen Farbe darstellen.</td><td>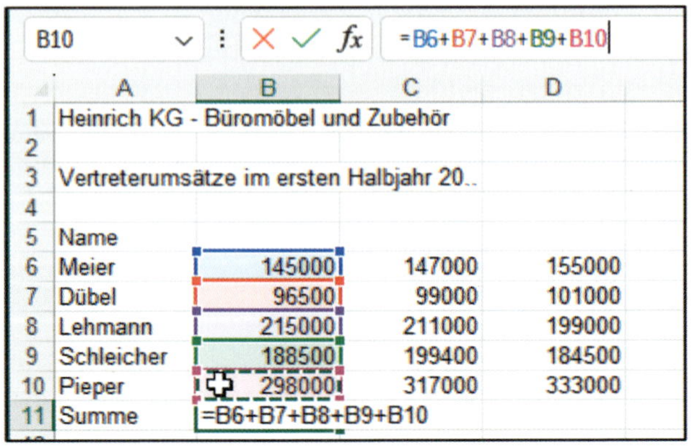
</td></tr>
</table>

Vorgehensweise	
6. Eingabe der Formel mit ↵ oder durch Anklicken der Schaltfläche ✓ abschließen.	Bei Benutzung von ✓:  Bei Benutzung von ↵: 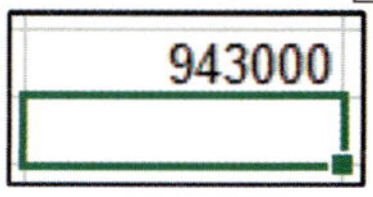

Sie haben damit durch Addition der einzelnen Zellen die Summe der Vertreterumsätze im Monat Januar errechnen lassen.

Ergänzende Hinweise:

Allgemeine Grundlagen für das Eingeben von Formeln in Zellen sind:

- Die Zelle, in der das Ergebnis der Formel angezeigt werden soll, muss vorher angesteuert worden sein.
- **Formeleingaben werden grundsätzlich mit einem Gleichheitszeichen „=" eingeleitet.**
- Folgende Rechenzeichen sind zu verwenden:

Rechenoperation	**Rechenzeichen in *EXCEL***
Addition	+
Subtraktion	–
Multiplikation	*
Division	/
Potenzierung	^

- Die einfachste Vorgehensweise, um Feldadressen in Formeln zu übernehmen, besteht in der oben angewandten „Zeige"-Methode.

Eigentlich müssten Sie für die Monate Februar bis Juni entsprechende Formeln eingeben, um die Monatssummen zu erhalten. Da die Formeln jedoch – abgesehen von den Feldadressen – den gleichen Aufbau haben, erleichtert Ihnen *EXCEL* die Arbeit. Kopieren Sie jetzt einfach über den Ziehpunkt die Formel in die angrenzenden Zellen. Ziehen Sie also mit dem Anfasser von B11 bis G11:

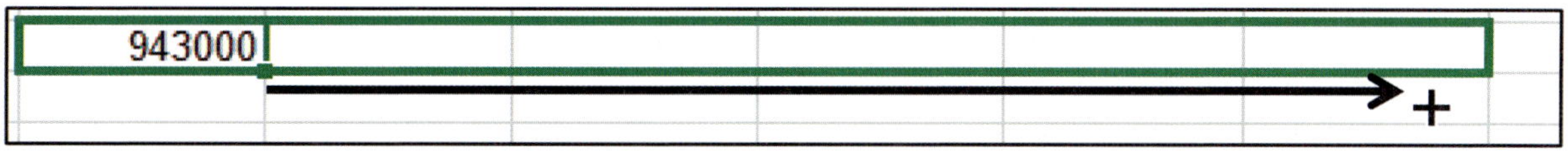

Wenn Sie die linke Maustaste dort loslassen, erhalten Sie das folgende Bild:

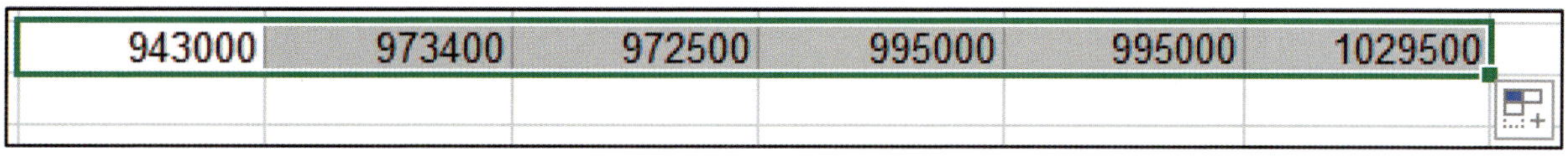

Der Ziehpunkt erlaubt es Ihnen also nicht nur Werte, die *EXCEL* als Zahlenreihen erkennt, als Datenreihe automatisch ausfüllen zu lassen, sondern Sie können damit auch Formeln in angrenzende Zellen kopieren lassen. *EXCEL* passt die Feldadressen an!

Das kleine Symbol, das nach dem Ausfüllen unten rechts am ausgefüllten Bereich auftaucht (), bietet verschiedene Möglichkeiten auf das Aussehen des ausgefüllten Bereichs Einfluss zu nehmen:

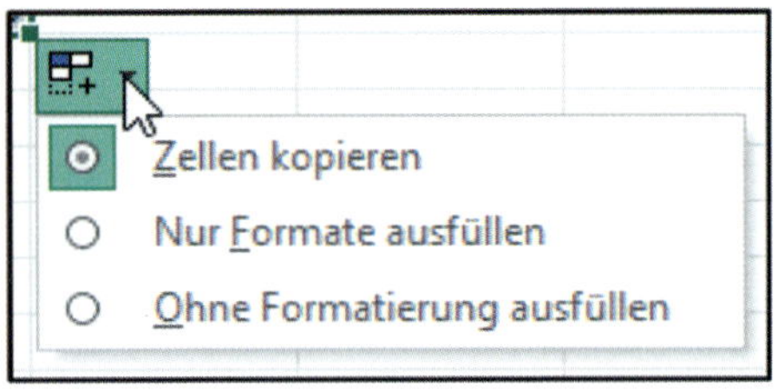

So kann z. B. nur die vorhandene Formatierung übernommen werden (wenn z. B. Zellen farbig hinterlegt und der Text kursiv geschrieben wurde) oder nur der Inhalt ohne jede Formatierung. Standardmäßig werden Inhalt und Form kopiert, sodass in der Regel nichts geändert werden muss.

2.4 Eine Arbeitsmappe speichern

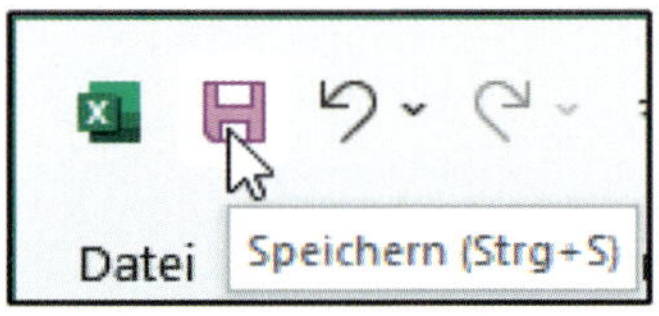

Im nächsten Schritt soll die Arbeitsmappe in der jetzigen Form gespeichert werden. Das geht am einfachsten, indem Sie auf das Diskettensymbol in der Titelleiste klicken.

EXCEL verzweigt beim ersten Speichern automatisch in einen Speichern-Dialog, in dem man den Dateinamen und den Speicherort festlegen kann:

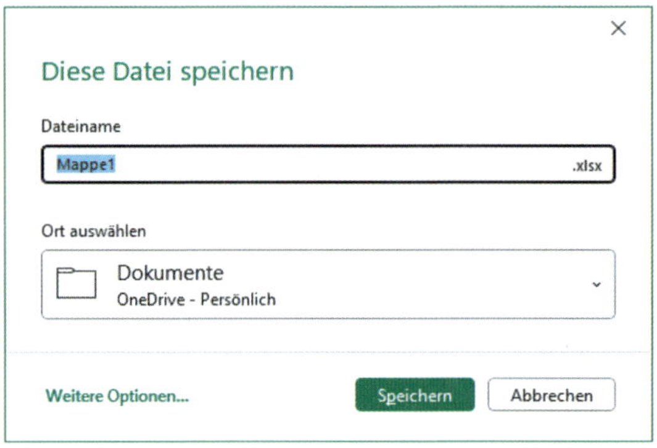

Sie können aber auch aus dem Dateimenü den Befehl Speichern unter auswählen und darüber dann zum entsprechenden Bildschirm gelangen:

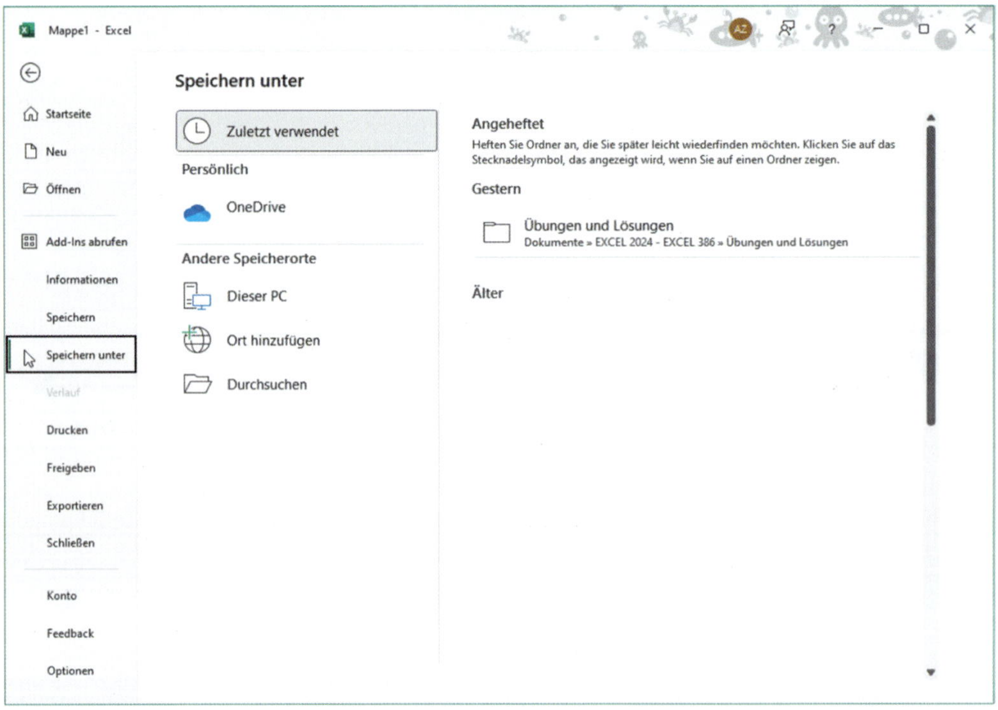

Auf diesem Bildschirm können Sie zunächst auswählen, wo Sie Ihre Arbeitsmappe speichern wollen. Normalerweise wird das auf dem lokalen Computer (oder dem in der Schule freigegebenen Netzlaufwerk) geschehen. Microsoft bietet aber auch das Speichern in der Cloud[1] an, sodass die Datei dann

1 Unter Cloud versteht man Speicher, der nicht auf dem lokalen Rechner, sondern im Internet liegt. Der Vorteil ist, dass der Nutzer jederzeit und unabhängig von seinem Aufenthaltsort darauf zugreifen kann. Der Nachteil besteht allerdings darin, dass der Zugriff einen funktionsfähigen Internetzugang voraussetzt. Zu Microsoft 365, also auch *EXCEL* 365, gehört z. B. OneDrive von Microsoft.

von jedem Computer (Tablet oder Smartphone) auf der Welt aufgerufen werden kann, wenn die entsprechenden Zugangsdaten bekannt sind und *EXCEL* als Programm oder App installiert ist. Wir gehen in diesem Buch aber immer davon aus, dass Sie auf Ihrem Rechner oder einem für Sie freigegebenen Laufwerk speichern. Wählen Sie daher „Dieser PC" aus oder wählen Sie einen der Order auf der rechten Seite, die Sie unter „Zuletzt verwendete Ordner" finden.

Benötigen Sie einen anderen Speicherort, dann doppelklicken Sie auf „Dieser PC" oder wählen Sie „Durchsuchen" mit einem Einfachklick aus. Sie gelangen dann zum Dialogfenster „Speichern unter".

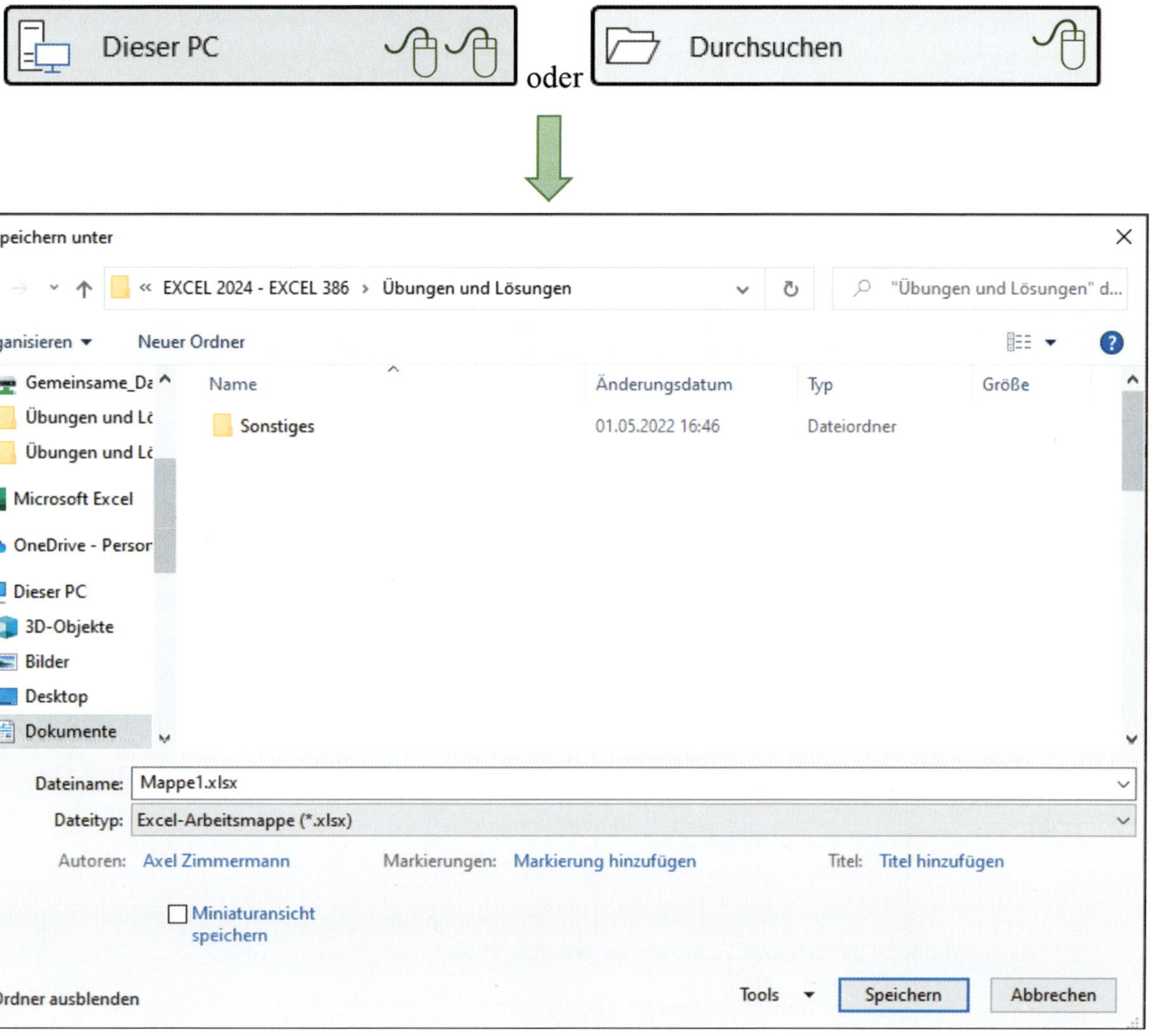

Dialogfenster Speichern unter...

In diesem Dialogfenster können Sie Ihrer Arbeitsmappe einen Namen geben. Geben Sie ein: `Umsätze der Vertreter` und klicken Sie die Schaltfläche **Speichern** an. Damit haben Sie die Arbeitsmappe unter diesem Namen auf dem aktuellen Laufwerk und im aktuellen Verzeichnis gespeichert. Die Ansicht der vorhandenen Ordner ist natürlich von Rechner zu Rechner unterschiedlich.

In späteren Arbeitssitzungen können Sie die Arbeitsmappe unter diesem Namen wieder öffnen.

Ergänzende Hinweise:

- Die Namen der Arbeitsmappen können maximal 256 Zeichen umfassen, dabei ist aber zu beachten, dass auch der Pfad zur Datei vom Betriebssystem gespeichert werden muss. Dafür sieht Windows 260 Zeichen vor, woraus sich schon ableiten lässt, dass dies bei Dateinamen mit der maximalen Länge zu Problemen führt, denn in der Regel ist der Pfad selbst schon einige Zeichen lang. Will man zudem aus einer *EXCEL*-Tabelle auf eine Tabelle in einer anderen Arbeitsmappe zugreifen, greift hier eine weitere Beschränkung, denn dann darf der Name maximal 253 Zeichen lang sein. Bestimmte Zeichen, wie Schrägstriche oder reservierte Zeichen, wie z. B.

* oder ? sind nicht erlaubt. *EXCEL* weist sie durch eine Fehlermeldung auf unzulässige Zeichen hin. In eigenem Interesse sollten Sie Dateinamen auch so kurz wie möglich, aber dennoch aussagekräftig halten.

- Im Dialogfenster **Speichern unter…** können Sie auch andere Verzeichnisse oder Laufwerke zum Speichern der Arbeitsmappe auswählen.
- Aus Sicherheitsgründen sollten Sie Ihre *EXCEL*-Tabellen in regelmäßigen Zeitabständen speichern. Bei einem „Absturz" Ihres Rechners verlieren Sie dann nur die Arbeitsergebnisse, die nach dem letzten Speichern erzielt wurden. – Arbeiten Sie in der Cloud (z. B. in Microsofts OneDrive) können Sie auch „automatisches Speichern" aktivieren. Dann sind Änderungen in Echtzeit gesichert. Das ist sogar zwingend erforderlich, wenn Sie mit anderen Menschen gleichzeitig an einem Dokument arbeiten.
- Wenn Sie eine Arbeitsmappe bereits einmal mit einem Namen gespeichert haben, führt jedes weitere Klicken auf das Symbol **Speichern** zu einem Speichern des veränderten Arbeitsmappeninhaltes unter demselben Namen, demselben Laufwerk und demselben Verzeichnis. Der auf Seite 21 dargestellte Dialog wird nicht mehr angezeigt.
- Wenn Sie im Menü [Datei] auf [Optionen] klicken, dann können Sie im Untermenü [Speichern] den folgenden Eintrag auswählen:

  ☑ Beim Schließen ohne Speichern die letzte automatisch wiederhergestellte Version beibehalten

  Sie haben dann die Möglichkeit bei einem erneuten Öffnen der Arbeitsmappe immer noch auf den zuletzt automatisch erstellten Entwurf zurückzugreifen.
- Wenn Sie Arbeitsmappen speichern, sollten Sie immer auch berücksichtigen, wer der Empfänger ist. Ältere *EXCEL*-Versionen und auch Tabellenkalkulationen anderer Hersteller sind weit verbreitet. Dadurch, dass *EXCEL* 365 immer auf einem aktuellen Stand gehalten wird, besteht besonders hier das Risiko, dass Microsoft Änderungen im Speicherformat vornimmt, sodass andere Programme Probleme bekommen. Im Zweifelsfall sollten Sie daher im *EXCEL*-97-2003-Format (Endung xls) speichern, was allgemein gelesen werden kann. Die entsprechende Einstellung finden Sie im „Speichern unter …-Dialog. Beachten Sie aber, dass dann einige Funktionen nicht möglich sind.

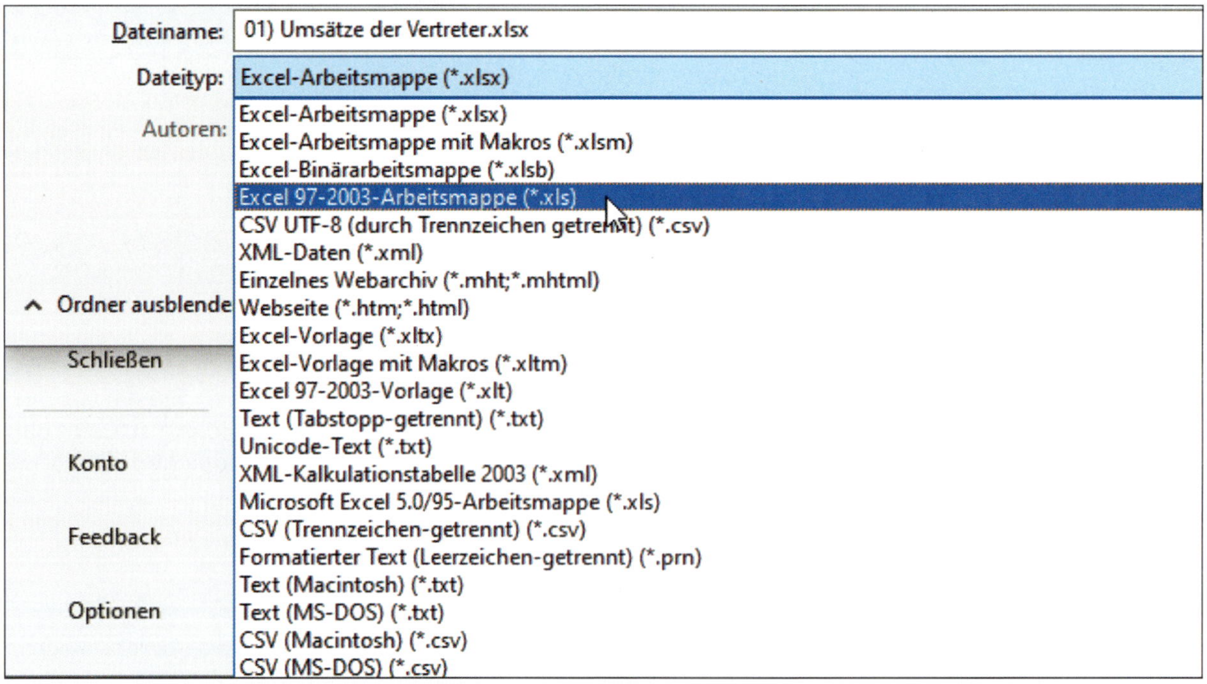

- Abhängig von Einstellungen im Betriebssystem sehen Sie evtl. die Dateierweiterung nicht im Speichern-Dialog (siehe Seite 21). Sie müssen diese aber auch nicht eingeben, da *EXCEL* automatisch .xlsx (oder eine andere zu dem von Ihnen ausgewählten Speicherformat passende) Endung anhängen wird. Vermeiden Sie auf jeden Fall, weil das z. B. in der Aufgabe einer Klassenarbeit steht, eine Dateierweiterung mit einem Punkt als letztem Zeichen einzugeben (der in der

Aufgabenstellung nur das Satzende anzeigte), denn dies führt dann unweigerlich zu Konstrukten wie diesem: `name.xlsx.xlsx`

Dann kann es durchaus passieren, dass Sie einen Bewertungspunkt verlieren, obwohl Sie ja sogar mehr gemacht haben, als Sie tun mussten.

2.5 Die Summenfunktion verwenden

Die Summen der Umsätze der einzelnen Vertreter sollen nun für das erste Halbjahr zusammengerechnet werden. Dafür geben Sie zuerst in H5 die Spaltenüberschrift `Summe` ein:

	A	B	C	D	E	F	G	H
1	Heinrich KG - Büromöbel und Zubehör							
2								
3	Vertreterumsätze im ersten Halbjahr 20..							
4								
5	Name	Januar	Februar	März	April	Mai	Juni	Summe
6	Meier	145000	147000	155000	149000	156000	154000	
7	Dübel	96500	99000	101000	112000	109000	116000	
8	Lehmann	215000	211000	199000	221000	227000	229000	
9	Schleicher	188500	199400	184500	191000	196000	202000	
10	Pieper	298000	317000	333000	322000	307000	328500	
11	Summe	943000	973400	972500	995000	995000	1029500	

Tabelle mit der Summenfunktion vervollständigen

Statt wie bei der Summenbildung nach Monaten die „Zeige"-Methode bei der Formeleingabe anzuwenden, benutzen Sie nun ein wesentlich schnelleres Verfahren:

Vorgehensweise	
1. Zelle markieren, in der die Summe berechnet werden soll, hier H6.	Anklicken!
2. Sigma-Symbol in der Start-Multifunktionsleiste anklicken.	Σ
3. Den zu summierenden Bereich – falls erforderlich – durch Ziehen mit der Maus verändern (hier nicht notwendig!). *EXCEL* gibt unter der aktuellen Zelle eine Hilfe, aus der die Syntax der verwendeten Funktion hervorgeht. Oberhalb stehen die Werte, die in die Funktion aufgenommen wurden.	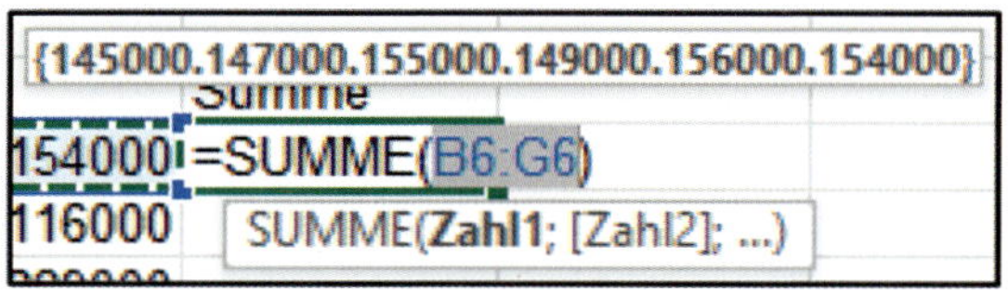
4. Bestätigen.	↵

Dann lassen Sie wieder mithilfe des Ziehpunkts das Ergebnis der Berechnung nach unten kopieren. Sie können beim „Ausfüllen nach unten" auch einen Doppelklick auf den Ziehpunkt machen:

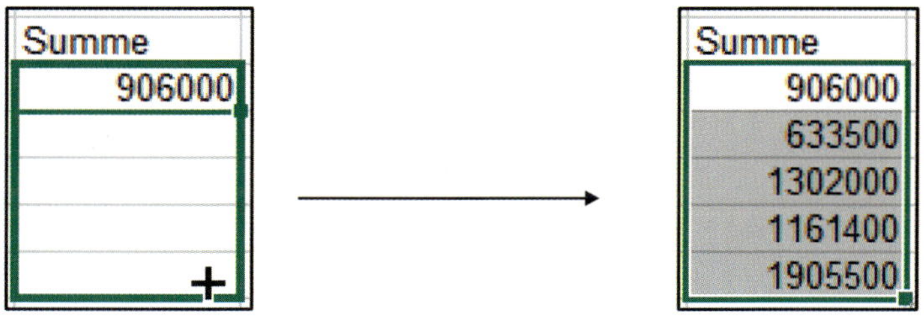

Die Funktion Summe ist eine häufig angewandte Tabellenfunktion, da sie sehr zeitsparend ist. Wie Sie gesehen haben, ersetzt die Summenfunktion in diesem Fall die Formel `=B6+C6+D6+E6+F6+G6`. Es gilt die Faustregel: Wenn mehr als zwei nebeneinander- oder untereinander liegende Zahlen addiert werden sollen, dann verwendet man die Funktion SUMME, andernfalls rechnet man mit der einfachen Addition.

Ergänzende Hinweise:

- Beim Drücken des Summensymbols erstellt *EXCEL* einen Vorschlag für die zu summierenden Zellinhalte. *EXCEL* bezieht sich dabei immer auf angrenzende Zellen.
- Die Argumente der Funktion Summe stehen in Klammern. SUMME(B6:G6) ist dabei die Kurzschreibweise für „Summenbildung der Zellen von B6 bis G6“. Beachten Sie, dass der Doppelpunkt in *EXCEL* niemals für „geteilt“ steht (siehe auch Seite 19).
- Sollte die Auswahl, die *EXCEL* für Sie getroffen hat, einmal nicht stimmen, ziehen Sie mit der Maus einfach über den Bereich, den Sie stattdessen summieren wollen und bestätigen Sie dann.
- Sie können auch mehrere Bereiche auswählen, indem Sie, nachdem Bereich 1 gewählt wurde, [Strg] drücken und festhalten, während Sie dann einen zweiten Bereich markieren. Das lässt sich für weitere Zahlengruppen wiederholen. Sie haben oben gesehen, dass unter der Summe steht =SUMME(**Zahl1;** [Zahl2]; ...). Dies bedeutet, dass jede einzelne Zahl oder jede Zahlengruppe für *EXCEL* eine Zahl darstellt. Im gerade beschriebenen Beispiel würde *EXCEL* z. B. in die Formel schreiben: =SUMME(B6:G6;B7:G7).

  Gelesen würde das als: „Addiere alle Werte von B6 bis G7 und von B7 bis G7!“ Es würde also erst der Wert der Zeile 6 als Zahl1 berechnet (906000), dann der für Zeile 7 als Zahl2 (633500), um diese dann zu addieren, also 1539500 als Ausgabewert errechnet.

  Die eckigen Klammern, die *EXCEL* in der Hilfe anzeigt, bedeuten immer, dass die Eingabe optional ist. Die Funktion SUMME erwartet also mindestens eine Zahl, die aufaddiert werden soll. Da auch die Eingabe von =SUMME(1;2;3) möglich ist (Ergebnis: 1 + 2 + 3 = 6), ist Ihnen das Prinzip jetzt hoffentlich klar geworden.

2.6 Eine Arbeitsmappe zum wiederholten Mal speichern

Da die Veränderungen in der Arbeitsmappe bis jetzt nur im Arbeitsspeicher Ihres Rechners vorhanden sind, aber noch nicht als geändertes Dokument auf dem eigentlichen Datenträger, müssen Sie die Arbeitsmappe noch einmal abspeichern.

Lassen Sie deshalb durch Anklicken des Speichern-Symbols () die Arbeitsmappe in ihrer jetzigen Form noch einmal unter demselben Namen speichern.

Ergänzende Hinweise:

- Nur bei einer noch nicht gespeicherten Arbeitsmappe ruft das Speichern-Symbol den Dialog **Speichern unter...** auf. Bei einer schon einmal gespeicherten Datei bewirkt das Anklicken des Symbols das sofortige Speichern der Arbeitsmappe in ihrem aktuellen Zustand unter demselben Namen.
- Um sich vor Datenverlusten durch Rechnerabsturz zu schützen, sollten Sie nach jeder wesentlichen Änderung in Ihren Tabellen diesen Schritt ausführen. Die geänderte und so gespeicherte Arbeitsmappe kann dann jederzeit wieder geöffnet werden.
- Wenn Sie eine vorhandene Arbeitsmappe unter einem neuen Namen speichern möchten, um z. B. die Mappe zusätzlich als Kopie unter einem anderen Namen zur Verfügung zu haben, wählen Sie über das Menü Datei **Speichern unter...** aus, so wie Sie das auf den Seite 21 f. gelernt haben. Im Dialogfenster geben Sie dann einen neuen Namen ein.

2.7 Zellbereiche markieren

Für viele Operationen ist es in *EXCEL* erforderlich, dass Sie den Bereich, auf den sich der nächste Arbeitsschritt beziehen soll, vorher markieren. Folgende Möglichkeiten haben Sie:

Vorgehensweise	
1. Beliebiger Teil der Tabelle.	Bei gedrückter linker Maustaste über den gewünschten Tabellenbereich ziehen, hier z. B. A1 bis B3: 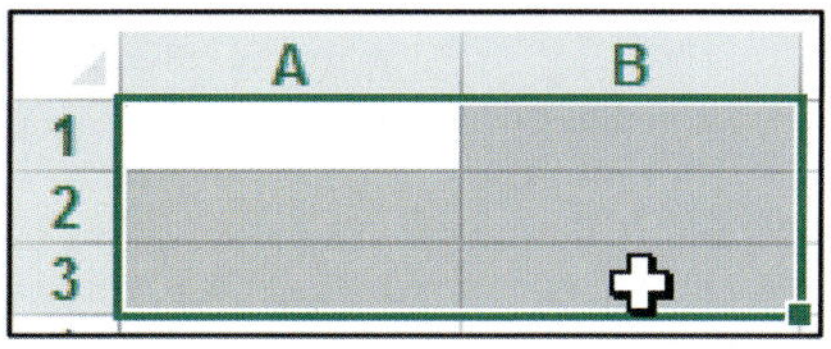
2. Eine ganze Zeile.	Zeilennummer (Zeilenkopf) anklicken, z. B. Zeile 4: 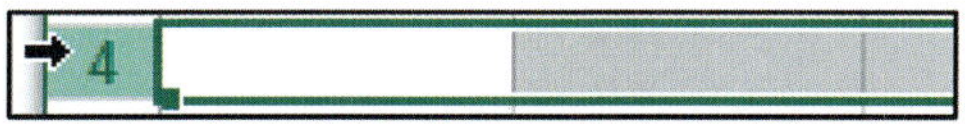
3. Eine ganze Spalte.	Spaltenbuchstaben (Spaltenkopf) anklicken, z. B. Spalte B: 
4. Die ganze Tabelle.	Schnittpunkt von Zeilen- und Spaltenkopf anklicken: 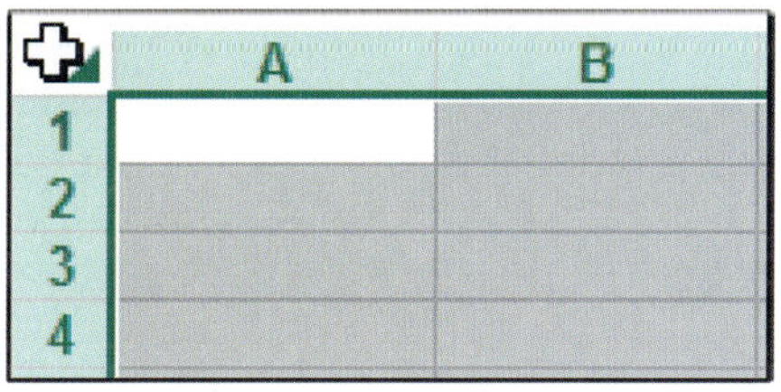
5. Nicht zusammenhängende Tabellenbereiche, wie bei den ergänzenden Hinweisen zur Funktion SUMME schon beschrieben.	B1 bis B2 markieren, Strg-Taste drücken (und gedrückt halten!) und A4 bis C4 markieren! 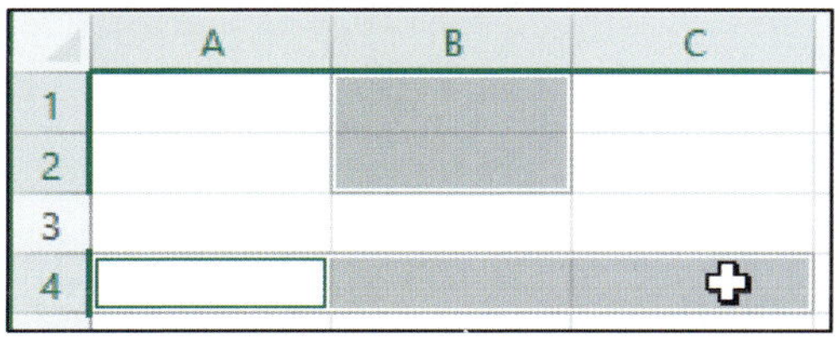

Um Ihnen ein Beispiel für das geschickte Markieren von Zellbereichen zu geben, führen Sie nun folgende Arbeitsschritte aus:

1. Markieren Sie die Zellen B11 bis H11.
2. Drücken Sie Strg und markieren Sie bei gedrückt gehaltener Strg-Taste H6 bis H10.
3. Drücken Sie die Entf, um den Zellbereich zu löschen.
4. Klicken Sie nun auf das Summensymbol.

Alle Summen werden, da *EXCEL* die zu summierenden Bereiche automatisch richtig erkennt, in einem Arbeitsgang gebildet!

2.8 Formatieren von Zellinhalten

Für das Formatieren von Zellinhalten ist es wichtig, die Zellen, auf die sich die Formatierung beziehen soll, vorher zu markieren.

2.8.1 Zellausrichtung verändern

Die Spaltenüberschriften von A5 bis H5 sollen zentriert dargestellt werden:

Vorgehensweise	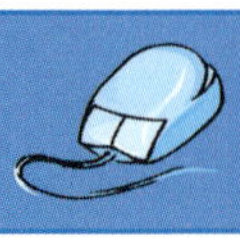
1. Zeile 5 durch Anklicken des Zeilenkopfs markieren.	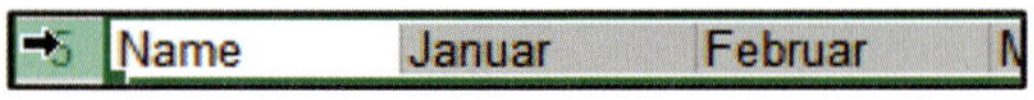
2. Symbol für zentrierte Ausrichtung anklicken.	

Ergänzende Hinweise:

- Standardmäßig werden bei einer deutschen *EXCEL*-Installation Texte in Zellen linksbündig und Zahlen rechtsbündig dargestellt. Sie sollten also immer genau hinsehen, was bei der Eingabe geschieht. Wollten Sie eine Zahl eingeben, diese bleibt aber links stehen (und Sie sind sich sicher, dass die Zelle nicht formatiert wurde), dann hat *EXCEL* Ihre Eingabe als Text interpretiert. Das geschieht häufig, wenn Sie irgendwelche Elemente eingeben, die eigentlich durch eine Formatierung erstellt werden sollten (z. B. „Tausender-Trennzeichen" oder Endungen, wie „t" für Tonne usw.).
- Wenn Sie – wie oben – die ganze Zeile markieren, gilt die Formatierung für alle Zellen dieser Zeile bis Spalte 16.384 („XFD"). Wenn Sie jedoch nur einen Bereich mit einer Formatierung versehen wollen, müssen Sie diesen genau markieren, wie das auch für den Rahmen im folgenden Abschnitt gemacht wird.

2.8.2 Rahmen setzen

Die Spaltenüberschriften sollen durch einen Unterstrich vom Rest der Tabelle getrennt werden. Das erreichen Sie folgendermaßen:

Vorgehensweise	
1. Die Zellen A5 bis H5 markieren.	
2. Auf den Listenfeldpfeil neben dem Rahmensymbol in der Start-Multifunktionsleiste klicken.	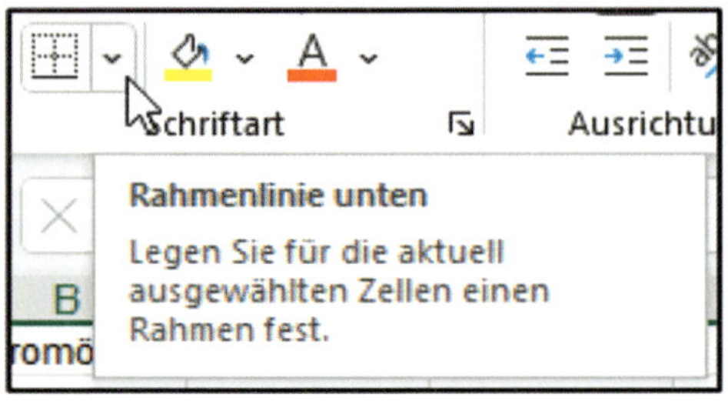

<table>
<tr><th>Vorgehensweise</th><th></th></tr>
<tr><td>3. Aus dem Menü „Dicke Rahmenlinie unten“ wählen.</td><td>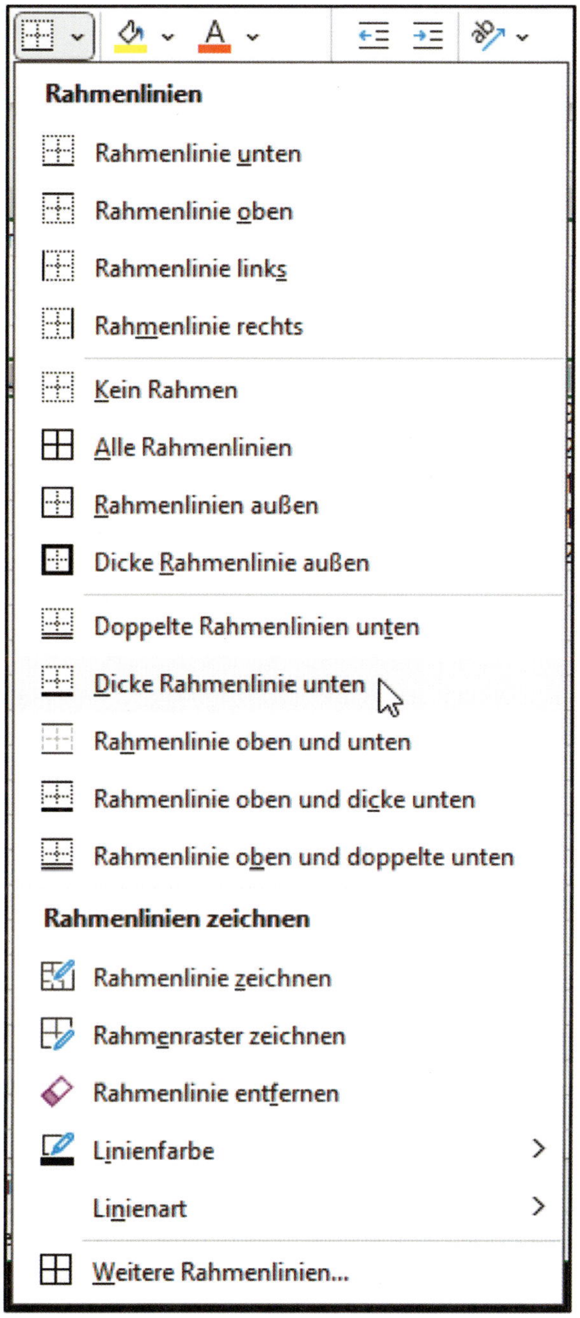
</td></tr>
</table>

Lassen Sie nun die Zellen A10 bis H10 ebenfalls so unterstreichen. Dazu brauchen Sie nun nur auf das Rahmensymbol klicken, da *EXCEL* nun die vorher gewählte Rahmenart darstellt.

Rahmen Sie die letzte Zeile von A11 bis H11 mit einem doppelten Strich unten.

Schließlich markieren Sie nun H5 bis H11 sowie A5 bis A11 und lassen Sie diese Zellbereiche mit **gesamt** umrahmen. Verwenden Sie dazu aus dem Rahmenlinien-Menü das Symbol mit dem dickeren Rahmen. Sie erhalten dann folgendes Bild:

	A	B	C	D	E	F	G	H
1	Heinrich KG - Büromöbel und Zubehör							
2								
3	Vertreterumsätze im ersten Halbjahr 20..							
4								
5	Name	Januar	Februar	März	April	Mai	Juni	Summe
6	Meier	145000	147000	155000	149000	156000	154000	906000
7	Dübel	96500	99000	101000	112000	109000	116000	633500
8	Lehmann	215000	211000	199000	221000	227000	229000	1302000
9	Schleicher	188500	199400	184500	191000	196000	202000	1161400
10	Pieper	298000	317000	333000	322000	307000	328500	1905500
11	Summe	943000	973400	972500	995000	995000	1029500	5908400

Ansicht der Tabelle nach Setzen der Rahmen

Ergänzende Hinweise:

- Wenn Sie Rahmen wieder entfernen wollen, markieren Sie den Bereich und wählen aus dem Rahmenlinien-Menü „Kein Rahmen“:

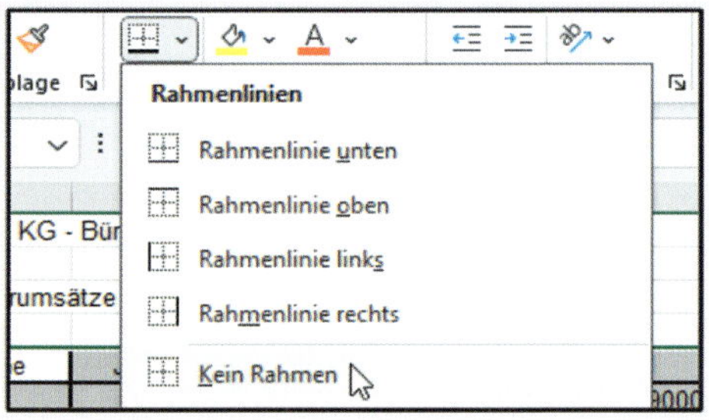

- Wenn Sie die Rahmenart ändern wollen, markieren Sie den Bereich, löschen die vorhandene Rahmenart und klicken dann erst die gewünschte Art im Rahmenlinien-Menü an und danach den Zellrand, auf den sich die Änderung beziehen soll.

- Weitere Möglichkeiten der Umrahmung bietet das Dialogfenster, wenn Sie aus der Start-Multifunktionsleiste in der Gruppe „Zellen“ den Befehl **Format → Zellen formatieren**... anklicken und dann das Register Rahmen auswählen.

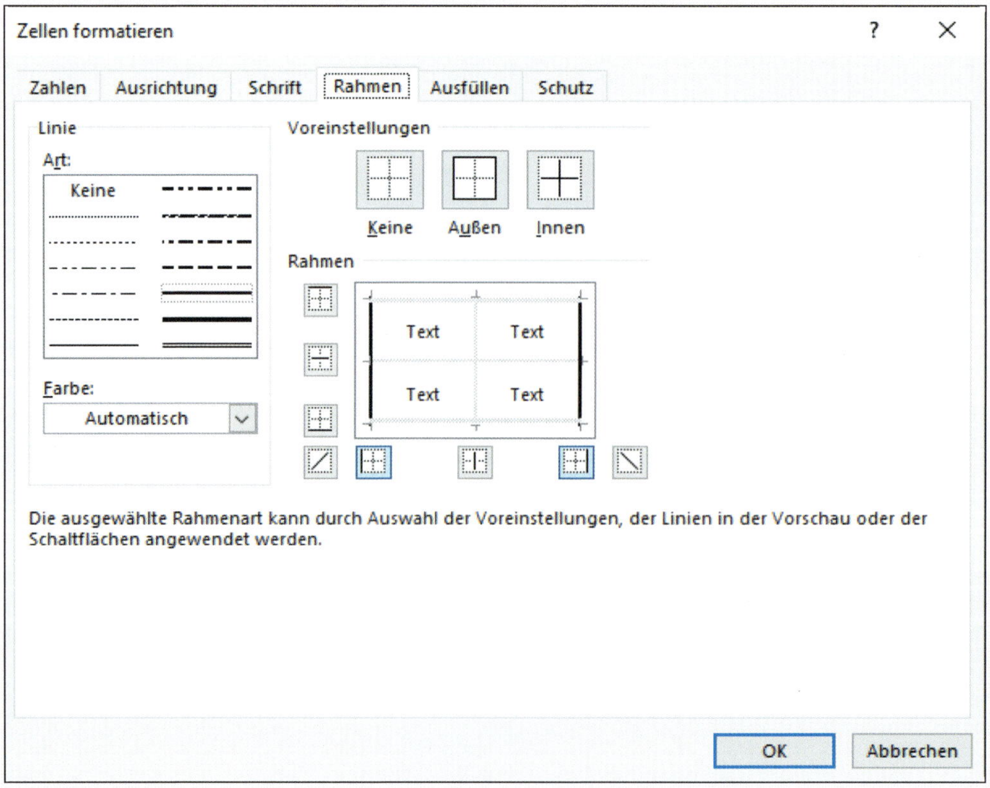

2.8.3 Zahlen als Währungswerte formatieren

Bei den Umsätzen der Vertreter handelt es sich um €-Beträge. Wenn Sie diese so anzeigen lassen wollen, müssen Sie zunächst wie folgt vorgehen:

Vorgehensweise

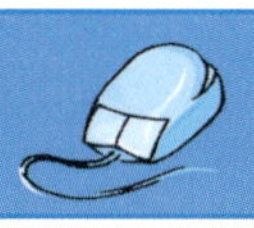

1. Bereich B6 bis H11 markieren.

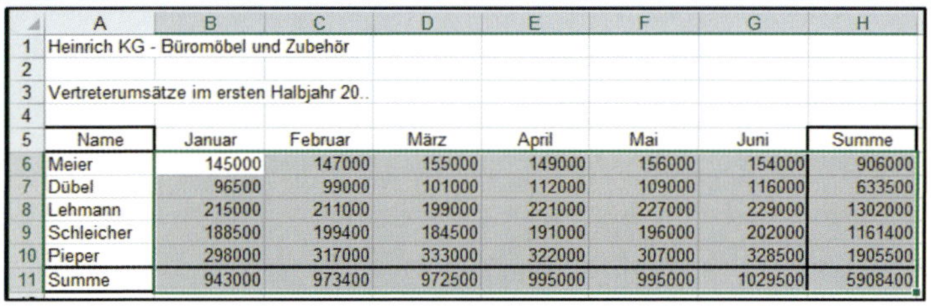

	A	B	C	D	E	F	G	H
1	Heinrich KG - Büromöbel und Zubehör							
2								
3	Vertreterumsätze im ersten Halbjahr 20..							
4								
5	Name	Januar	Februar	März	April	Mai	Juni	Summe
6	Meier	145000	147000	155000	149000	156000	154000	906000
7	Dübel	96500	99000	101000	112000	109000	116000	633500
8	Lehmann	215000	211000	199000	221000	227000	229000	1302000
9	Schleicher	188500	199400	184500	191000	196000	202000	1161400
10	Pieper	298000	317000	333000	322000	307000	328500	1905500
11	Summe	943000	973400	972500	995000	995000	1029500	5908400

2. Währungssymbol anklicken.
   Über den Auswahl-Pfeil neben dem Symbol können Sie auch andere Währungen auswählen, wenn Sie z. B. in einer Tabelle Werte als US-$ oder in britischen Pfund (£) ausgeben wollen.

EXCEL versieht die Zahlen mit Währungssymbolen und verbreitert im gleichen Arbeitsgang die Spalten auf die optimale Breite, da sonst die Eintragungen in den Zellen zu groß wären:

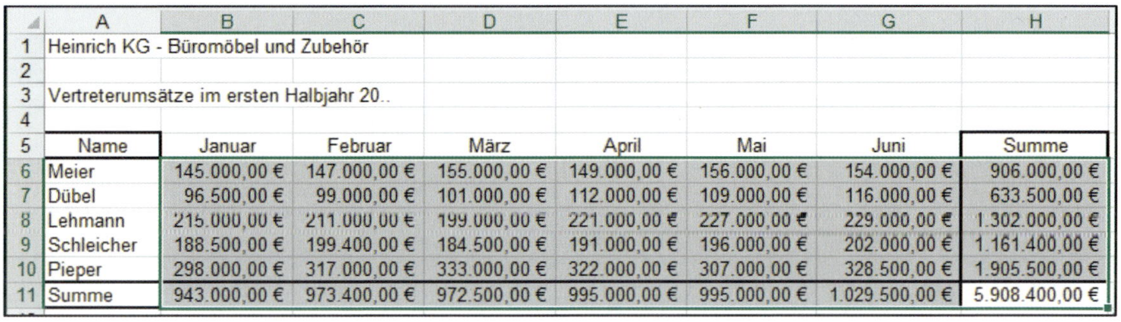

	A	B	C	D	E	F	G	H
1	Heinrich KG - Büromöbel und Zubehör							
2								
3	Vertreterumsätze im ersten Halbjahr 20..							
4								
5	Name	Januar	Februar	März	April	Mai	Juni	Summe
6	Meier	145.000,00 €	147.000,00 €	155.000,00 €	149.000,00 €	156.000,00 €	154.000,00 €	906.000,00 €
7	Dübel	96.500,00 €	99.000,00 €	101.000,00 €	112.000,00 €	109.000,00 €	116.000,00 €	633.500,00 €
8	Lehmann	215.000,00 €	211.000,00 €	199.000,00 €	221.000,00 €	227.000,00 €	229.000,00 €	1.302.000,00 €
9	Schleicher	188.500,00 €	199.400,00 €	184.500,00 €	191.000,00 €	196.000,00 €	202.000,00 €	1.161.400,00 €
10	Pieper	298.000,00 €	317.000,00 €	333.000,00 €	322.000,00 €	307.000,00 €	328.500,00 €	1.905.500,00 €
11	Summe	943.000,00 €	973.400,00 €	972.500,00 €	995.000,00 €	995.000,00 €	1.029.500,00 €	5.908.400,00 €

Ansicht nach der Formatierung mit dem Währungssymbol

2.8.4 Exkurs: Die Spaltenbreite verändern

Geben Sie nun in die Zelle A11 folgenden Text ein: `Summe der Umsätze`. Wie Sie sehen können, schneidet *EXCEL* die Eingabe ab, da der Platz in der Zelle für die Anzeige des ganzen Textes nicht ausreicht. Die Spalte muss also verbreitert werden:

Vorgehensweise

1. Auf den Zwischenraum zwischen zwei Spaltenbuchstaben zeigen.
   Der Mauszeiger verändert sein Aussehen!

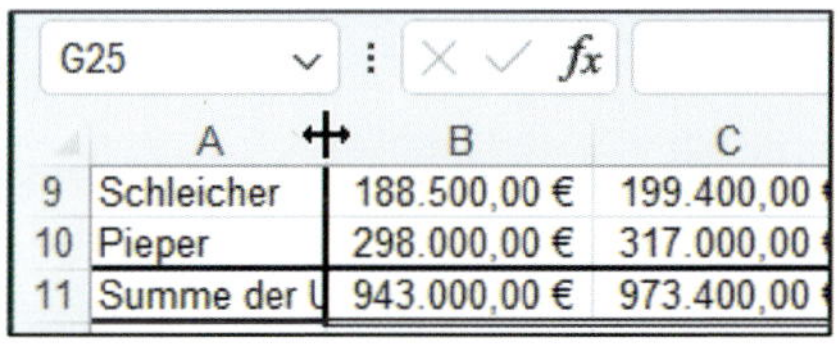

2. Den Mauszeiger so weit nach rechts ziehen, bis vermutlich alle Zellinhalte angezeigt werden. *EXCEL* zeigt die Spaltenbreite beim Ziehen an, aber nicht den Inhalt der Zelle. Hier muss evtl. mehrfach nachgebessert werden.

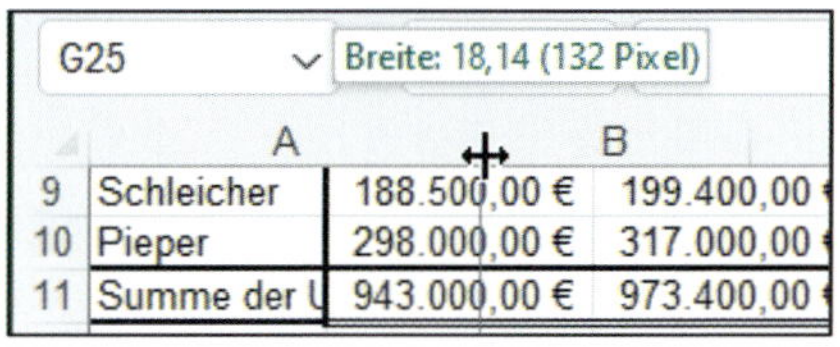

Vorgehensweise	
3. Das Ergebnis sollte dann ungefähr so aussehen.	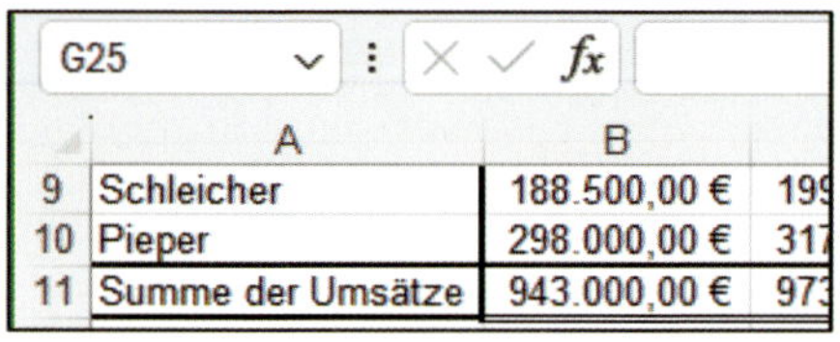

Wenn Sie mehrere Spalten gleichzeitig in der Breite verändern müssen, empfiehlt sich folgendes Vorgehen:

Vorgehensweise	
1. Gewünschte Spalten über die Spaltenköpfe markieren. – *EXCEL* zeigt dann auch die Anzahl der markierten Zeilen und Spalten an.	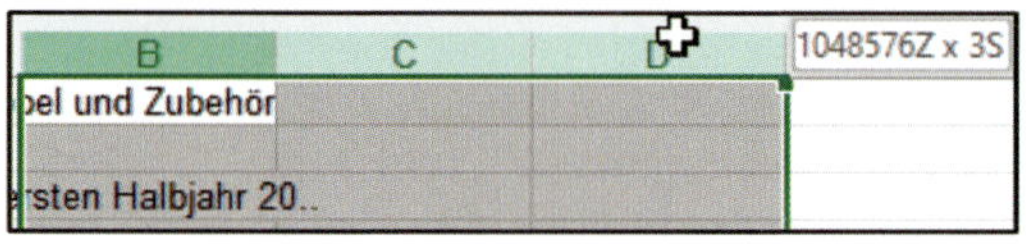
2. Breite **einer** markierten Spalte ändern, bis alle Eingaben angezeigt werden.	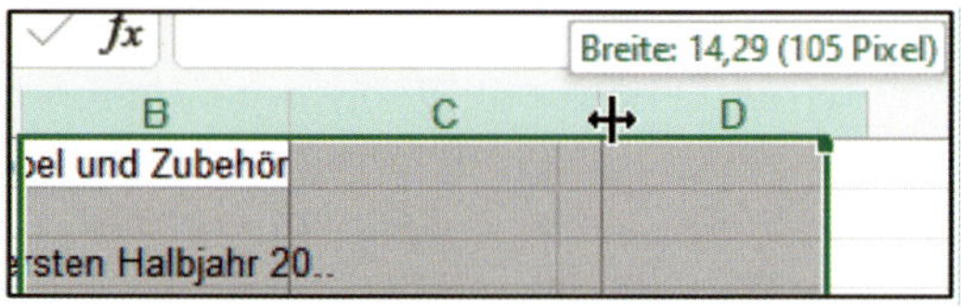
3. Die Maustaste loslassen. Sollte es dann noch nicht breit genug sein, wiederholen Sie den Vorgang, bis es passt.	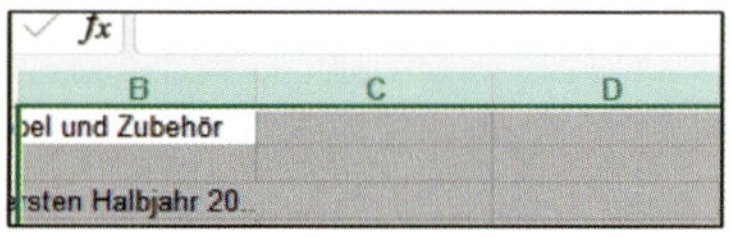

Ergänzende Hinweise:

- Die Spaltenbreite wird automatisch auf den längsten Zelleintrag in dieser Spalte angepasst, wenn Sie auf dem Zwischenraum zum rechten Nachbarbuchstaben doppelklicken.
- Weitere Möglichkeiten der Spaltenformatierung bietet der Befehl **Format** aus der Start-Multifunktionszeile:

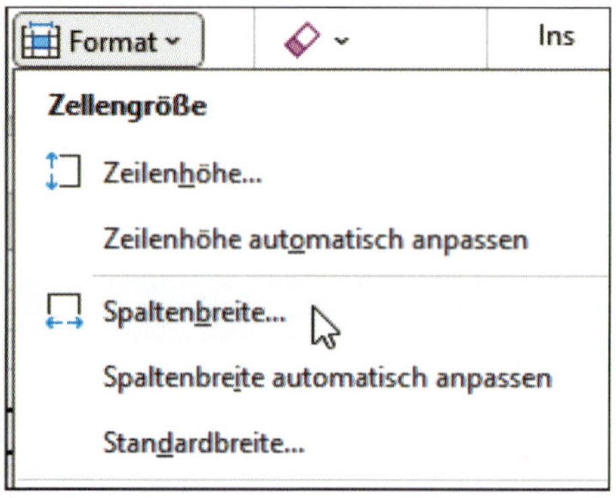

- Fehlenden Platz für die korrekte Darstellung eines Zahlenformats zeigt *EXCEL* mit einer Reihe von Rauten an („##########"). Dadurch wird verhindert, dass große Zahlen nur teilweise angezeigt und irrtümlich für deutlich kleinere gehalten werden (z. B. könnte man 1.000 anstelle von 1.000.000 lesen, wenn hier „.000" nicht angezeigt wurde).
- Wenn *EXCEL* auch dann noch ausschließlich Rauten anzeigt, obwohl Sie die Spalte deutlich verbreitert haben, dann kann das auch daran liegen, dass ein Fehler in der Formel vorhanden ist, und *EXCEL* das Ergebnis nicht anzeigen kann.

2.8.5 Schriftenformatierungen

EXCEL weist den Zellen zur Anzeige eine Standardschriftart zu, in der eingegebene Texte und Zahlen dargestellt werden. In der Version 2024 ist dies die Schriftart *Aptos Narrow* im Schriftgrad 11.

Eine besonders wichtige Formatierungsvariante ist deshalb die Veränderung von Schriftart, Schriftgröße, Schriftstil und Schriftfarbe. Damit können in Tabellen durch Hervorhebungen die Verständlichkeit und die Lesbarkeit sowie der optische Eindruck verbessert werden.

2.8.5.1 Schriftart und Schriftgröße verändern

Zur Hervorhebung von Überschriften können Sie z. B. die Schriftart und -größe verändern. Die Überschrift unserer Beispieltabelle soll nun in der Schriftart *Times New Roman* in der Größe 14 angezeigt werden. Gehen Sie folgendermaßen vor:

Vorgehensweise	
1. Zelle(n) markieren, die formatiert werden soll(en).	Hier Zelle A1 anklicken!
2. Listenfeld der verfügbaren Schriften durch Anklicken des Pfeils öffnen.	
3. Gewünschte Schriftart im Listenfeld auswählen.	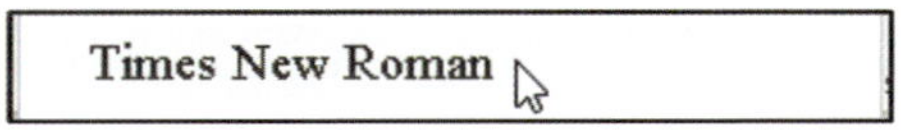

Die Überschrift wird nun in der gewählten Schriftart dargestellt. Als weitere Hervorhebung wird jetzt die Schriftgröße verändert:

Vorgehensweise	
1. Zelle(n) markieren, die formatiert werden soll(en).	Hier auf A1 klicken, falls erforderlich!
2. Listenfeld der verfügbaren Schriftgrößen durch Anklicken des Pfeils öffnen.	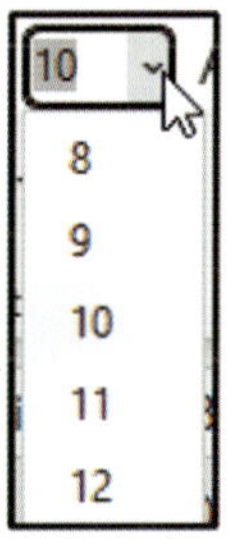
3. Die gewünschte Schriftgröße, hier 14, durch Anklicken wählen.	

Die Überschrift erscheint nun in der gewünschten Schriftart und -größe. Während Sie die Auswahl vornehmen, wird in *EXCEL* bereits das endgültige Aussehen angezeigt, sodass Sie jeweils direkt sehen können, welche Auswirkungen Ihre Änderungen auf das Layout haben.

Die Größe der Buchstaben können Sie auch komfortabel über die beiden Symbole (A^ A˅) neben dem Auswahlfeld für die Schriftgröße einstellen. Über den größeren der beiden Buchstaben (links) wird die Schrift größer, über den kleineren kleiner.

Ergänzender Hinweis:

Die Anzahl der für die Formatierung zur Verfügung stehenden Schriften ist abhängig davon, welche Schriften unter Ihrem *Windows* installiert wurden. Es kann daher auch passieren, dass eine Tabelle, die Sie zu Hause oder im Betrieb erstellt haben, auf dem Schulrechner anders aussieht, weil hier vielleicht eine spezielle Schriftart nicht vorhanden ist.

Formatieren Sie nun die Unterüberschrift in Zelle A3 in der Schriftart *Times New Roman* und der Schriftgröße 12.

2.8.5.2 Den Schriftstil verändern

Unter einem Schriftstil versteht man Formatierungen wie fett, kursiv, unterstrichen usw.

Die Überschrift in Zelle A1 soll fett und unterstrichen dargestellt werden. Dazu können Sie sich, nachdem Sie die Zelle durch Anklicken markiert haben, der Möglichkeiten der Symbolleiste Format bedienen. Das Anklicken des Symbols bewirkt die entsprechende Schriftstilformatierung.

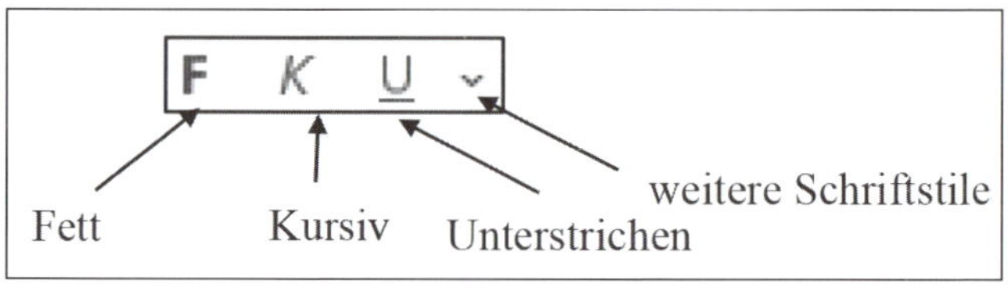

Wenn Sie nacheinander die Symbole für die Schriftstile fett und unterstrichen angeklickt haben, wird der Zellinhalt entsprechend formatiert und die Symbole werden grau hervorgehoben dargestellt. Außerdem könnten Sie jetzt bei der Unterstreichung auch noch wählen, ob diese einfach (Standard) oder doppelt ausgeführt werden soll, indem Sie auf den Auswahlpfeil klicken, der nun angezeigt wird:

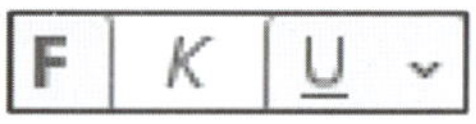

Dadurch zeigt *EXCEL* die Schriftstilformatierung der markierten Zelle an.

Markieren Sie nun die Spaltenüberschriften in den Zellen A5 bis H5 und formatieren Sie sie kursiv.

Ergänzende Hinweise:

- Mehrere Schriftstile können miteinander kombiniert werden.
- Wenn Sie die Schriftstilformatierung wieder rückgängig machen wollen, brauchen Sie die Symbole einfach nur noch einmal anzuklicken. Die Symbolschaltflächen funktionieren also im Prinzip wie ein Lichtschalter, mit dem man das Licht an- oder ausschaltet.
- Weitergehende Schriftstilformatierungen finden Sie, wenn Sie im Menü **Zellen formatieren** im Dialogfenster das Register SCHRIFT anklicken. Klicken Sie dazu auf das entsprechende Erweiterungssymbol:

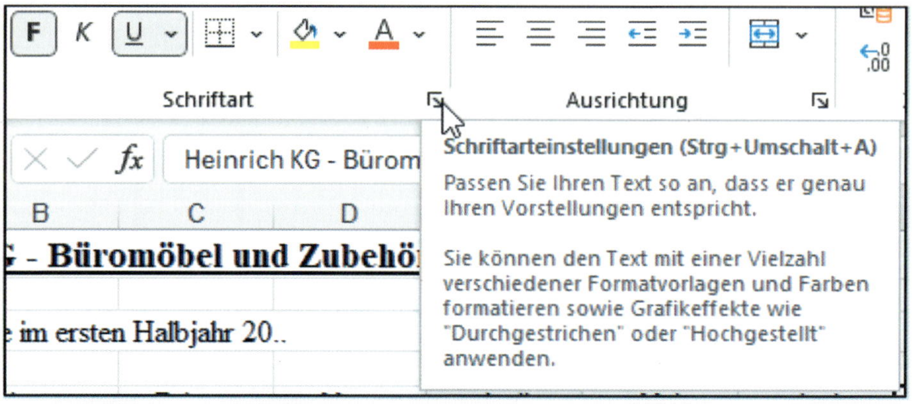

Danach öffnet sich das entsprechende Menü:

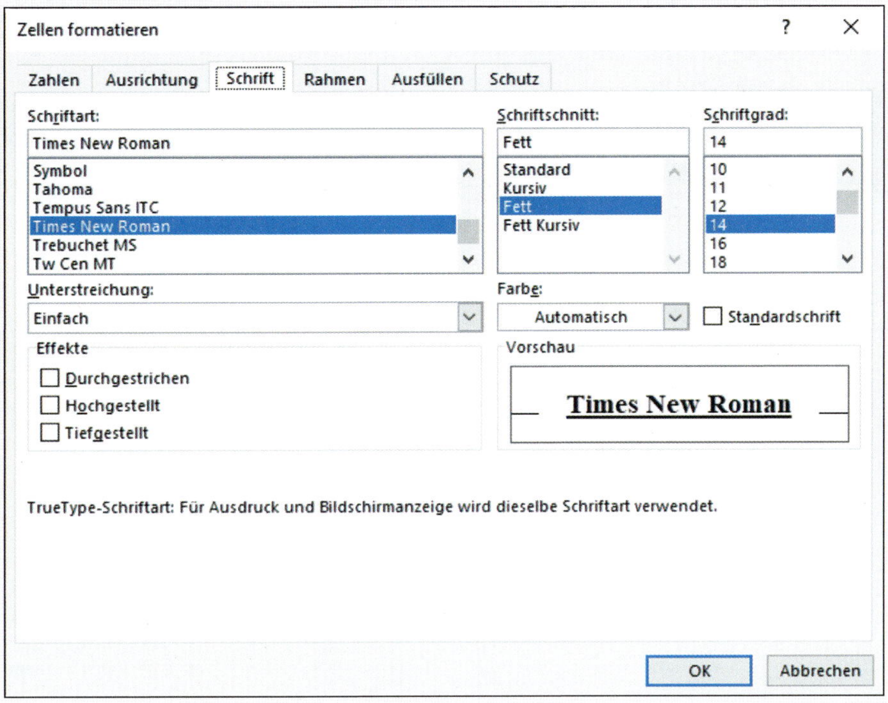

2.8.5.3 Die Schriftfarbe verändern

Durch Verwendung unterschiedlicher Schriftfarben können Sie besondere Hervorhebungseffekte erzielen. Die Summen, die in den Zellen H6 bis H11 stehen, sollen blau angezeigt werden. Gehen Sie dazu folgendermaßen vor:

Vorgehensweise	
1. Zu formatierende Zelle(n) markieren.	Hier mit der Maus über die Zellen H6 bis H11 ziehen!
2. Farbpalette *Schriftfarbe* durch Anklicken des Pfeils öffnen.	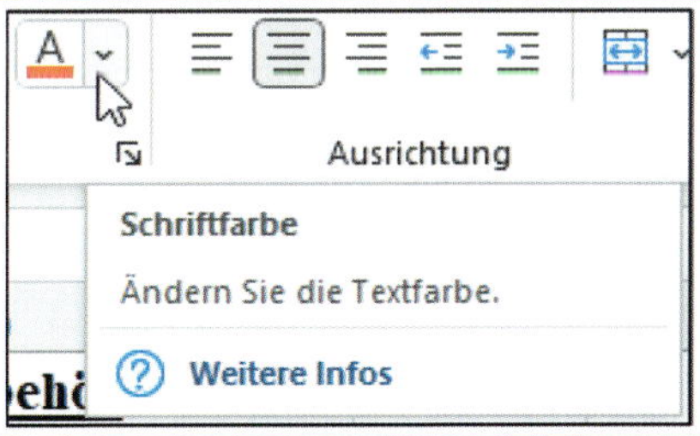
3. Gewünschte Schriftfarbe, hier *Blau, Akzent 1, heller 40 %* anklicken.	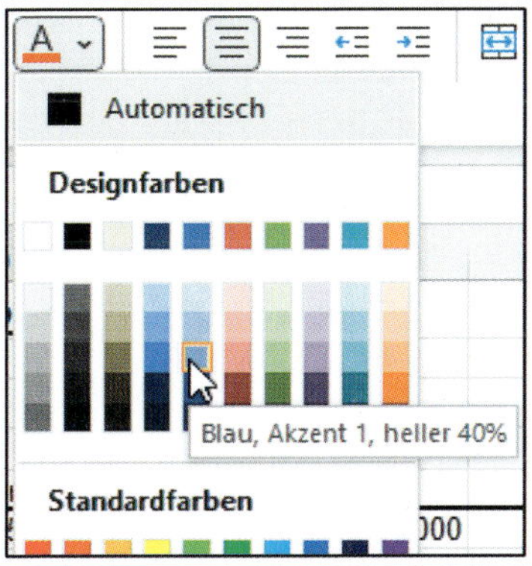

Durch Anklicken der Fläche *Automatisch* können Sie die alte Schriftfarbe Schwarz (wenn der Hintergrund unverändert in weißer Farbe dargestellt wird) wiederherstellen.

2.8.6 Zellbereiche farblich hinterlegen

Die Zellen A5 bis A11 sowie B5 bis H5 sollen mit einer anderen Farbe hinterlegt werden, um sie hervorzuheben:

Vorgehensweise	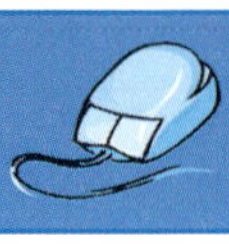
1. Zellbereich markieren.	Wie gehabt!
2. Multifunktionsleisten-Menü **Zahl → Zellen formatieren...** anklicken.	Anklicken!
3. Register AUSFÜLLEN öffnen.	
4. Farbhintergrund durch Anklicken auswählen.	
5. Bestätigen.	Schaltfläche **OK** anklicken!

Ihr Bildschirmausschnitt bietet nun folgende Ansicht:

	A	B	C	D	E	F	G	H
1	**Heinrich KG - Büromöbel und Zubehör**							
2								
3	Vertreterumsätze im ersten Halbjahr 20..							
4								
5	Name	Januar	Februar	März	April	Mai	Juni	Summe
6	Meier	145.000,00 €	147.000,00 €	155.000,00 €	149.000,00 €	156.000,00 €	154.000,00 €	906.000,00 €
7	Dübel	96.500,00 €	99.000,00 €	101.000,00 €	112.000,00 €	109.000,00 €	116.000,00 €	633.500,00 €
8	Lehmann	215.000,00 €	211.000,00 €	199.000,00 €	221.000,00 €	227.000,00 €	229.000,00 €	1.302.000,00 €
9	Schleicher	188.500,00 €	199.400,00 €	184.500,00 €	191.000,00 €	196.000,00 €	202.000,00 €	1.161.400,00 €
10	Pieper	298.000,00 €	317.000,00 €	333.000,00 €	322.000,00 €	307.000,00 €	328.500,00 €	1.905.500,00 €
11	Summe	943.000,00 €	973.400,00 €	972.500,00 €	995.000,00 €	995.000,00 €	1.029.500,00 €	5.908.400,00 €

Die fertige Tabelle

2.9 Eine Tabelle drucken lassen

Bevor Sie eine Tabelle tatsächlich drucken lassen, sollten Sie zuerst die Druckvorschau betrachten. Dort zeigt Ihnen *EXCEL,* wie die Tabelle später im Druck auf Papier aussehen würde. Diese Darstellung sehen Sie immer auf der rechten Bildschirmseite, nachdem Sie das Druckmenü aufgerufen haben.

Vorteilhaft ist diese Funktion, weil Sie so Papierverschwendung durch fehlerhafte Ausdrucke verhindern können, indem Sie erst, nachdem Sie alle Mängel behoben haben, tatsächlich den Druckvorgang starten. Es sind schon Fälle vorgekommen, in denen weit mehr als eine Packung Druckerpapier verdruckt wurde, weil die Druckvorschau nicht beachtet wurde! *EXCEL* druckt nämlich, wenn die Tabelle nicht auf eine Druckseite passt, mehrere Seiten aus, die dann zu einer großen Tabelle zusammengelegt werden können. Sollten also alle 17.179.869.184 möglichen Zellen mit Inhalt versehen worden sein, wobei *EXCEL* das bereits annimmt, wenn in der untersten rechten Zelle (XFD1048576) etwas steht, dann sind das bei Standardeinstellungen bereits 49.095.452 Blätter, also fast 100.000 Packungen Kopierpapier, die jeweils 500 Blatt enthalten!

Das Druckmenü finden Sie, wenn Sie auf Datei klicken und dann auf der linken Seite auf Drucken. Der Bildschirm sieht dann wie folgt aus, wird aber wegen des bei Ihnen eingestellten Standarddruckers ggf. leicht abweichen:

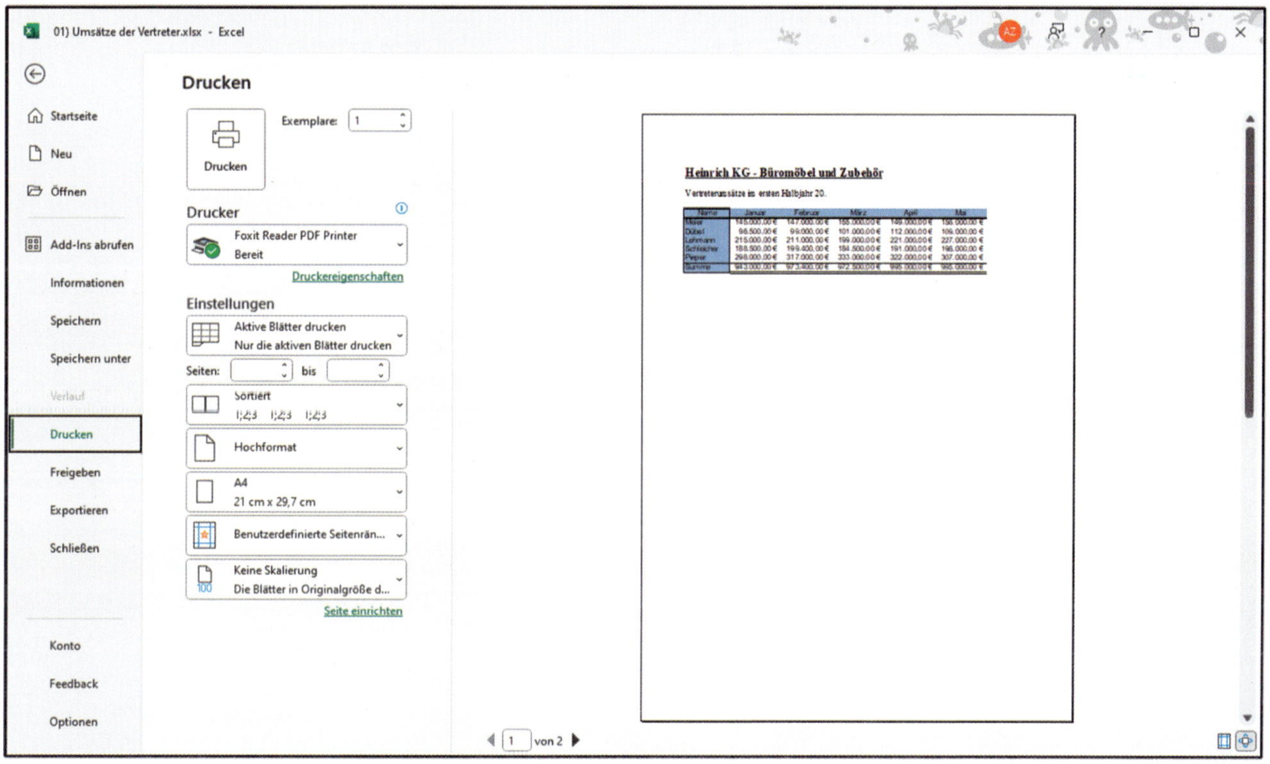

Die Tabelle Umsätze der Vertreter *im Druckmenü*

Wie Sie sehen, ist es nicht möglich, die Tabelle auf einem Blatt auszudrucken, denn diese endet mit dem Monat Mai und außerdem können Sie unten auf dem Bildschirm sehen, dass insgesamt zwei Seiten gedruckt werden sollen:

Hier können Sie sich auch alle Seiten ansehen, indem Sie entweder über die Dreiecks-Symbole hin- und herschalten oder in dem Eingabefeld eine Seitenzahl eingeben.

Wenn Sie in einem solchen Fall aber nur eine Seite bedrucken wollen, bieten sich mehrere Lösungswege an. Welcher letztlich optimal ist, hängt von der Größe der Tabelle ab, aber auch von der gestellten Aufgabe. In einer Präsentationsmappe kann z.B. eine Tabelle im Querformat eher störend wirken, wenn alle anderen Seiten im „normalen" Hochformat erstellt wurden. Zwei Möglichkeiten, das Layout zu beeinflussen, sehen Sie unten:

<table>
<tr><th>Vorgehensweise</th><th></th></tr>
<tr><td>1. Umstellen des Ausdruckformates auf das Querformat.

Sie sehen dann automatisch in der Vorschau das neue Layout und unten, dass es jetzt nur noch „1 von 1" Seiten gibt.</td><td>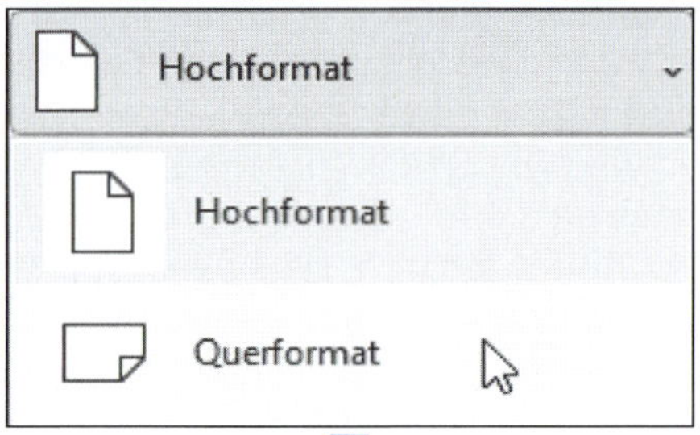

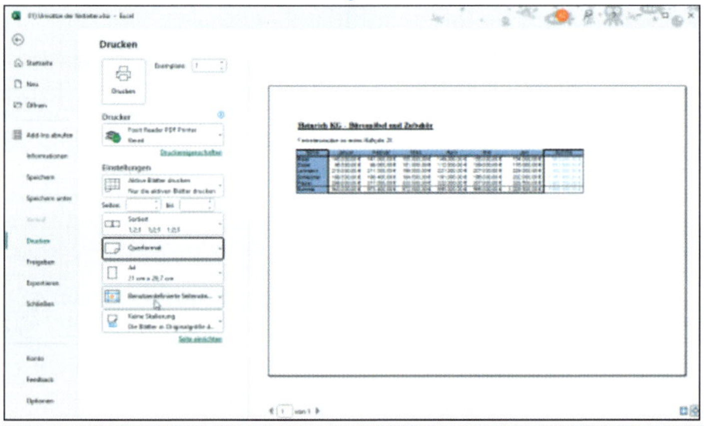</td></tr>
<tr><td>2. Alternativ (oder bei großen Tabellen auch zusätzlich) können Sie auch die „Skalierung" anpassen und z. B. auswählen, dass das Blatt auf einer Seite dargestellt werden soll.

Auch hier wechselt die Vorschau automatisch und es gibt nur noch „1 von 1" Seiten.</td><td>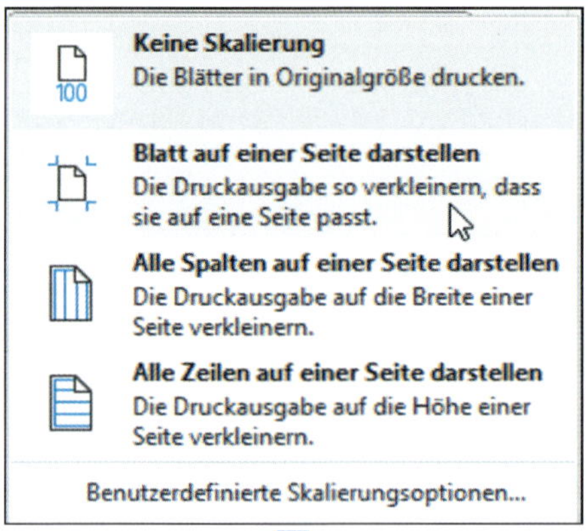

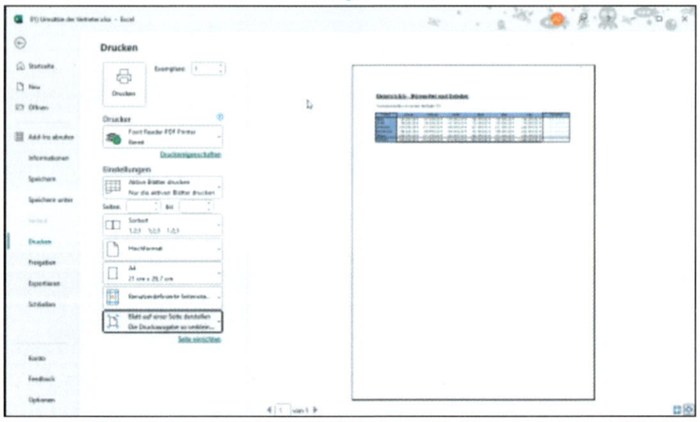</td></tr>
</table>

Wenn Sie sich letztlich für eine Ausdruckvariante entschieden haben, dann können Sie noch einen Drucker auswählen und/oder die speziellen „Druckereigenschaften" beeinflussen (bei jedem Druckermodell gibt es dort andere Optionen):

Dies wird aber nur dann möglich sein, wenn überhaupt Drucker installiert (und bei einer pädagogischen Oberfläche in der Schule auch freigeschaltet) sind. Fragen Sie also gegebenenfalls Ihre Lehrerin oder Ihren Lehrer.

Ist auch dieser Arbeitsschritt erledigt, wählen Sie die Anzahl der gewünschten Exemplare, die Sie drucken wollen:

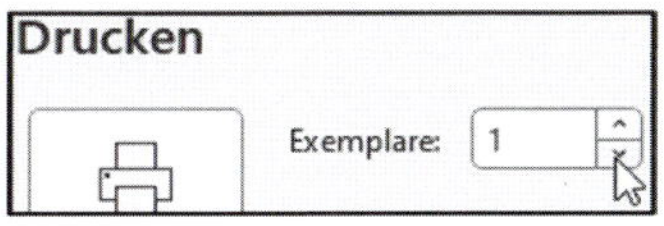

Wenn dann alles eingestellt ist, starten Sie den eigentlichen Ausdruck, indem Sie auf das „Drucken-Symbol" klicken:

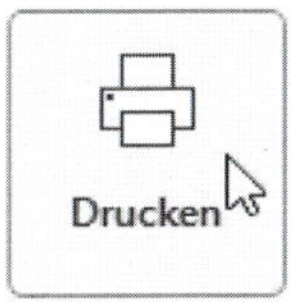

Als weitere Einstellmöglichkeit gibt es auch noch die Option, die Gitternetzlinien (die Hilfslinien, die Sie in *EXCEL* auf dem Bildschirm sehen) sowie die Zeilen- und Spaltenköpfe mit auszudrucken bzw. genau das zu verhindern. Die entsprechenden Menü-Optionen finden Sie in der Multifunktionsleiste „Seitenlayout", die bei Ihnen, wie eingangs bereits für alle Multifunktionsleisten angemerkt, auch etwas anders aussehen kann, weil das Aussehen von der Bildschirmgröße usw. beeinflusst wird:

Wenn Sie „Gitternetzlinien" und „Überschriften" für den Druck aktivieren, würde eine ausgedruckte Tabelle z. B. wie links dargestellt aussehen, deaktivieren Sie beide Optionen, erhalten Sie die rechte Variante:

	A	B	C	D	E
1	Personalkosten der Firma Niet & Nagel				
2					
3	Monat	Werk 1	Werk 2	Werk 3	Summe
4	Januar	18.000,00 €	22.100,00 €	14.800,00 €	54.900,00 €
5	Februar	18.750,00 €	22.100,00 €	14.950,00 €	55.800,00 €
6	März	18.850,00 €	22.250,00 €	15.050,00 €	56.150,00 €
7	April	18.800,00 €	22.300,00 €	14.970,00 €	56.070,00 €
8	Mai	18.900,00 €	22.350,00 €	15.250,00 €	56.500,00 €
9	Juni	19.050,00 €	22.250,00 €	15.350,00 €	56.650,00 €
10	Juli	18.800,00 €	22.150,00 €	15.600,00 €	56.550,00 €
11	August	18.450,00 €	21.700,00 €	16.500,00 €	56.650,00 €
12	September	18.550,00 €	21.750,00 €	14.450,00 €	54.750,00 €
13	Oktober	18.750,00 €	22.150,00 €	14.360,00 €	55.260,00 €
14	November	18.950,00 €	22.250,00 €	14.800,00 €	56.000,00 €
15	Dezember	18.700,00 €	23.100,00 €	15.700,00 €	57.500,00 €
16	Summe	224.550,00 €	266.450,00 €	181.780,00 €	672.780,00 €

Personalkosten der Firma Niet & Nagel

Monat	Werk 1	Werk 2	Werk 3	Summe
Januar	18.000,00 €	22.100,00 €	14.800,00 €	54.900,00 €
Februar	18.750,00 €	22.100,00 €	14.950,00 €	55.800,00 €
März	18.850,00 €	22.250,00 €	15.050,00 €	56.150,00 €
April	18.800,00 €	22.300,00 €	14.970,00 €	56.070,00 €
Mai	18.900,00 €	22.350,00 €	15.250,00 €	56.500,00 €
Juni	19.050,00 €	22.250,00 €	15.350,00 €	56.650,00 €
Juli	18.800,00 €	22.150,00 €	15.600,00 €	56.550,00 €
August	18.450,00 €	21.700,00 €	16.500,00 €	56.650,00 €
September	18.550,00 €	21.750,00 €	14.450,00 €	54.750,00 €
Oktober	18.750,00 €	22.150,00 €	14.360,00 €	55.260,00 €
November	18.950,00 €	22.250,00 €	14.800,00 €	56.000,00 €
Dezember	18.700,00 €	23.100,00 €	15.700,00 €	57.500,00 €
Summe	224.550,00 €	266.450,00 €	181.780,00 €	672.780,00 €

2.10 Eine Arbeitsmappe schließen

Wenn Sie die Arbeit abgeschlossen haben und das Fenster der Arbeitsmappe schließen wollen, erreichen Sie dies durch Anklicken des Befehls **Schließen,** nachdem Sie auf Datei geklickt haben.

Wenn Sie seit dem letzten Speichern noch etwas an der Arbeitsmappe verändert haben, erscheint eine Sicherheitsabfrage, die überprüft, ob Sie die Veränderungen jetzt noch speichern wollen oder nicht.

Alternativ können Sie auch die Tastenkombination Alt + F4 verwenden oder das Schließen-Symbol der Arbeitsmappe nutzen:

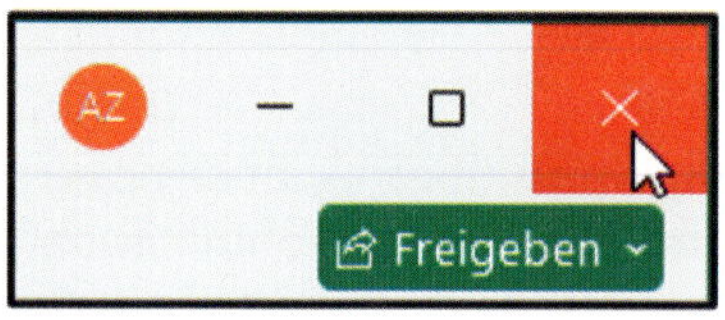

2.11 Eine neue Arbeitsmappe öffnen

Wenn Sie eine neue, leere Arbeitsmappe öffnen wollen, erreichen Sie dies ebenfalls über einen Klick auf Datei, indem Sie dort **Neu** anklicken. Im darauffolgenden Fenster wählen Sie dann aus, dass Sie eine „Leere Arbeitsmappe" erstellen wollen:

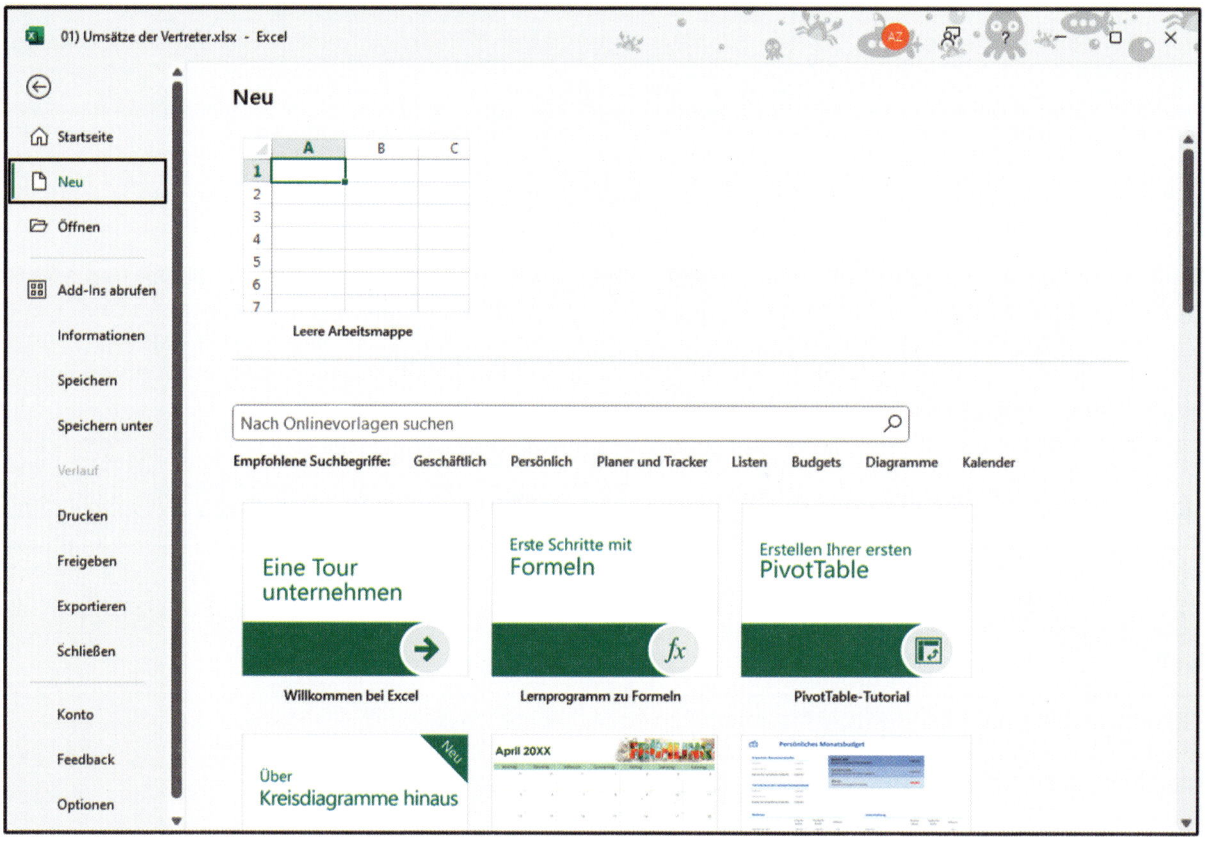

2.12 Die Arbeit mit EXCEL beenden

Wenn Sie Ihre Arbeitssitzung mit *EXCEL* beenden wollen, sollten Sie dies niemals durch einfaches Ausschalten des Rechners tun. Dadurch würden Sie eventuell empfindliche Datenverluste erleiden, da *EXCEL* keine Gelegenheit bekommt Sie mittels einer Sicherheitsabfrage auf noch nicht gespeicherte Arbeitsmappen hinzuweisen. Abgesehen davon kann auch das Betriebssystem zerstört werden, sodass ein Neustart nicht mehr möglich ist!

Sie verlassen *EXCEL* durch Anklicken der Schaltfläche **Schließen,** nachdem Sie auf Datei geklickt haben. Alternativ können Sie auch links neben dem Disketten-Symbol in der linken oberen Ecke des Fensters auf den grünen Hintergrund doppelklicken oder die Tastenkombination Alt + F4 benutzen.

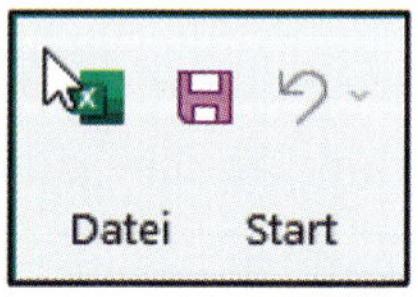

Sollten Sie die Arbeitsmappe schließen, ohne zuvor die Änderungen gespeichert zu haben, werden Sie durch eine Sicherheitsabfrage darauf hingewiesen.

Wenn Sie mehrere Arbeitsmappen geöffnet haben, können Sie diese aber dennoch mit einem „Trick" auf „einen Schlag" schließen: Klicken Sie dazu mit der **rechten** Maustaste auf die *EXCEL*-Symbole in der Startleiste von Windows und wählen Sie im daraufhin aufklappenden Kontextmenü „Alle Fenster schließen" aus:

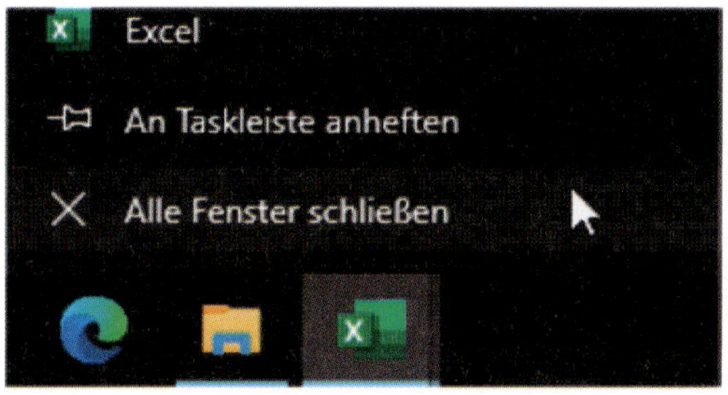

Kontrollfragen:

1. Schildern Sie kurz, wie Sie
   a) eine ganze Tabelle,
   b) nicht zusammenhängende Tabellenbereiche

   markieren.
2. Was bedeutet es, wenn *EXCEL* Ihnen statt einer Zahl nur *########* anzeigt?
3. Warum sollte vor einem Ausdruck immer erst die Druckvorschau beachtet werden?
4. Warum sollten Sie *EXCEL* niemals durch Ausschalten des Rechners beenden?
5. Wie können Sie in *EXCEL* eine neue Arbeitsmappe anlegen?

Praxissituation:

Die im vorherigen Kapitel erstellte Arbeitsmappe mit den Vertreterumsätzen soll nun genauer ausgewertet werden. Herr Bremer, der zuständige Sachbearbeiter, möchte die Umsätze des ersten Quartals genauer analysieren.

Sie benutzt dafür die schon vorhandenen Daten in der Arbeitsmappe Umsätze der Vertreter.

2.13 Eine vorhandene Arbeitsmappe öffnen

Dazu muss die vorher gespeicherte Arbeitsmappe wieder geöffnet werden. Gehen Sie folgendermaßen vor:

Vorgehensweise	
1. Datei anklicken und dort **Öffnen** auswählen.	Anklicken!
2. Wenn auf der rechten Seite die gesuchte Arbeitsmappe aufgeführt ist, klicken Sie einfach darauf und schon können Sie weiterarbeiten. Wird die Datei dort nicht angezeigt, dann fahren Sie bei 3. fort, indem Sie auf „Dieser PC" doppelklicken.	Anklicken! Doppelklick!

Vorgehensweise	
3. Im Dialogfenster die notwendigen Einstellungen treffen: ■ evtl. Laufwerk wechseln ■ evtl. Verzeichnis wechseln ■ Arbeitsmappe markieren.	Anklicken!
4. Bestätigen.	**Öffnen** anklicken!

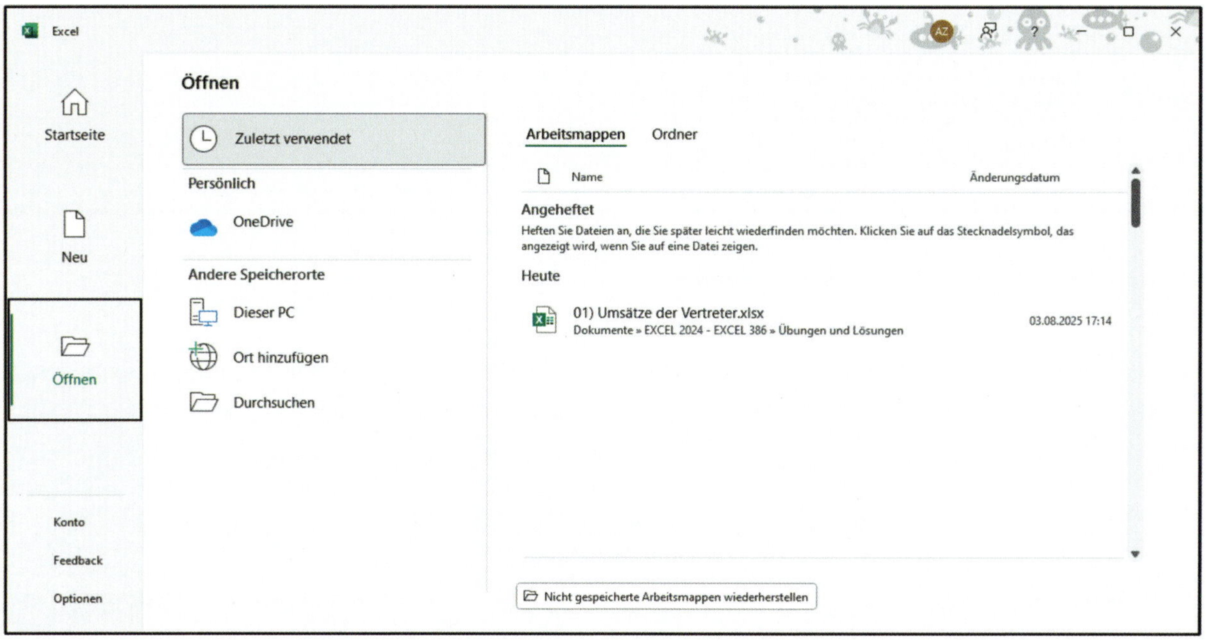

Untermenü Öffnen

Benötigen Sie eine andere Arbeitsmappe, die nicht auf dieser Seite aufgeführt ist, wählen Sie „Durchsuchen“ aus. Dort können Sie dann auf alle Dateien zugreifen, auf die Sie am Arbeitsplatz Zugriff haben:

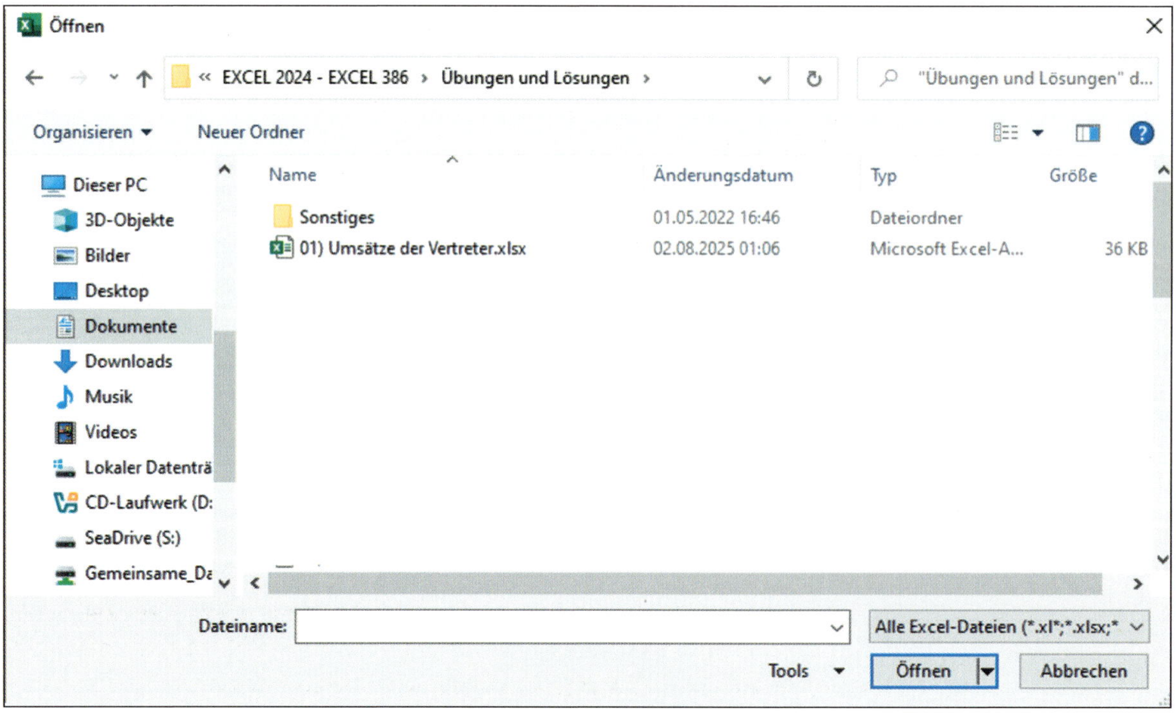

Dialogfenster Durchsuchen

Sollten Sie die gesuchte Datei nicht finden, kann es sein, dass diese in einem Fremdformat vorliegt. Allerdings zeigt *EXCEL* 2024 diese in der Regel standardmäßig an. Sie können aber den Dateityp auch gezielt einstellen, indem Sie hinter „Dateiname" den Dateityp einstellen:

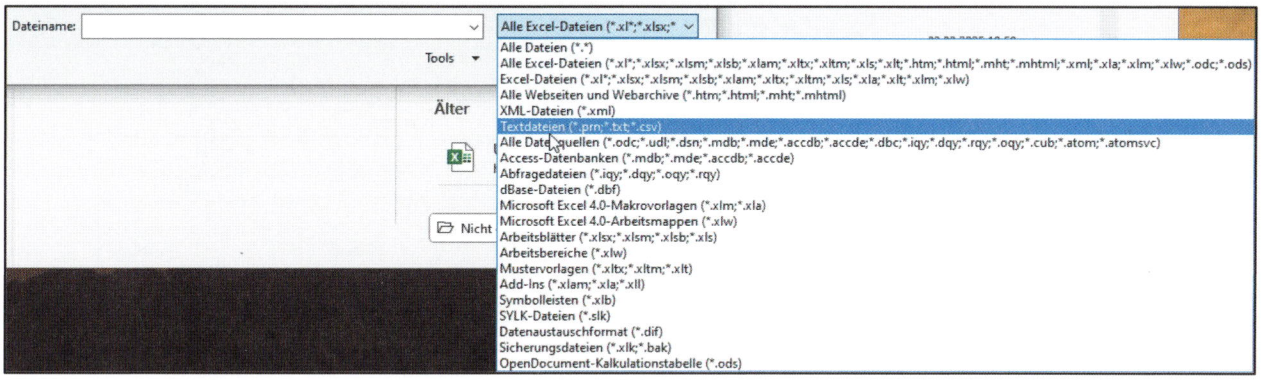

Wenn Sie *EXCEL* „leer" öffnen, startet nicht direkt eine leere Arbeitsmappe, sondern Sie müssen erst im Auswahldialog festlegen, was Sie vorhaben:

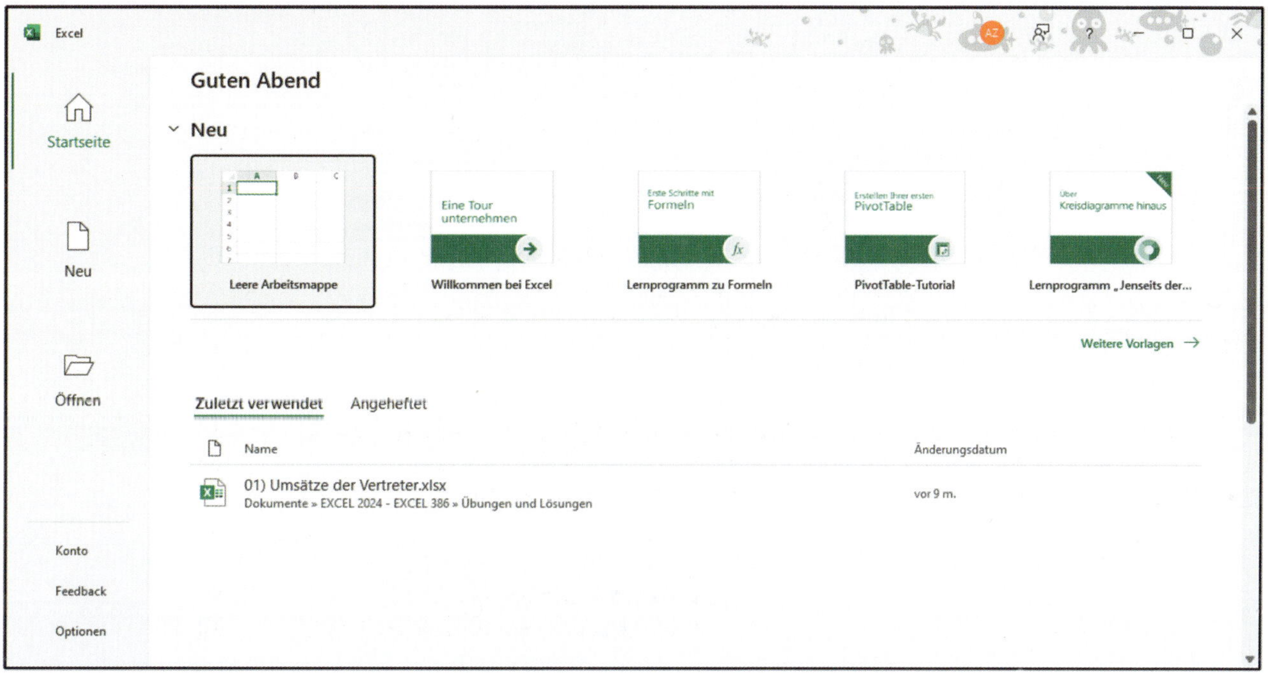

Ergänzender Hinweis:

- Ein Doppelklick auf der gewünschten Arbeitsmappe führt zum sofortigen Öffnen. Die Bestätigung mit **Öffnen** entfällt.

2.14 Kopieren, Löschen und Verschieben von Bereichen

Da Sie bei Ihrer Arbeit mit *EXCEL* relativ oft Teile von Tabellen mehrfach verwenden können, ist eine wichtige Fertigkeit das Kopieren und Verschieben von Tabellenteilen.

2.14.1 Das Kopieren von Bereichen

Die neue Tabelle basiert auf einem Teil der ersten Tabelle, die Sie bei der Einführung in die Grundlagen von *EXCEL* erstellt haben. Genau genommen benötigen Sie nur die Zellen A1 bis D11.

Sie geben diesen Tabellenteil natürlich nicht neu ein, sondern kopieren ihn in die Tabelle 2 der Arbeitsmappe, um ihn dort weiter zu bearbeiten.

Gehen Sie folgendermaßen vor:

<table>
<tr><th>Vorgehensweise</th><th></th></tr>
<tr><td>1. Markieren Sie den zu kopierenden Tabellenteil.</td><td>Hier A1 bis D11!</td></tr>
<tr><td>2. Wählen Sie aus der Start-Multifunktionsleiste das Symbol für Kopieren oder verwenden Sie die Tastenkombination [Strg] + [C].</td><td>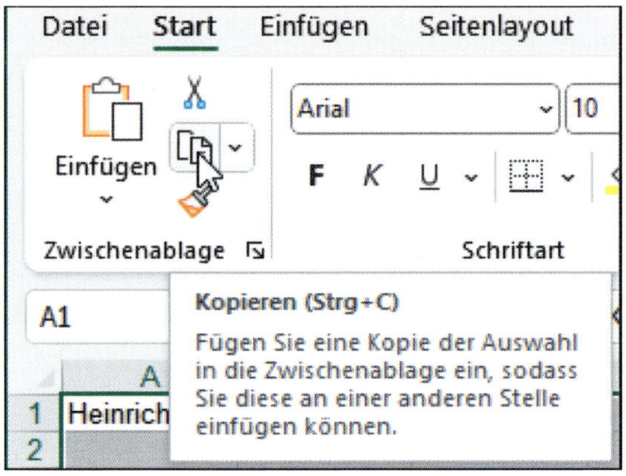
</td></tr>
<tr><td>3. Zieltabelle ansteuern, hier die Tabelle 2 der Arbeitsmappe Umsätze der Vertreter. (Sollte es keine leere Tabelle geben, klicken Sie vor dem Kopieren einfach auf das Symbol (+), um eine neue Tabelle anzulegen.)</td><td>
</td></tr>
<tr><td>4. In der Zieltabelle die obere linke Zelle des Einfügebereichs markieren.</td><td>Hier A1 anklicken!</td></tr>
<tr><td>5. Wählen Sie aus der Start-Multifunktionsleiste das Symbol für Einfügen oder verwenden Sie die Tastenkombination [Strg] + [V].</td><td>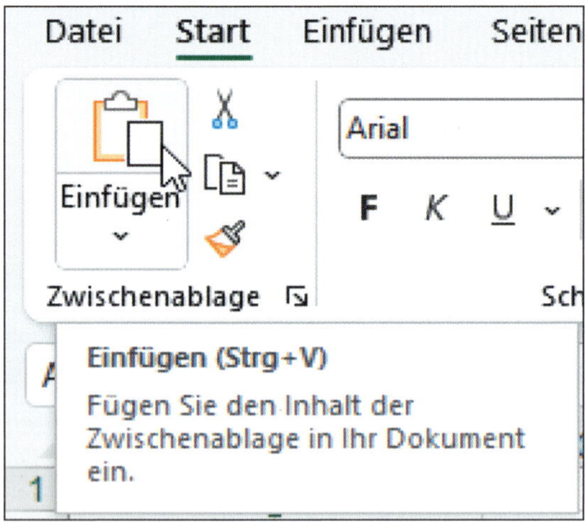
</td></tr>
</table>

Der markierte Tabellenbereich der Tabelle 1 wurde in die Tabelle 2 eingefügt. Lediglich die Spaltenbreite der Spalten reicht nicht aus.

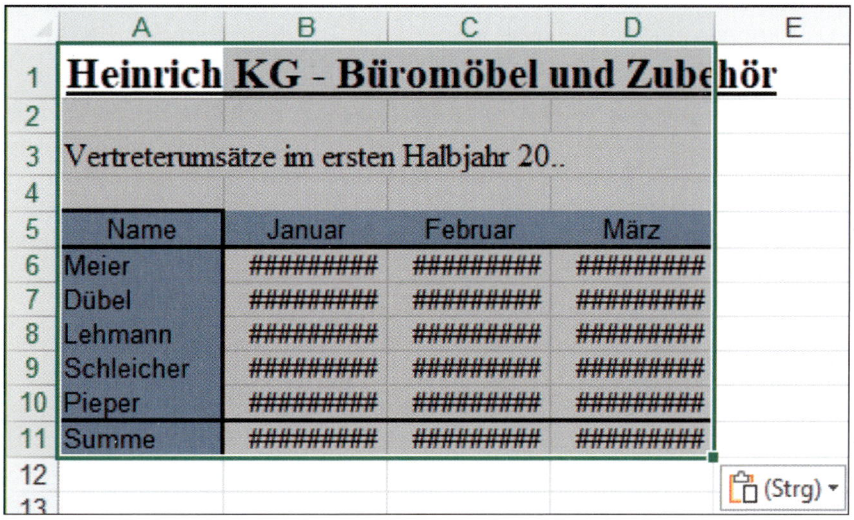

Um auch die Spaltenbreiten so darzustellen wie in der Ausgangstabelle, wählen Sie in dem unten rechts an der eingefügten Tabelle angezeigten Menü die Option aus, dass auch die Spaltenbreiten übernommen werden. Das Menü rufen Sie auf, indem Sie entweder auf das Symbol klicken oder Strg auf der Tastatur drücken.

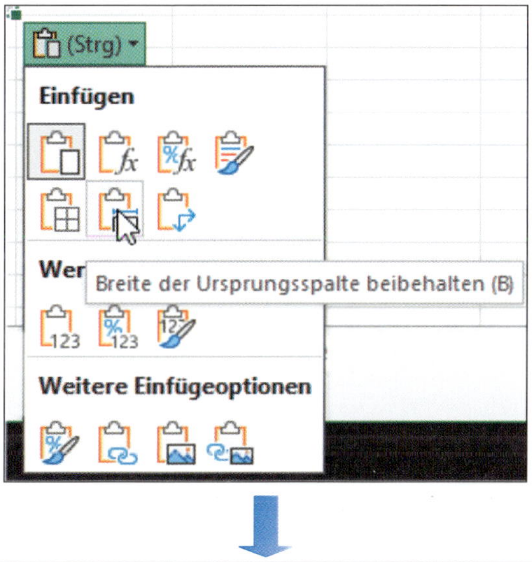

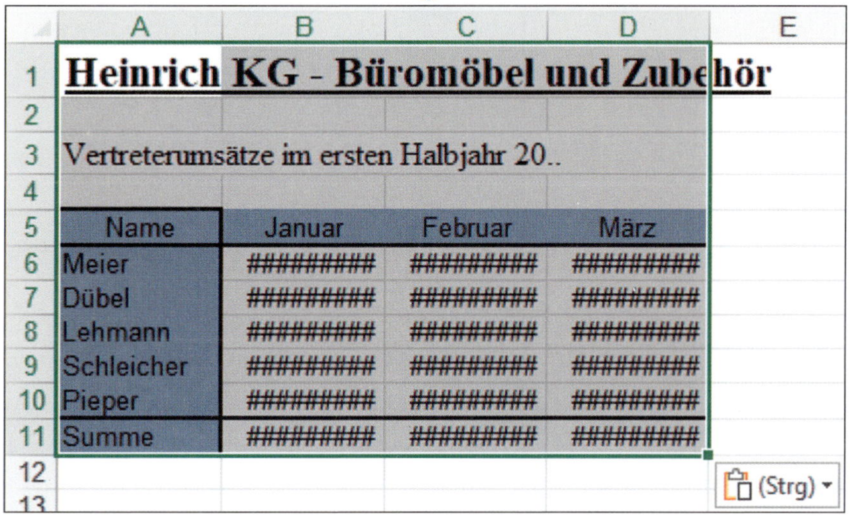

Kopierter Tabellenteil in Tabelle 2 nach dem Verbreitern der Spalten

Ergänzende Hinweise:

- Nach der Wahl des Kopierbefehls wird der markierte Teil in die Zwischenablage von *Windows* übernommen. Er kann von dort, solange kein neuer Tabellenteil in den Zwischenspeicher übernommen wird, beliebig oft eingefügt werden.
- Es gibt allerdings einen „kleinen Trick“, mit dem Sie auch mehrere Kopiervorgänge „speichern“ können. Dazu müssen Sie einmal die Windows-Logo-Taste (Win oder) auf Ihrer Tastatur drücken und gleichzeitig die Taste V. Wenn dies an Ihrem Rechner noch nie gemacht wurde, müssen Sie evtl. den Zwischenablagenverlauf einmalig aktivieren. Danach können Sie mit der Tastenkombination die letzten 25 kopierten Elemente einfügen, indem Sie diese aus einer Liste auswählen. Das bezieht sich nicht nur auf *EXCEL,* sondern auf das gesamte Windows und auch nicht nur auf Tabellenbereiche, sondern auch auf Bilder, Texte usw.

  Merken können Sie sich das V ganz einfach, denn es sieht wie ein Pfeil aus, mit dem Sie etwas in einen Bereich einfügen wollen. Mit Strg + V fügen Sie immer das zuletzt kopierte oder ausgeschnittene Element ein, mit Win + V erhalten Sie den Zwischenablagenverlauf. Ebenso kann man sich die Tastenkürzel für Kopieren, aus dem Englischen „Copy“, (Strg + C) und für Ausschneiden (Strg + X) merken, wobei das „X“ mit etwas Fantasie wie eine Schere aussieht. Da diese Tastenkürzel auch in anderen Programmen funktionieren, sollten Sie sich diese gut einprägen, denn damit sind Sie viel schneller und flexibler als mit der Maus.
- Wenn Sie **innerhalb einer Tabelle** kopieren möchten, entfällt der Arbeitsschritt 3 (Wechsel in nächstes Tabellenblatt) der oben dargestellten Befehlsfolge.
- Befinden sich im Einfügebereich Texte, Zahlen oder Formeln, werden diese durch den Kopiervorgang überschrieben!
- Vorhandene Formeln werden mit ihren Zelladressen beim Kopieren automatisch an die neue Umgebung angepasst.

Das Kopieren innerhalb einer Tabelle mithilfe der „Drag & Drop-Funktion“

Wenn der Einfügebereich innerhalb derselben Tabelle liegt, können Sie Bereiche auch sehr bequem durch Ziehen und Ablegen **(„Drag & Drop“)** mit der Maus kopieren. Zur Übung lassen Sie jetzt den Zellbereich von A5 bis D11 einmal auf diese Weise kopieren:

Vorgehensweise	
1. Bereich A5 bis D11 markieren.	Ziehen mit der Maus!
2. Mauszeiger auf den Rand der Markierung bringen und Strg-Taste drücken, wobei es egal ist, welchen Rand Sie nehmen (Empfehlung unten oder rechts).	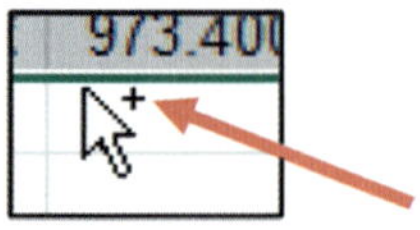 Der Mauszeiger wird mit einem Pluszeichen versehen!
3. Bei gedrückter Strg-Taste an die Einfügestelle ziehen.	Während des Ziehens zeigt ein Rahmen die Größe des zu kopierenden Bereiches an!
4. Kopieren an der Einfügestelle ausführen lassen.	**Erst die Maustaste** und dann Strg-Taste loslassen!

	A	B	C	D
1	**Heinrich KG - Büromöbel und Zubehör**			
2				
3	Vertreterumsätze im ersten Halbjahr 20..			
4				
5	Name	Januar	Februar	März
6	Meier	145.000,00 €	147.000,00 €	155.000,00 €
7	Dübel	96.500,00 €	99.000,00 €	101.000,00 €
8	Lehmann	215.000,00 €	211.000,00 €	199.000,00 €
9	Schleicher	188.500,00 €	199.400,00 €	184.500,00 €
10	Pieper	298.000,00 €	317.000,00 €	333.000,00 €
11	Summe	943.000,00 €	973.400,00 €	972.500,00 €
12				
13				
14	Name	Januar	Februar	März
15	Meier	145.000,00 €	147.000,00 €	155.000,00 €
16	Dübel	96.500,00 €	99.000,00 €	101.000,00 €
17	Lehmann	215.000,00 €	211.000,00 €	199.000,00 €
18	Schleicher	188.500,00 €	199.400,00 €	184.500,00 €
19	Pieper	298.000,00 €	317.000,00 €	333.000,00 €
20	Summe	943.000,00 €	973.400,00 €	972.500,00 €

Tabelle 2 nach dem Kopieren mithilfe von „Drag & Drop“

2.14.2 Bereiche löschen

Da Sie nur zu Testzwecken den Bereich mit Ziehen und Ablegen kopiert haben, sollten Sie ihn nun wieder löschen.

Wenn Sie den Bereich von A14 bis D20 markieren und dann einfach die Taste Entf betätigen, tritt ein unerwartetes Problem auf: Lediglich die Zellinhalte (Texte und Zahlen) werden entfernt, die Formatierungen mit Rahmen und Schattierungen bleiben dagegen bestehen.

Da dies nicht erwünscht ist, müssen Sie anders vorgehen:

Vorgehensweise	
1. Bereich markieren.	Ziehen von A14 bis D20!
2. Befehl **Löschen** (das Radiergummi) aus der Gruppe *Bearbeiten* in der Start-Multifunktionsleiste wählen.	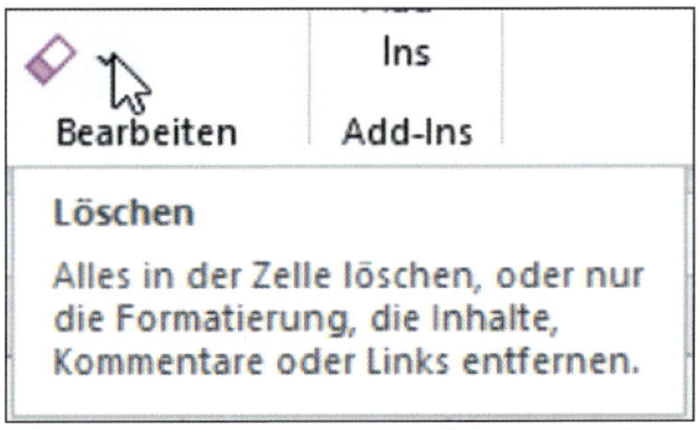
3. Im Untermenü **Alle löschen** wählen.	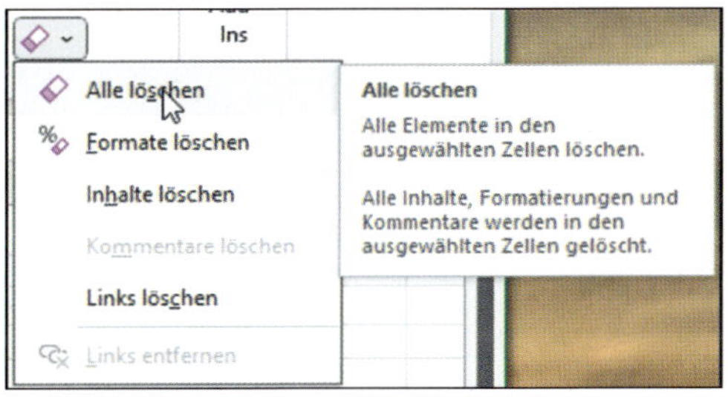

Nun sind Inhalte und Formatierungen entfernt worden. – In dem Untermenü können Sie also jeweils festlegen, worauf sich das Löschen bezieht.

Alles löschen Sowohl Zellinhalte als auch die gesetzten Formate werden entfernt. Die Zellen sind wieder im ursprünglichen leeren Zustand.

Formate löschen Damit werden nur die gesetzten Formate des markierten Bereiches gelöscht. Inhalte wie Zahlen, Texte oder Formeln bleiben unformatiert bestehen.

Inhalte löschen Lediglich eingegebene Daten und Formeln werden gelöscht.

Kommentare löschen Inhalte und Formate bleiben unverändert. Zellkommentare werden jedoch gelöscht.

Links löschen Wenn Sie in einer Zelle etwas eingegeben haben, was *EXCEL* z. B. für eine Internetadresse „hält“, dann wird diese als anklickbarer Link dargestellt. Mit dieser Option wird dies verhindert.

2.14.3 Das Verschieben von Bereichen

Dem Kopieren sehr ähnlich ist das Verschieben von Tabellenbereichen. Der Unterschied besteht darin, dass im Gegensatz zum Kopieren der markierte Tabellenteil ausgeschnitten und an der Einfügeposition wieder eingefügt wird. An der ursprünglichen Position ist er also danach entfernt. Führen Sie zur Übung dieser Technik folgende Befehlsfolge aus:

Vorgehensweise	
1. Markieren Sie den zu verschiebenden Tabellenteil.	Hier A5 bis D11!
2. Wählen Sie aus der Start-Multifunktionsleiste das Symbol für **Ausschneiden** oder verwenden Sie die Tastenkombination Strg + X.	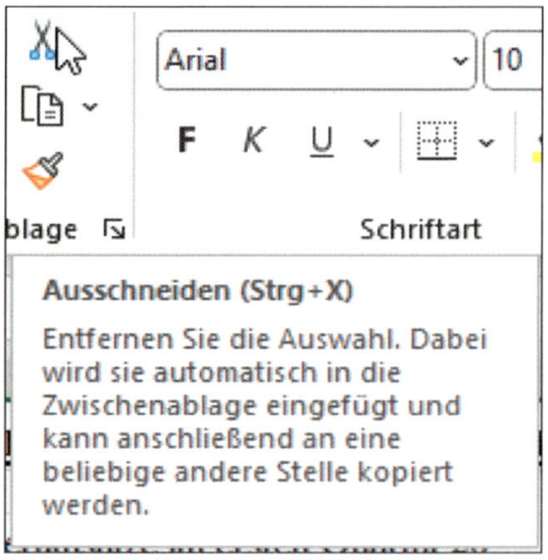
3. In der Zieltabelle die obere linke Zelle des Einfügebereichs markieren.	Hier A7 anklicken!
4. Wählen Sie aus der Start-Multifunktionsleiste das Symbol für **Einfügen** oder verwenden Sie die Tastenkombination Strg + V. Wenn Sie Win + V verwenden, erhalten Sie den Zwischenablagenverlauf und wählen dort das erste Element aus.	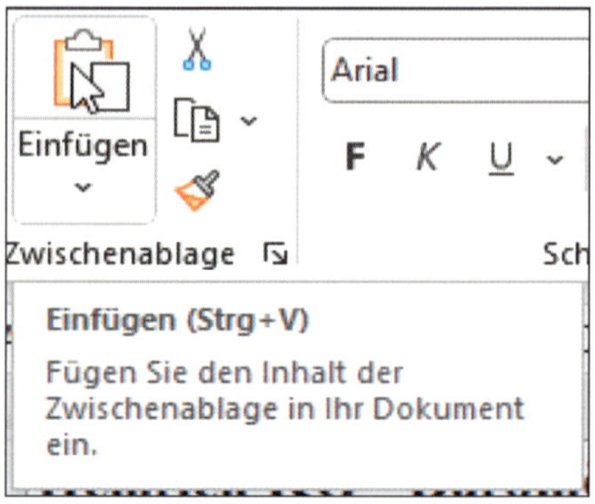

Der markierte Tabellenbereich wurde verschoben.

Verschieben mithilfe der „Drag-&-Drop-Funktion"

Ähnlich wie beim Kopieren können Sie innerhalb einer Tabelle auch mit der Maus das Verschieben mithilfe der „Drag & Drop-Funktion" veranlassen. Das Verfahren unterscheidet sich lediglich dadurch, dass Sie beim Verschieben nicht die Strg-Taste gedrückt halten.

Vorgehensweise	
1. Bereich A7 bis D13 markieren.	Ziehen mit der Maus!
2. Mauszeiger auf den Rand der Markierung bringen.	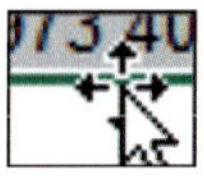
3. An die Einfügestelle ziehen: Hier die vorherige Position A5 bis D11!	Ein Rahmen zeigt die Größe des zu verschiebenden Bereiches an!
4. Verschieben an der Einfügestelle ausführen lassen.	Maustaste loslassen!

Wenn Sie alles richtig gemacht haben, dann befindet sich der verschobene Tabellenbereich wieder an seiner ursprünglichen Stelle.

2.15 Aktionen rückgängig machen

Das Verschieben des Tabellenbereiches hätten Sie auch durch das Rückgängigmachen des Verschiebens aufheben können. Da diese Möglichkeit vor allem bei missglückten Aktionen, die aufwendiger durchzuführen waren, viel Arbeit erspart, sollten Sie auch diese Möglichkeit kennen.

Zum Rückgängigmachen Ihrer letzten Aktion klicken Sie einfach auf das entsprechende Symbol neben dem Disketten-Symbol oder Sie drücken Strg + Z:

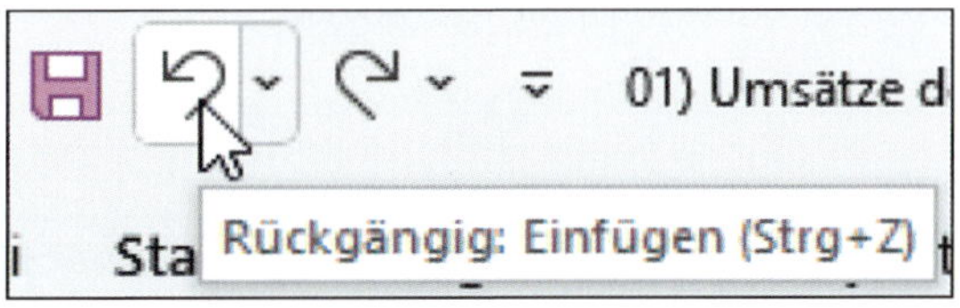

Um gleich mehrere Schritte rückgängig zu machen, kann der Auswahlpfeil neben dem gerade dargestellten Symbol genutzt werden. Hier sind z.B. diverse Arbeitsschritte durchgeführt worden, von denen nach dem darunter abgebildeten Mausklick die drei zuletzt verwendeten rückgängig gemacht würden.

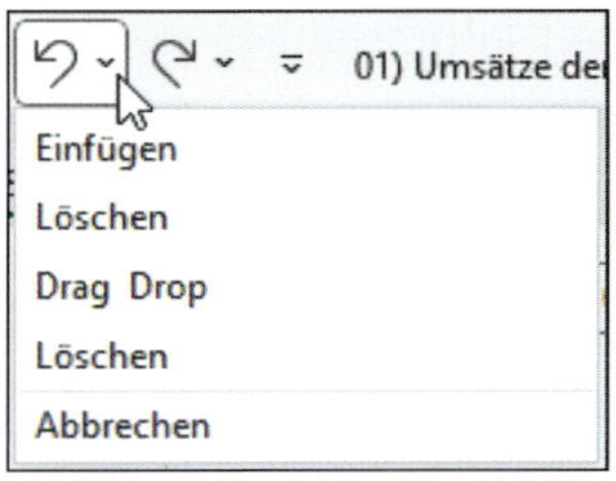

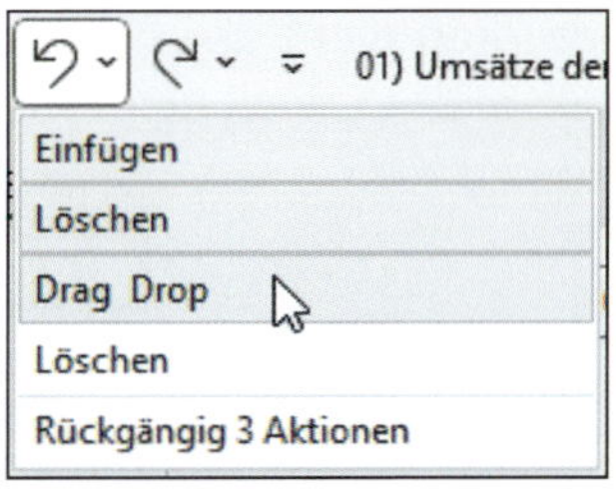

Ergänzender Hinweis:

Vorsicht: Nicht alle Aktionen können zurückgenommen werden. Das Löschen eines Blattregisters (Tabelle) ist z.B. nicht möglich. *EXCEL* macht Sie leider auch nicht in allen Fällen durch eine Sicherheitsabfrage auf die Gefahr aufmerksam! – Vor irgendwelchen Löschungen sollte Sie daher immer erst mal zur Sicherheit speichern!

2.16 Die absolute Adressierung verwenden

In TABELLE 2 errechnen Sie nun in Spalte E die Summen der einzelnen Quartalsumsätze der Vertreter, indem Sie mithilfe der Summenfunktion die Summen in Zelle E6 berechnen und dann unter Verwendung des automatischen Ausfüllens die Werte für die restlichen Zellen ermitteln. Nach der Berechnung und der Änderung der Unterüberschrift („Halbjahr" in „Quartal") sollte Ihre Tabelle unter Berücksichtigung der zu sehenden Formatierungen folgendes Bild bieten:

	A	B	C	D	E
1	**Heinrich KG - Büromöbel und Zubehör**				
2					
3	Vertreterumsätze im ersten Quartal 20..				
4					
5	Name	Januar	Februar	März	Summe
6	Meier	145.000,00 €	147.000,00 €	155.000,00 €	447.000,00 €
7	Dübel	96.500,00 €	99.000,00 €	101.000,00 €	296.500,00 €
8	Lehmann	215.000,00 €	211.000,00 €	199.000,00 €	625.000,00 €
9	Schleicher	188.500,00 €	199.400,00 €	184.500,00 €	572.400,00 €
10	Pieper	298.000,00 €	317.000,00 €	333.000,00 €	948.000,00 €
11	Summe	943.000,00 €	973.400,00 €	972.500,00 €	2.888.900,00 €

Tabelle 2 nach Errechnung der Summen

Ergänzender Hinweis:

Die Formate der Zellen E5 und E11 (Zellfarbe und Rahmen) können Sie am einfachsten einrichten, indem Sie sich die Format-Kopierfunktion zunutze machen. Das können Sie über das folgende Symbol, das Sie in der Start-Multifunktionsleiste unter „Zwischenablage" finden:

Zuerst markieren Sie die Zellen, die das gewünschte Format enthalten (hier: D5:D11). Nun klicken Sie auf das oben abgebildete Symbol Format übertragen. Der Mauszeiger ist nun um einen Pinsel erweitert, wenn Sie ihn über den Arbeitsbereich bewegen:

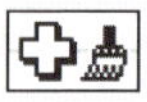

Im nächsten Schritt müssen Sie nur noch die Zellen markieren, die das Format aufnehmen sollen (hier: E5:E11). Sie streichen die Zielzellen also praktisch wie mit einer Farbe aus dem Farbeimer an.

In der Spalte F soll nun für jeden Vertreter der prozentuale Anteil am Gesamtumsatz (Zelle E11) errechnet werden. Geben Sie die entsprechende Formel in Zelle F6 ein:

= E6/E11

Diese Formel entspricht natürlich nicht der, die Sie im Mathematik-Unterricht gelernt haben, und auch das Ergebnis scheint auf den ersten Blick nicht richtig zu sein:

Prozent
0,15473017

EXCEL besitzt aber eine Prozentformatierung, die die Erweiterung der Formel mit „*100" überflüssig macht. 15,47 % entsprechen ja in Wirklichkeit auch „nur" 0,1547 Teilen eines Ganzen. Dies erklärt auch, dass 100 % dem Zahlenwert 1 entsprechen.

Wenn Sie dann eine Prozentformatierung mit zwei Dezimalstellen über **Format → Zellen formatieren...** im Register ZAHLEN und der Kategorie PROZENT setzen, erhalten Sie folgendes Ergebnis:

Prozent
15,47%

Sie können auch die Zelle (hier: F6) markieren, in der Symbolleiste die Prozentformatierung auswählen und anschließend zweimal das Symbol „Dezimalstellen hinzufügen" betätigen.

Wenn Sie wie bekannt mit dem Ziehpunkt die übrigen Zellen von F7 bis F11 ausfüllen lassen, erhalten Sie folgende Anzeige:

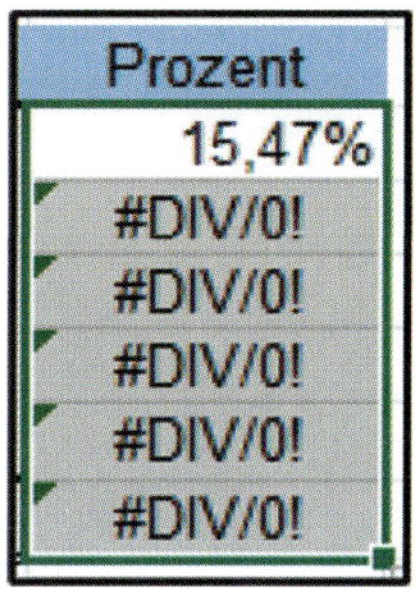

Was ist passiert? *EXCEL* macht Sie mit der Anzeige auf einen Fehler aufmerksam, der darauf beruht, dass Sie, ohne es zu wissen, eine Division durch Null herbeigeführt haben, die bekanntlich mathematisch nicht definiert ist. Wenn Sie die Formel nach unten kopieren (bzw. ausfüllen), stimmen also die Ergebnisse nicht mehr.

Das liegt daran, dass *EXCEL* die Zelladresse beim Kopieren anpasst, also die Bezüge **relativiert.** Wenn Sie die Zelle F7 markieren, können Sie in der Eingabezeile erkennen, dass *EXCEL* in der Formel die Zelle E7 durch E12 teilt. In E12 befindet sich aber keine Zahl, sodass sich eine mathematisch falsche Division durch Null ergibt. In Zelle F8 finden Sie die Formel =E8/E13 usw.

Beim Ausfüllen nach unten hat *EXCEL* also die ursprüngliche Formelanweisung „Gehe eine Zelle nach links und dividiere durch die Zelle, die sich eine Zelle nach links und fünf Zellen nach unten befindet!" angepasst, also relativiert.

Im Normalfall unterstellt *EXCEL* also relative Zellbezüge. Soll sich der Bezug auf eine Zelle nicht verändern (**absoluter Bezug,** hier der Gesamtumsatz in E11), muss die Zelladresse mit Dollarzeichen ($) gekennzeichnet werden (hier $E$11).

Anstatt die $-Zeichen nun einzugeben, benutzen Sie besser bei der Formeleingabe die Taste F4. Markieren Sie also die Zelle F6 und drücken Sie die Entf-Taste, um den Inhalt zu löschen. Geben Sie nun die Formel erneut ein, indem Sie aber, nachdem Sie auf die Zelle E11 gezeigt haben, die Taste F4 drücken. Wenn Sie dann die Formeleingabe bestätigen, erhalten Sie als Formel = E6/$E$11.

Das bedeutet, dass Sie – egal wohin Sie die Formel kopieren – immer durch den Wert der Zelle in Spalte E und Zeile 11 dividieren.

Nunmehr führt das Kopieren der Zelle E6 zu korrekten Ergebnissen.

Ergänzender Hinweis:

Jedes Mal, wenn Sie bei der Formeleingabe auf die Taste F4 drücken, ändert sich die Art der Adressierung:

Drücken von* F4 *...	***Adressierung***
1x	Spalte und Zeilenadressierung absolut, z. B. $E$11
2x	Spalte relativ, Zeile absolut, z. B. E$11
3x	Spalte absolut, Zeile relativ, z. B. $E11
4x	ursprüngliche relative Adressierung

Nach dem Ausfüllen der nun mit absolutem Zellbezug versehenen Formel und dem Anpassen der Formatierung ergibt sich folgende Ansicht:

	A	B	C	D	E	F
1	**Heinrich KG - Büromöbel und Zubehör**					
2						
3	Vertreterumsätze im ersten Quartal 20..					
4						
5	Name	Januar	Februar	März	Summe	Prozent
6	Meier	145.000,00 €	147.000,00 €	155.000,00 €	447.000,00 €	15,47%
7	Dübel	96.500,00 €	99.000,00 €	101.000,00 €	296.500,00 €	10,26%
8	Lehmann	215.000,00 €	211.000,00 €	199.000,00 €	625.000,00 €	21,63%
9	Schleicher	188.500,00 €	199.400,00 €	184.500,00 €	572.400,00 €	19,81%
10	Pieper	298.000,00 €	317.000,00 €	333.000,00 €	948.000,00 €	32,82%
11	Summe	943.000,00 €	973.400,00 €	972.500,00 €	2.888.900,00 €	100,00%

Tabelle 2 nach Kopieren der korrekt adressierten Formel

Speichern Sie die Mappe in der veränderten Version nun noch einmal unter dem alten Namen, indem Sie auf das Speichern-Symbol (Diskette) klicken.

2.17 Die Anzeige in einer Tabelle fixieren bzw. teilen

Praxissituation:

Die so erstellte Arbeitsmappe mit den Vertreterumsätzen soll nun daraufhin analysiert werden, wie viel Provision die einzelnen Vertreter aufgrund der vereinbarten Provisionssätze für ihren getätigten Umsatz erhalten. Herr Bremer kopiert dafür die Inhalte der Zellen A1 bis E11 der Tabelle 2 in die Tabelle 3, wie er es oben schon einmal gemacht hat. In der Tabelle 3 ergänzt er die eingefügte Tabelle, sodass sich folgende Ansicht ergibt:

	A	B	C	D	E	F	G
1	**Heinrich KG - Büromöbel und Zubehör**						
2							
3	Vertreterumsätze im ersten Quartal 20..						
4						Provision	
5	*Name*	*Januar*	*Februar*	*März*	*Summe*	*vereinbarter Prozentsatz*	*Euro*
6	Meier	145.000,00 €	147.000,00 €	155.000,00 €	447.000,00 €		
7	Dübel	96.500,00 €	99.000,00 €	101.000,00 €	296.500,00 €		
8	Lehmann	215.000,00 €	211.000,00 €	199.000,00 €	625.000,00 €		
9	Schleicher	188.500,00 €	199.400,00 €	184.500,00 €	572.400,00 €		
10	Pieper	298.000,00 €	317.000,00 €	333.000,00 €	948.000,00 €		
11	Summe	943.000,00 €	973.400,00 €	972.500,00 €	2.888.900,00 €		

Ansicht der in Tabelle 3 kopierten und in Spalte F und G veränderten Tabelle 2

Wenn Ihre Tabelle breiter wird als Ihre Bildschirmbreite darstellen kann, ist es erforderlich, einen Teil des Bildschirms einzufrieren. Das bedeutet z. B. in diesem Fall, dass die Namen der Vertreter in der Spalte A sinnvoller Weise immer zu sehen sein sollten. Dadurch würde auch, wenn der Bildschirm nach rechts bewegt wird, immer genau zuzuordnen sein, welcher Vertreter welche Umsatzdaten oder Provisionen erzielt hat. Der linke Teil des Bildschirms, die Spalte A, würde in seiner Anzeige gleichsam „eingefroren“.

Sie erreichen diese Einstellung der Bildschirmansicht wie folgt:

Vorgehensweise

1. Markieren Sie die Zelle, die unterhalb der zu fixierenden Zeile und rechts von der festzusetzenden Spalte liegt (hier: B6).

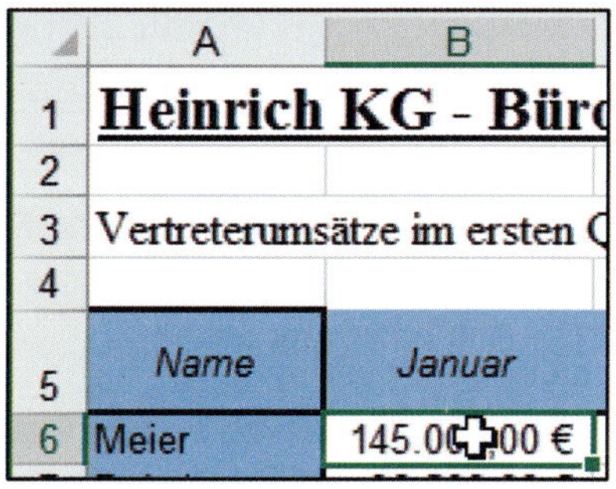

2. Wechseln Sie in die Multifunktionsleiste „Ansicht“ und klicken Sie in der Rubrik „Fenster“ auf **Fenster fixieren**.

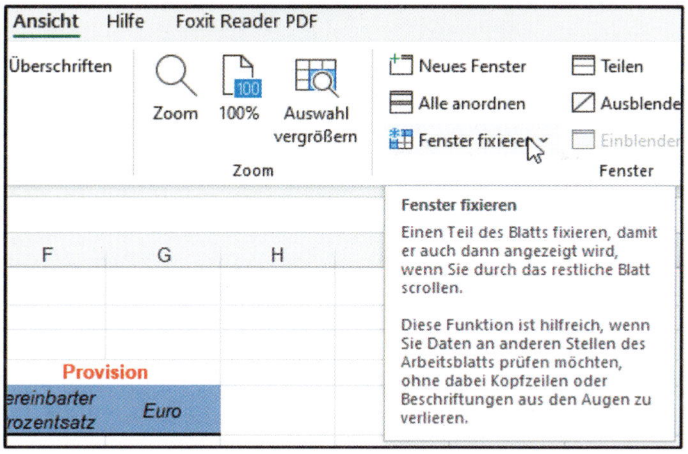

3. Wählen Sie nun die erste der angebotenen Optionen aus.

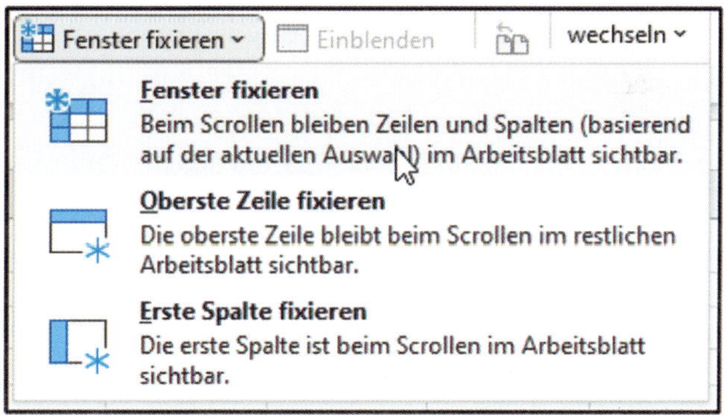

Das Ergebnis sind zwei etwas stärker hervorgehobene Gitternetzlinien (zwischen den Spalten A und B sowie den Zeilen 5 und 6). Wenn Sie nun den Bildschirminhalt mit den Bildlaufleisten bewegen, werden Sie feststellen, dass die eingefrorenen Bereiche immer lesbar bleiben. Auf Spalte A folgt im unten abgebildeten Beispiel daher direkt die Spalte E und auf Zeile 5 die Zeile 9.

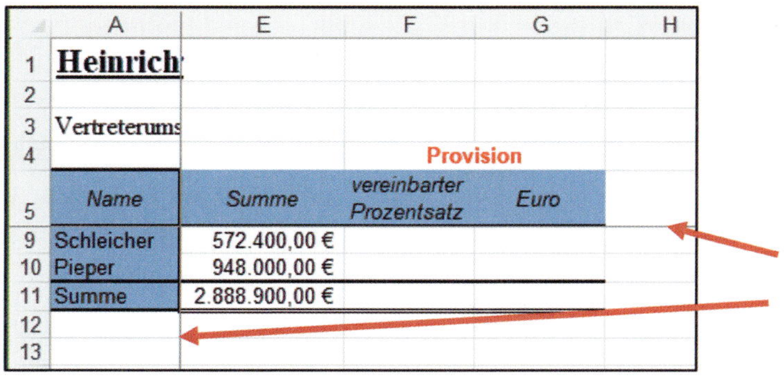

Die Gitternetzlinien rechts der Spalte A und unterhalb von Zeile 5 sind jetzt etwas dicker hervorgehoben.

Wenn Sie jetzt erneut „Fenster fixieren" auswählen, hat sich die zur Verfügung stehende Auswahl verändert. Sie können jetzt entweder die Art der Fixierung ändern oder diese mit der ersten Option ganz aufheben.

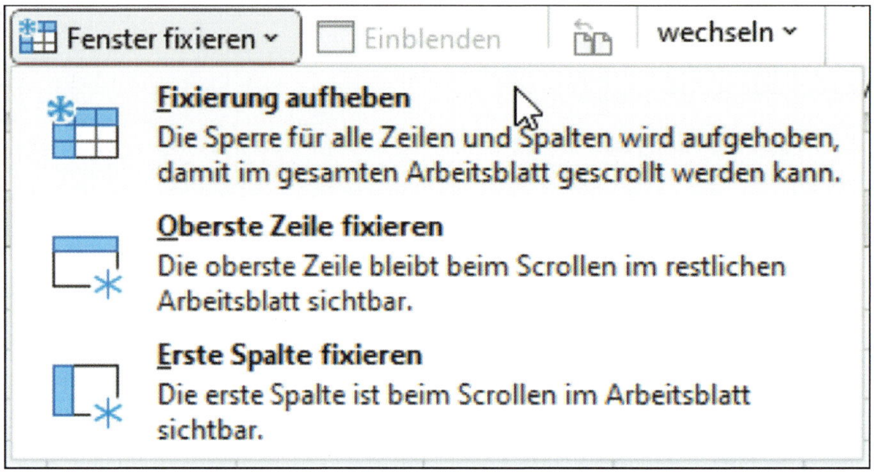

Ähnlich wie das Fixieren wirkt sich die Teilung des Bildschirms aus. Im Vordergrund steht hier allerdings der Vergleich von verschiedenen Bereichen eines Tabellenblatts, da bis zu vier Bereiche auf der Arbeitsfläche positioniert werden können. Die Teilung kann identisch wie das Einfrieren eingeschaltet werden – über den Teilungsbefehl, der sich ebenfalls in der Ansicht-Multifunktionsleiste befindet:

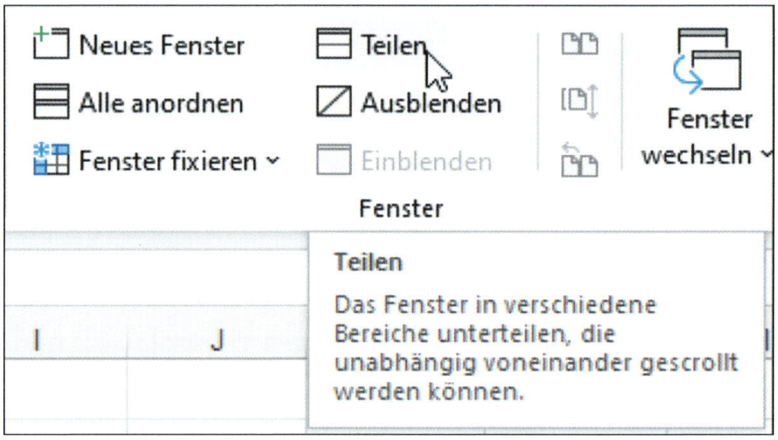

Der Arbeitsbereich ist jetzt durch zwei relativ breite graue Balken in vier Segmente geteilt. Die Markierungen können Sie einfach mit der Maus verschieben, um so die Größe der Fenster zu verändern. Wenn Sie mit der Maus in einen der Bereich hinein klicken, können Sie den Inhalt mit den Bildlaufleisten individuell verschieben, um so z. B. die Daten von vier Quartalen, die auf einem Tabellenblatt abgelegt wurden, zu vergleichen.

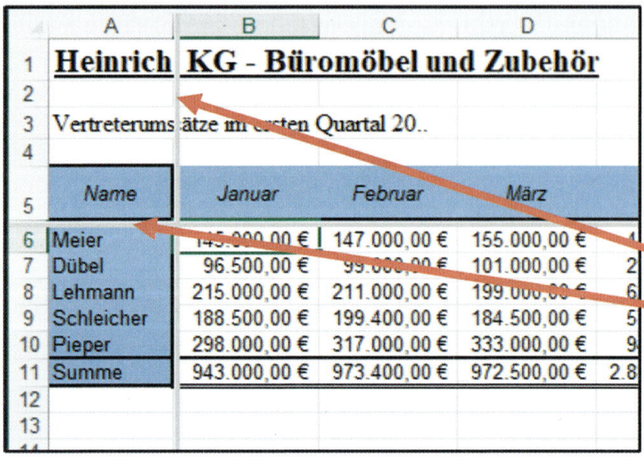

Das sind die grauen Balken, die Sie mit der Maus verschieben können.

So bringt die Unterteilung natürlich nichts, aber wenn Sie z. B. die Umsätze der Monate Januar und März direkt miteinander vergleichen wollen (links) oder die beiden Vertreter Meier und Pieper (rechts), dann vereinfacht die Teilung insbesondere bei sehr großen Tabellen die Arbeit deutlich:

	A	B	D	
1	**Heinrich KG - Bür**		**d Zubehör**	
2				
3	Vertreterumsätze im ersten (			
4				
5	Name	Januar	März	
6	Meier	145.000,00 €	155.000,00 €	4
7	Dübel	96.500,00 €	101.000,00 €	2
8	Lehmann	215.000,00 €	199.000,00 €	6
9	Schleicher	188.500,00 €	184.500,00 €	5
10	Pieper	298.000,00 €	333.000,00 €	9
11	Summe	943.000,00 €	972.500,00 €	2.8

	A	B	C	
1	**Heinrich KG - Büromöbel und Z**			
2				
3	Vertreterumsätze im ersten Quartal 20..			
4				
5	Name	Januar	Februar	
6	Meier	145.000,00 €	147.000,00 €	155.
10	Pieper	298.000,00 €	317.000,00 €	333.
11	Summe	943.000,00 €	973.400,00 €	972.
12				
13				
14				

Die Teilung heben Sie am einfachsten über das bereits oben beschriebene Symbol in der Ansicht-Multifunktionsleiste auf. Bei bestehender Teilung ist die Schaltfläche grau hinterlegt, funktioniert also analog zu anderen „Wechselschaltern“, die bereits von Ihnen genutzt wurden. Alternativ können Sie die Teilungsmarkierungen an den rechten bzw. unteren Rand von *EXCEL* ziehen. Auch in diesem Fall wird die Teilung wieder aufgehoben. Auf diesem Weg können Sie auch z. B. nur die horizontale Teilung beenden, indem Sie den waagerechten „Balken“ nach unten ziehen. Es bleibt dann nur der senkrechte Balken bestehen, mit dem Sie die Tabelle vertikal aufteilen können.

2.18 Mit Namen für Zellbereiche arbeiten

2.18.1 Namen für Zellen bzw. Zellbereiche festlegen

Auf eine Zelle kann in Formeln prinzipiell direkt über deren Adresse (Zeilen- und Spaltenkoordinaten) oder indirekt über einen Bereichsnamen, der zuvor eingegeben wurde, zugegriffen werden.

Im Beispielfall sollen den Zellbereichen E6 bis E10 und F6 bis F10 Namen zugeordnet werden. Bevor Sie die dafür nötigen Schritte ausführen, geben Sie jedoch bitte die folgenden Provisionssätze ein, falls dies noch nicht geschehen ist.

vereinbarter Prozentsatz
3,50%
4,00%
3,75%
4,25%
4,50%

Einzugebende Provisionssätze

Zur Vergabe der Namen unterstützt Sie *EXCEL* weitgehend mit bequemen Menü- bzw. Dialogfensteroptionen, die Sie in der Multifunktionsleiste „Formeln“ finden:

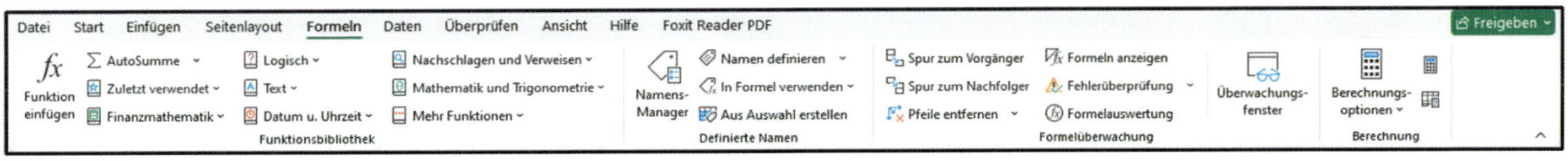

Vorgehensweise	
1. Zellen E5 bis F10 markieren.	Ziehen mit der Maus!
2. Multifunktionsleiste „Formeln“ aufrufen.	Zeigen!

Vorgehensweise	
3. Im Bereich „Definierte Namen“ **Aus Auswahl erstellen** anklicken.	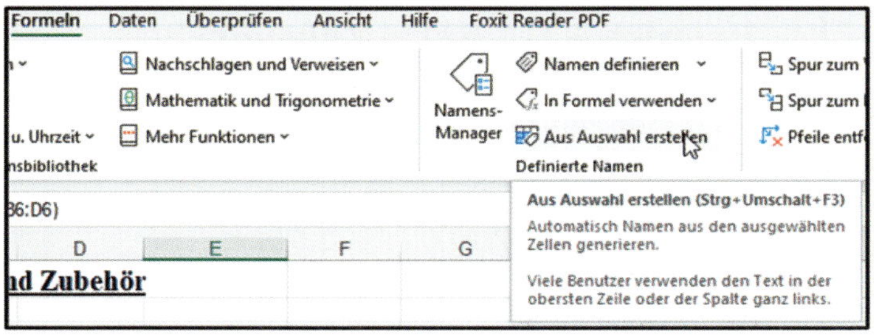
4. Im Dialogfenster das bereits aktivierte Kontrollkästchen mit **OK** bestätigen.	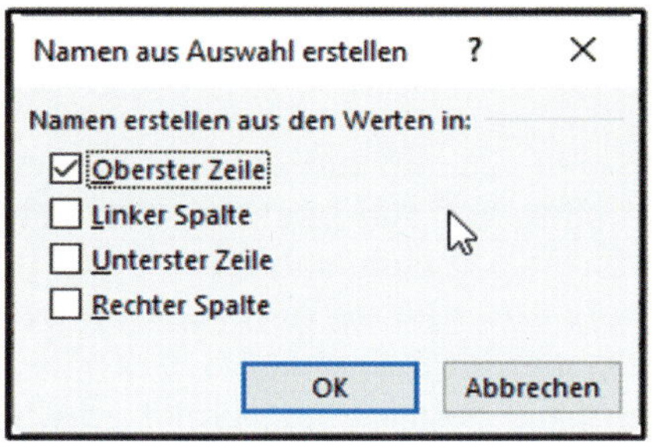

Im Dialogfenster haben Sie damit festgelegt, dass *EXCEL* den Namen für den Zellbereich in den obersten Zellen des markierten Bereiches findet: in E5 den Namen „Summe“ und in F5 den Namen „vereinbarter_Prozentsatz“. – *EXCEL* ersetzt den Zeilenumbruch für den Namen durch einen Unterstrich. Dies würde auch dann geschehen, wenn Sie in der Spaltenüberschrift ein Leerzeichen verwendet haben. Aus der Überschrift „Betrag in EUR“ würde daher der Name „Betrag_in_EUR“.

Ergänzende Hinweise:

- Auch einer einzelnen Zelle können Sie einen Namen geben, indem Sie diese durch Anklicken markieren und dann einen Namen vergeben (lassen).
- Wenn Sie selbst einen Namen für die Zelle eintragen möchten, wählen Sie im bereits oben verwendeten Bereich der Formeln-Multifunktionsleiste die Option **Namen definieren:**

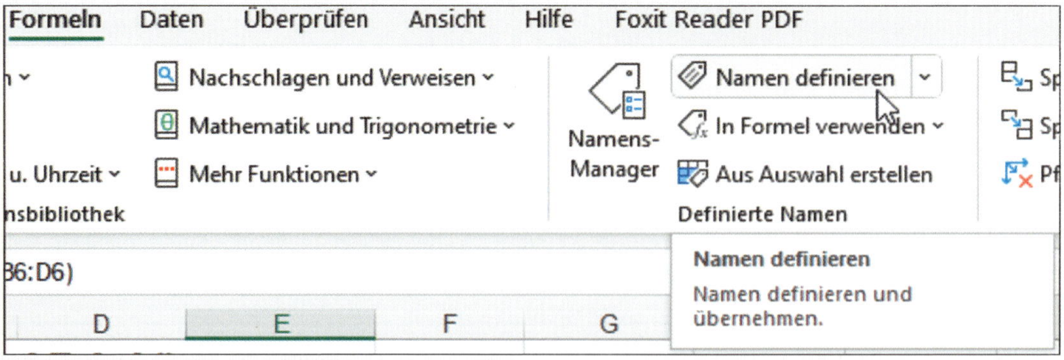

Der Name kann bis zu 255 Zeichen lang sein und kann neben Ziffern und Buchstaben auch Unterstriche, den Backslash (→ „\“ – Sie erhalten diesen über die Drittbelegung der Taste [ß], die Sie durch gleichzeitiges Drücken der Tasten [Alt Gr] + [ß] erhalten), Punkte und Fragezeichen enthalten. Es dürfen allerdings keine Namen gewählt werden, die als Zellbezüge interpretiert werden könnten, wie z. B. A1. Auch Leerzeichen im Namen sind verboten. Wenn Sie nach Eingabe des Namens die Schaltfläche **OK** anklicken, wird der Name übernommen.

- Über den Namens-Manager können Sie bereits vergebene Namen durch Markieren des Namens in der Namensliste und Anklicken der Schaltfläche LÖSCHEN auch wieder entfernen lassen:

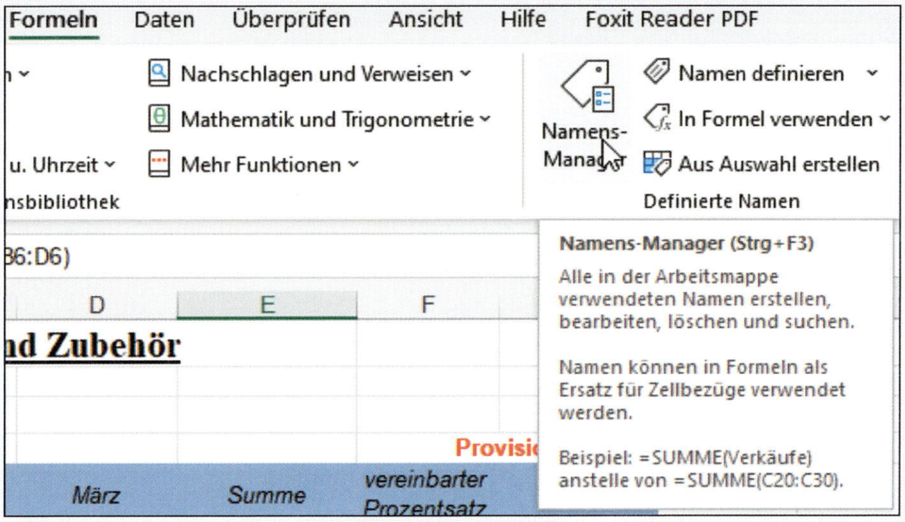

- Alternativ können Sie den Namen auch dadurch vergeben, dass Sie zunächst den zu benennenden Zellbereich markieren und dann den Namen einfach im Adressfeld eingeben. Beachten Sie dabei, dass ein bereits vorhandener Name nicht doppelt vergeben wird, sondern ein Sprung zum bereits benannten Bereich stattfindet (siehe auch Seite 13).

2.18.2 Namen in Formeln verwenden

In der Zelle G6 geben Sie nun die Formel für die Berechnung der Provision für den ersten Vertreter ein:

Vorgehensweise	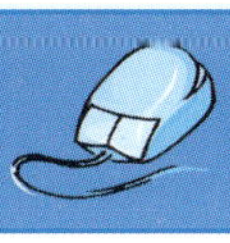
1. Zelle G6 markieren.	Anklicken!
2. Gleichheitszeichen als Inhalt der aktiven Zelle eingeben.	
3. Aus dem Bereich „Definierte Namen" der Formeln-Multifunktionsleiste das einzige Aktive Element **In Formeln verwenden** anklicken oder mit der Taste F3 das Auswahlfenster für die vergebenen Namen aufrufen.	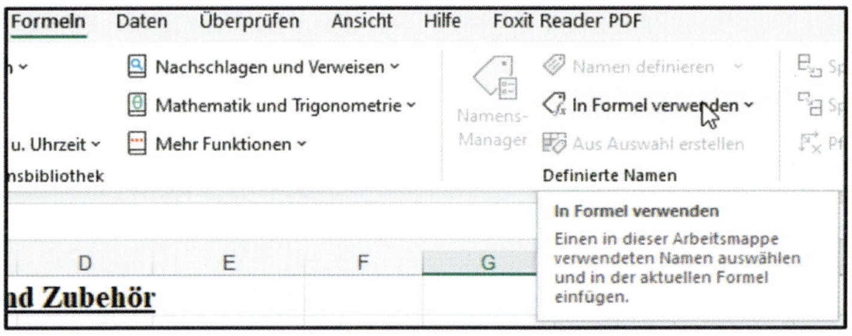

Vorgehensweise	
4. Eingetragenen Namen „vereinbarter_Prozentsatz“ auswählen, dann – wenn notwendig – OK.	Bei Klick auf „In Formeln verwenden“:  Bei Verwendung von F3: 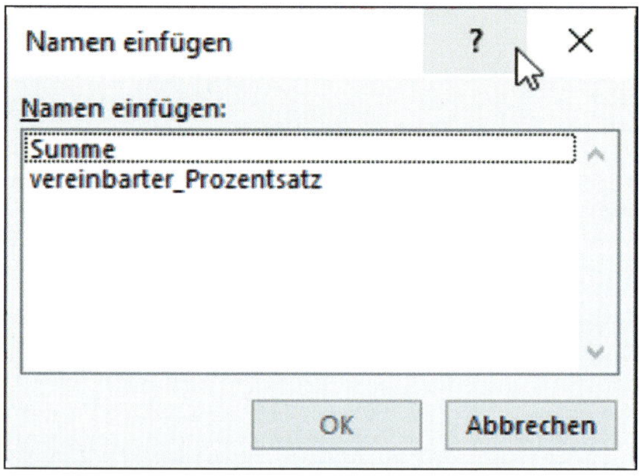 Oder Sie beginnen einfach den Namen zu schreiben: ver... (und können den dann auswählen).
5. Rechenzeichen für Multiplikation eingeben.	
6. Schritt 3 wiederholen, dann Name „Summe“ einfügen lassen.	
7. Formeleingabe beenden.	Wie gehabt!

Die Formel wird unter Zuhilfenahme der vergebenen Namen „vereinbarter_Prozentsatz“ (für die Zelle F6) und „Summe“ (für die Zelle E6) errechnet. Das Ergebnis müssen Sie evtl. noch als Währungsbetrag formatieren. *EXCEL* stellt dann automatisch die Ergebnisse für alle Zeilen dar, da die Namensdefinitionen sich auf mehrere Zeilen beziehen (siehe rechts).

Euro
15.645,00 €
11.860,00 €
23.437,50 €
24.327,00 €
42.660,00 €

Dass *EXCEL* hier mit einem „dynamischen Array“ gearbeitet hat, können Sie daran erkennen, dass bei einem Klick auf G6 in der Eingabezeile Ihre gerade erstellte Formel normal dargestellt wird:

Wenn Sie G7 auswählen, ist die Formel zwar auch zu sehen, aber sie wird grau dargestellt:

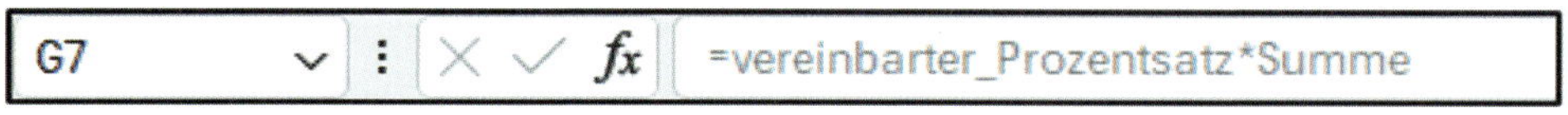

Außerdem wird bei einem Doppelklick auf z. B. G7 keine Formel angezeigt, so als sei die Zelle leer.

Ältere *EXCEL*-Versionen kennen dieses „dynamische Array" noch nicht und stellen bei Berechnungen, die mit der Hilfe von Namen erfolgen, immer nur die eine Formel dar, die sich auf die aktuelle Zeile bezieht. Hier musste dann über den Ziehpunkt die Formel nach unten ausgefüllt werden. Das geht auch mit der aktuellen *EXCEL*-Version, indem vor die Namen jeweils ein @ geschrieben wird:

`=@vereinbarter_Prozentsatz*@Summe`

Diese Formel können Sie dann durch Ziehen mit dem Ziehpunkt nach unten kopieren. Dadurch werden die Ergebnisse angezeigt. Sie müssen nun nur noch die Summe ermitteln und Ihre Aufgabe ist auf elegante und schnelle Weise gelöst worden.

Auch die Funktion SUMME wird dann abhängig von der verwendeten Berechnungsart dargestellt, obwohl die Eingabe in beiden Fällen am besten über „Autosumme" erstellt wird. Im Falle des „dynamischen Arrays" wird *EXCEL* „=SUMME(G6#)" verwenden, im anderen Fall das vertraute „=SUMME(G6:G10)".

In *EXCEL*-Tabellen, die mit älteren *EXCEL*-Versionen erstellt wurden, werden automatisch „@" vor die Namen geschrieben, damit sich die erstellten Modelle so verhalten, wie sie ursprünglich auch einmal geplant waren.

Wenn Sie nun statt der Werte die zugrunde liegenden Formeln am Bildschirm darstellen lassen möchten, drücken Sie einfach die Tastenkombination [Strg] + [`] (gemeint ist nicht die Taste ['], sondern der „Accent grave", sodass Sie bei den meisten Tastaturen drei Tasten drücken müssen: [Strg] + [⇧] + [`].(Microsoft wechselte dieses Kürzel in den verschiedenen Programmversion häufig: Version 2013: [Alt] + [M] [F]; 2010: [Alt] + [M] [O] und davor [Strg] + [#]. Immerhin ist die aktuell gültige Kombination jetzt seit Version 2016 nicht mehr verändert worden und gilt in auch in *EXCEL* 365.)

Sie erhalten dann in Spalte G folgendes Bild (links, wenn Sie die Namen ohne das @, also als „dynamisches Array", und rechts, wenn Sie die Namen als Zellbezüge mit dem @ davor verwendet haben):

G
Provision
Euro
=vereinbarter_Prozentsatz*Summe
=SUMME(G6#)

G
Provision
Euro
=@vereinbarter_Prozentsatz*@Summe
=@vereinbarter_Prozentsatz*@Summe
=@vereinbarter_Prozentsatz*@Summe
=@vereinbarter_Prozentsatz*@Summe
=@vereinbarter_Prozentsatz*@Summe
=SUMME(G6:G10)

Anzeige der Formeln mit den verwendeten Namen

Diese Ansicht ist sehr hilfreich, wenn Sie in Tabellen Formeln überprüfen wollen. Das erneute Drücken von [Strg] + [`] bringt Sie zur ursprünglichen Ansicht zurück.

Ergänzende Hinweise:

Bei längeren Formeln kann es sein, dass *EXCEL* diese nur zum Teil anzeigt. Beim obenstehenden Beispiel wurde ursprünglich z. B. der Funktionsname „Summe" nur bis „Sum" angezeigt. Für einen Ausdruck (oder ein Lehrbuch wie dieses) müssen die Formeln aber vollständig lesbar sein. Wenn Sie in der Formelansicht die Spaltenbreite anpassen, dann wird Ihre Tabelle nach der Rückkehr in die „Normalansicht" aber nicht mehr korrekt angezeigt, weil auch hier die Spaltenbreiten verändert wurden. Dies können Sie allerdings mit einem einfachen Trick verhindern:

1. Erstellen Sie die Tabelle komplett.
2. **Speichern Sie die Tabelle!**
3. Wechseln Sie mit [Strg] + [`] in die Formelansicht.
4. Markieren Sie die ganze Tabelle, indem Sie den Schnittpunkt von Zeilen- und Spaltenkopf anklicken:

5. Klicken sie doppelt zwischen zwei beliebige Spaltenköpfe, um die „optimale Spaltenbreite“ herzustellen.
6. Drucken Sie das Dokument mit Formeln aus und beachten Sie dabei, was Sie im Abschnitt 2.9 „Eine Tabelle drucken lassen“ gelernt haben (Seite 35).
7. Speichern Sie anschließend die Tabelle **auf gar keinen Fall,** da die ursprüngliche Formatierung sonst zerstört würde! Stattdessen schließen Sie die aktuelle Arbeitsmappe und bestätigen dabei, dass Sie **nicht** speichern wollen.
8. Öffnen Sie die vor der Verwendung von [Strg] + [`] gespeicherte Tabelle.

2.18.3 Vorteile von Namen für Zellen und Zellbereiche

Wiederverwendbarkeit

Bei Tabellen, die auf eine Bildschirmseite passen, kann man schnell mit der Maus einen Bereich markieren. Um öfter größere Bereiche zu markieren, braucht man allerdings viel Geschick und Überblick. Bequemer ist es in diesem Fall, auf einen Namen zurückzugreifen, den man beliebig oft in Formeln aufrufen kann.

Bessere Lesbarkeit der Formeln

Vergleichen Sie die Aussagekraft der Formeln:

`=F5*E6` und `=@vereinbarter_Prozentsatz*@Summe`

Noch vorteilhafter sind Bereichsnamen, wenn man auf andere, nicht sichtbare Tabellen oder gar Arbeitsmappen Bezug nimmt.

Arbeitsersparnis

Bereiche können z. B. erweitert werden. Wird ein Bereich in mehreren Formeln angesprochen, muss jede Formel einzeln geändert werden. Sind Namen vergeben worden, entfällt diese Arbeit.

Schnelles Bewegen in der Tabelle

Sie vermeiden in größeren Tabellen das lästige Herumsuchen, wenn Sie im Adressfeld einen Namen aus der Liste auswählen. Wenn Sie beispielsweise den Eintrag „Summe“ anklicken, wird sofort der Bereich E6 bis E10 markiert.

Speichern Sie nun noch einmal die Arbeitsmappe Umsätze der Vertreter und schließen Sie diese, da die Arbeit hieran zunächst beendet wird.

2.19 Benutzerdefinierte Formate

Praxissituation:

In einem durch die Heinrich KG angemietetem Gebäude sollen die Mietkosten anteilig nach der Zahl der Quadratmeter Geschäftsfläche auf die einzelnen Bereiche verteilt werden. Insgesamt sind 2.016,00 € Mietkosten zu verteilen. Die einzelnen Abteilungen haben folgende Größen in Quadratmetern:

Fertigung Holzmöbel	80 m²
Fertigung Spezialanfertigungen	56 m²
Büroräume	48 m²
Lager	72 m²

Legen Sie daher eine neue Arbeitsmappe an und geben Sie, zunächst ohne weitere Formatierungen, die Daten ein. Speichern Sie die Arbeitsmappe anschließend unter dem Namen: `Kostenverteilung`

	A	B	C	D
1	Verteilung der Mietkosten für Gebäude 2 auf der Basis der anteiligen Quadratmeter			
2				
3	Abteilungen	Größe in m²	Kostenanteile	
4	Fertigung Holzmöbel	80		
5	Fertigung Spezialanfertigungen	56		
6	Büroräume	48		
7	Lager	72		
8	Summe:			
9				
10				
11				
12	Gesamtmietkosten:	2016	Kosten pro m²:	

Dateneingabe

Die Eingabe „Kosten pro m²" in Zelle C12 können Sie übrigens realisieren, indem Sie für die hochgestellte „2" die Tastenkombination AltGr + 2 auf der Computertastatur drücken (zunächst AltGr drücken und festhalten und dann 2 eingeben. Danach lassen Sie erst die 2 los und zuletzt die Taste AltGr). – Wenn Sie schon einmal das €-Symbol benutzt haben, wissen Sie, wie man vorgehen muss, da es hier analog funktioniert: AltGr + E.

Im nächsten Schritt formatieren Sie die Zellinhalte, indem Sie die Tabelle in Schriftart Arial und Schriftgröße 12 anzeigen lassen. Der Überschrift ordnen Sie darüber hinaus die Schriftgröße 16 zu.

	A	B	C	D	E	F	G
1	Verteilung der Mietkosten für Gebäude 2 auf der Basis der anteiligen Quadratmeter						
2							
3	Abteilungen	Größe in m²	Kostenanteile				
4	Fertigung Holzmöbel	80					
5	Fertigung Spezialanfertigungen	56					
6	Büroräume	48					
7	Lager	72					
8	Summe:						
9							
10							
11							
12	Gesamtmietkosten:	2016	Kosten pro m²:				

Tabelle mit Schriftformatierungen

Die Zahlen in den Zellen B4 bis B8 (B8 wird die mit der Summenfunktion errechnete Summe der Quadratmeter enthalten!) stellen Angaben in Quadratmetern dar. Dieses Format wird von *EXCEL* standardmäßig nicht zur Verfügung gestellt. Wenn Sie in der Start-Multifunktionsleiste im Bereich *Zahl* den Erweiterungspfeil anklicken, werden Sie dieses spezielle Format vergeblich suchen.

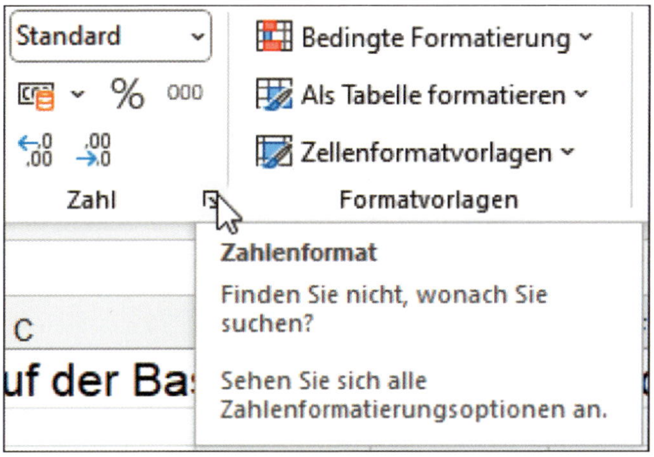

Praktischerweise verfügt *EXCEL* über die Möglichkeit, eigene, d. h. sogenannte benutzerdefinierte Formate selbst zu erstellen. Dabei können Sie vorhandene Formate als Basis für Ihr eigenes, neues Format verwenden. Das erreichen Sie folgendermaßen:

Vorgehensweise	
1. Zellen markieren, die das benutzerdefinierte Format erhalten sollen.	Hier B4 bis B8 durch Ziehen markieren!
2. In der Start-Multifunktionsleiste im Bereich *Zahl* den Erweiterungspfeil anklicken (s. o.).	Anklicken!
3. Kategorie BENUTZERDEFINIERT anklicken, Zahlenformat *#.##0,00* anklicken.[1]	
4. Zahlenformat um die Maßeinheit „ m²" im Eingabefeld TYP: ergänzen. Beachten Sie bitte, dass das Leerzeichen zwischen Zahl und Maßeinheit mit in den Anführungszeichen steht, die selbst direkt an die Zahl anschließen, auch wenn das Format auch anders funktionieren würde. Unter Beispiel sehen Sie jeweils die Auswirkungen, die Ihr Vorgehen auf die Darstellung des eingegebenen Wertes hat.	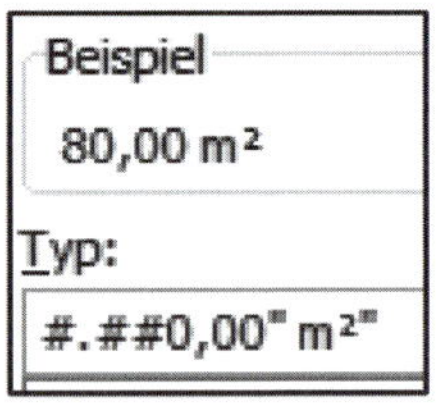
5. Bestätigen.	**OK** anklicken!

Wie Sie sehen, werden nun die Zellen in dem neu definierten Format angezeigt. Sollte bei Ihnen nicht „256,00 m²" in der untersten Zelle (B8) stehen, dann haben Sie schlicht vergessen, dass dort mit der Funktion SUMME die Gesamtfläche ausgerechnet werden sollte. Das können Sie aber notfalls auch jetzt noch tun und da Sie das Format bereits vergeben haben, wird es auch direkt übernommen:

Größe in m²
80,00 m²
56,00 m²
48,00 m²
72,00 m²
256,00 m²

Anzeige nach der Erstellung des eigenen Formates

1 Abhängig von den Einstellungen im Betriebssystem kann das Format unterschiedlich aussehen. Hier wird davon ausgegangen, dass als Tausender-Trennzeichen bei Zahlen und bei Währungen ein Punkt verwendet wird, sodass bei Ihnen gegebenenfalls anstelle von „#.##0,00" ein „# ##0,00" in der Auswahlliste steht. Nehmen Sie in diesem Fall die andere Form.

Wenn Sie nun in der Start-Multifunktionsleiste im Bereich *Zahl* den Erweiterungspfeil erneut anklicken, werden Sie unter der Kategorie Benutzerdefiniert, am unteren Ende das eingegebene eigene Format finden. Ab sofort kann es jederzeit wieder von Ihnen aufgerufen werden, wenn Sie in der gerade bearbeiteten Arbeitsmappe arbeiten. – Dies gilt allerdings nur für die aktuelle Arbeitsmappe. Sollten Sie das gerade angelegte Quadratmeter-Format auch in anderen Arbeitsmappen benötigen, müssen Sie es dort erneut anlegen!

Ergänzende Hinweise:

- Bei der Definition von eigenen Formaten müssen Sie den Zahlensymbol-Code berücksichtigen, den *EXCEL* für seine Formate verwendet. Einige Zeichen dieses Codes sind beispielsweise:

#	Ziffernplatzhalter, führende Nullen werden nicht angezeigt
0	Ziffernplatzhalter, führende Nullen werden angezeigt
Komma	Dezimalzeichen
Texteingabe	muss in Anführungszeichen erfolgen, wie oben bei „m²"
Leerzeichen oder Punkt	Tausendertrennzeichen gemäß Einstellung Betriebssystem

- Wegen des teilweise auf den ersten Blick komplizierten Kodierungsverfahrens für eigene Formate sollten Sie Ihre Formate zunächst einfach auf vorhandenen Formatierungen, wie oben gezeigt, aufbauen.
- Selbstdefinierte Formate können, nachdem Sie diese in der Kategorie Benutzerdefiniert markiert haben, durch Anklicken der Schaltfläche Löschen auch wieder entfernt werden.
- Einige sehr spezielle Formatierungen hält *EXCEL* unter der Kategorie Sonderformat vor:

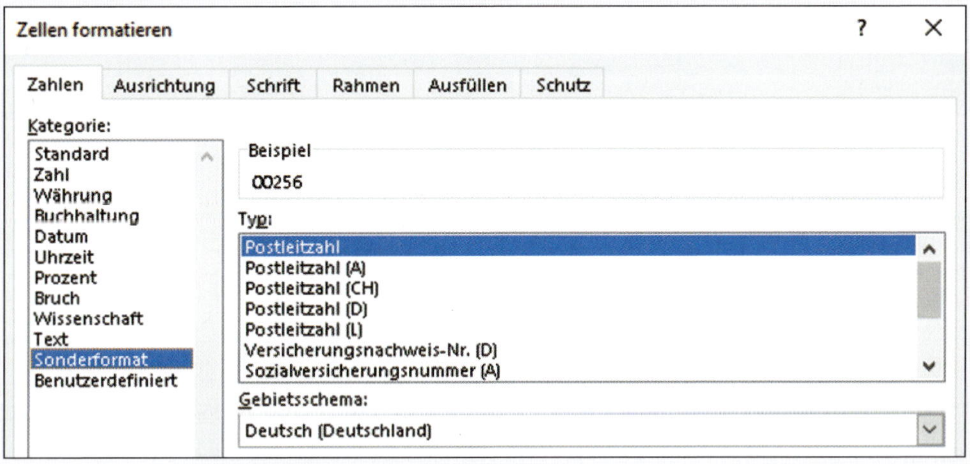

- Diese sind aber mit Vorsicht zu genießen, denn schon ein Blick auf die österreichische Postleitzahl verrät, dass Microsoft hier nicht aufgepasst hat. Diese sind nämlich vierstellig und *EXCEL* stellt sie dennoch fünfstellig dar, also wie die deutschen. Am besten erstellen Sie sich daher alle „speziellen Formate" selbst.

Nun können Sie die Tabelle zum Abschluss bringen, indem Sie die notwendigen Formeln eingeben. Dafür sollten Sie, wie im vorigen Abschnitt geübt, Namen verwenden:

Name	**Zelle**
Gesamtmietkosten	Zelle B12
Kosten_pro_m²	Zelle D12
SummeQuadratmeter	Zelle B8

Nachdem Sie die entsprechenden Formeln eingegeben haben und die restlichen Formate gesetzt haben, sollte sich das unten zu sehende Bild ergeben:

	A	B	C	D	E	F
1	Verteilung der Mietkosten für Gebäude 2 auf der Basis der anteiligen Quadratmeter					
2						
3	Abteilungen	Größe in m²	Kostenanteile			
4	Fertigung Holzmöbel	80,00 m²	630,00 €			
5	Fertigung Spezialanfertigungen	56,00 m²	441,00 €			
6	Büroräume	48,00 m²	378,00 €			
7	Lager	72,00 m²	567,00 €			
8	Summe:	256,00 m²	2.016,00 €			
9						
10						
11						
12	Gesamtmietkosten:	2.016,00 €	Kosten pro m²:	**7,88 €**		

Die Tabelle in der Arbeitsmappe `Kostenverteilung.xlsx`

2.20 Bedingte Formatierungen

In *EXCEL* besteht die Möglichkeit, aufgrund bestimmter, vorher festzulegender Kriterien besondere Formate zuzuweisen.

Im Beispiel sollen alle Kostenanteile, die über 500,00 € betragen, rot eingetragen werden.

Vorgehensweise	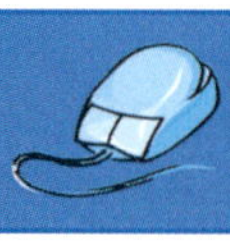
1. Zellen markieren, die das bedingte Format erhalten sollen.	Hier C4 bis C7!
2. In der Start-Multifunktionsleiste im Bereich *Formatvorlagen* **Bedingte Formatierung** wählen.	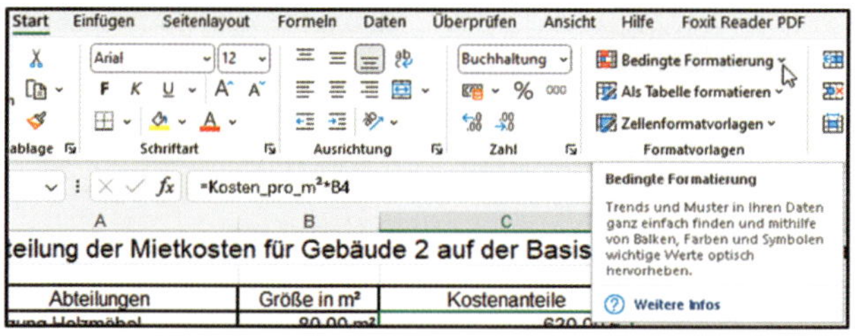
3. Wählen Sie die *Regeln zum Hervorheben von Zellen* und dort *Größer als...:*	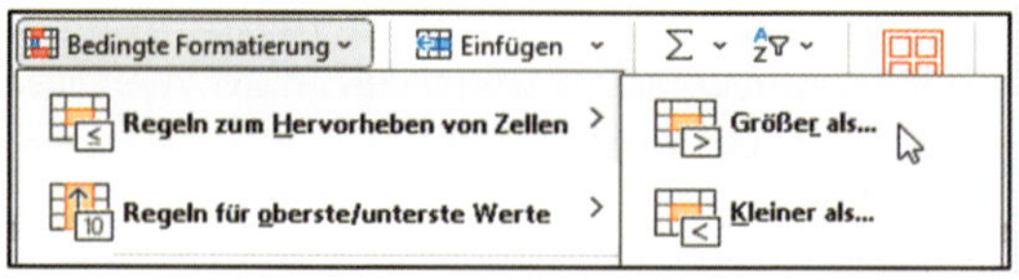
4. Zahl 500 als Schwellenwert eingeben und „hellrote Füllung 2“ auswählen.	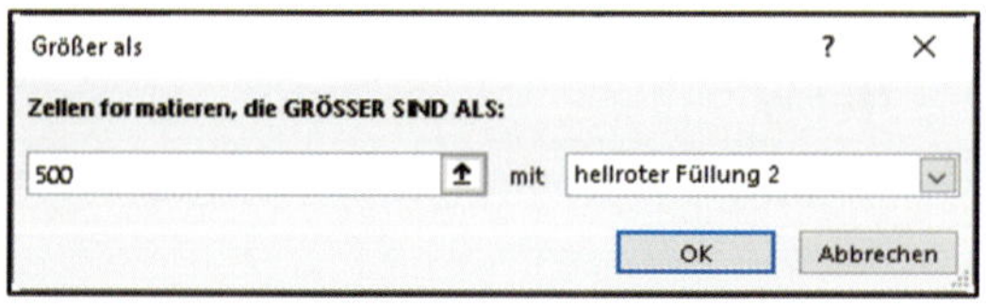
5. Mit **OK** bestätigen.	Anklicken!

Nun entscheidet *EXCEL* automatisch nach dem definierten Kriterium, ob die bedingte Formatierung anzuwenden ist, d. h., bei allen Zahlenwerten über 500 werden rot hinterlegt:

Abteilungen	Größe in m²	Kostenanteile
Fertigung Holzmöbel	80,00 m²	630,00 €
Fertigung Spezialanfertigungen	56,00 m²	441,00 €
Büroräume	48,00 m²	378,00 €
Lager	72,00 m²	567,00 €
Summe:	256,00 m²	2.016,00 €

Auszug aus der Tabelle in der Arbeitsmappe `Kostenverteilung.xlsx`

Seit *EXCEL* 2007 ist die bedingte Formatierung deutlich erweitert und durch Assistenten in der Anwendung vereinfacht worden. Am besten experimentieren Sie an dieser Stelle etwas mit den Möglichkeiten.

So können Sie z. B. ohne großen Aufwand die zehn besten Vertreter in einer Tabelle hervorheben:

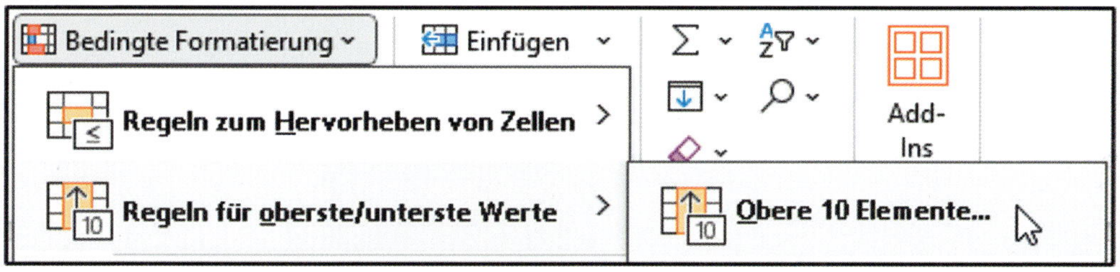

Sie können aber auch nur die beiden besten wählen, indem Sie entsprechend im nachfolgenden Dialogfenster die Standardwerte verändern.

Auch farblich abgestufte Rangfolgen lassen sich mit wenigen Klicks realisieren, wobei Sie schon bei der Auswahl sehen können, welche Auswirkungen dies auf Ihre Tabelle haben wird:

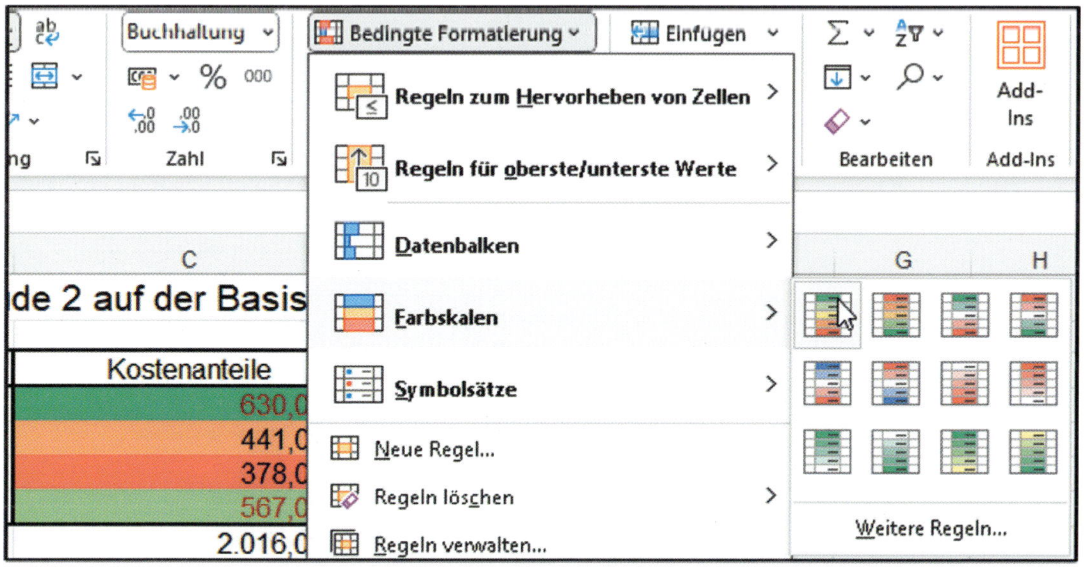

Probieren Sie einfach aus, was die verschiedenen Auswahlmöglichkeiten bedeuten, denn hier ist *EXCEL* weitestgehend selbsterklärend! Wenn Sie vorher den Stand der Arbeitsmappe speichern, können Sie auch jederzeit wieder zum Anfang zurückkehren.

2.21 Datentyp und Gültigkeitsbereich festlegen

Zur Vermeidung von Eingabefehlern ist es manchmal zweckmäßig, die Eingabemöglichkeiten zu begrenzen. Im Beispiel können wir davon ausgehen, dass die kleinste Abteilung 48 m² und die größte 80 m² umfasst. Eine kleinere oder größere Zahl soll also nicht eingegeben werden können. Das erreichen Sie folgendermaßen:

Vorgehensweise	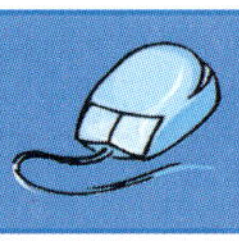
1. Zellen markieren, deren Datentyp und Gültigkeitsbereich begrenzt werden soll.	Hier B4 bis B7!
2. In der Daten-Multifunktionsleiste im Bereich *Datentools* die „Datenüberprüfung" auswählen.	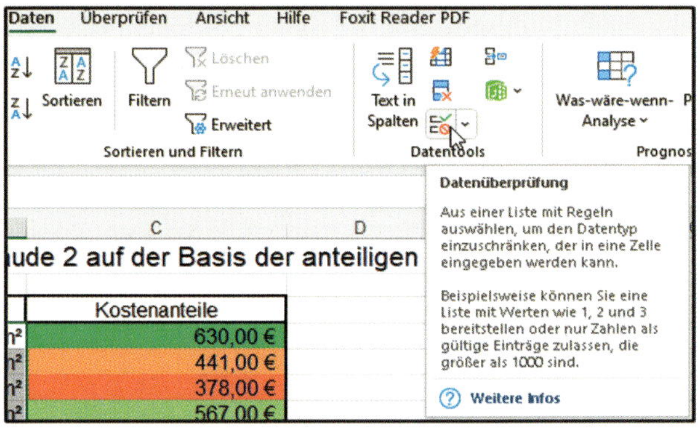
3. Im Register EINSTELLUNGEN Folgendes eingeben:	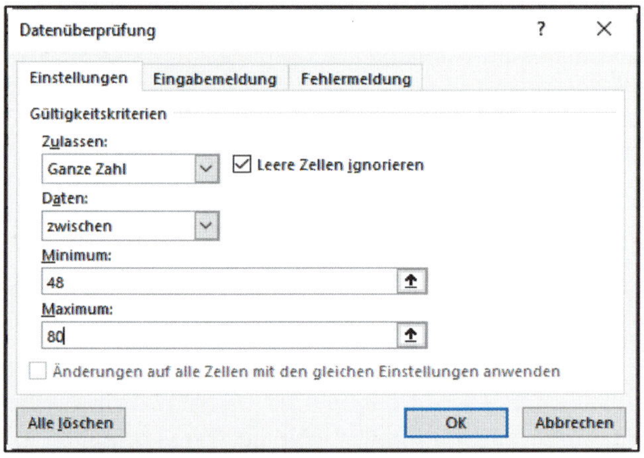
4. Im Register EINGABEMELDUNG Folgendes eingeben:	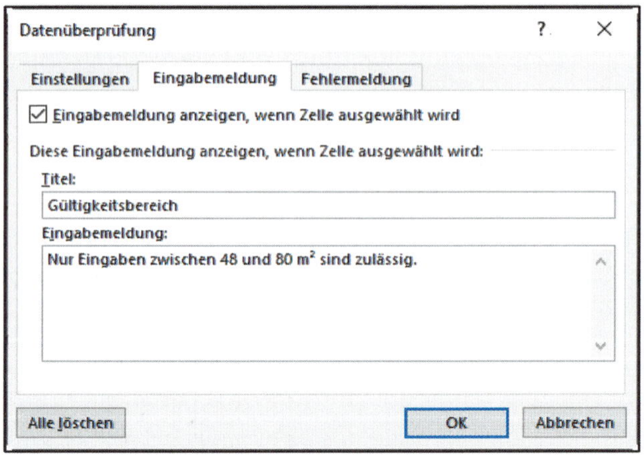

Vorgehensweise	
5. Im Register Fehlermeldung Folgendes eingeben:	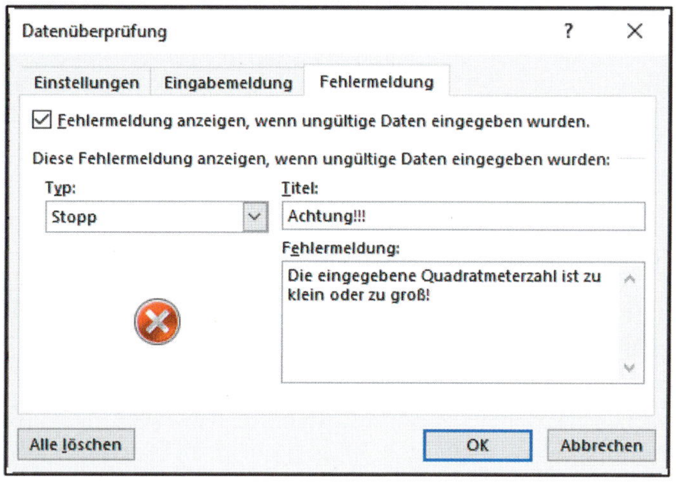
6. Mit **OK** bestätigen.	Anklicken!

Wenn Sie nun z. B. die Zelle B4 anklicken, erhalten Sie folgende Eingabemeldung:

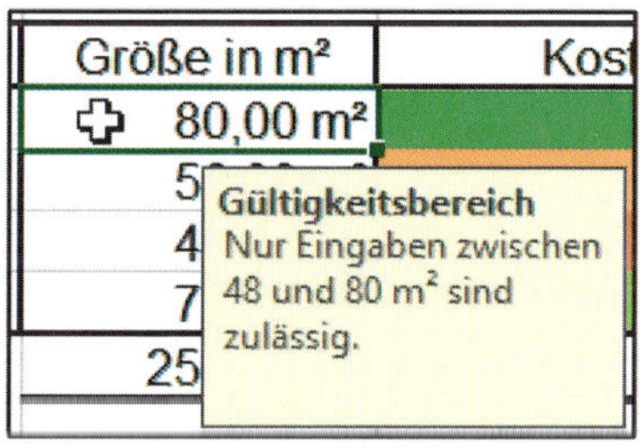

Geben Sie nun eine unzulässige Zahl ein wie z. B. 90 und bestätigen die Eingabe, ergibt sich folgendes Bild:

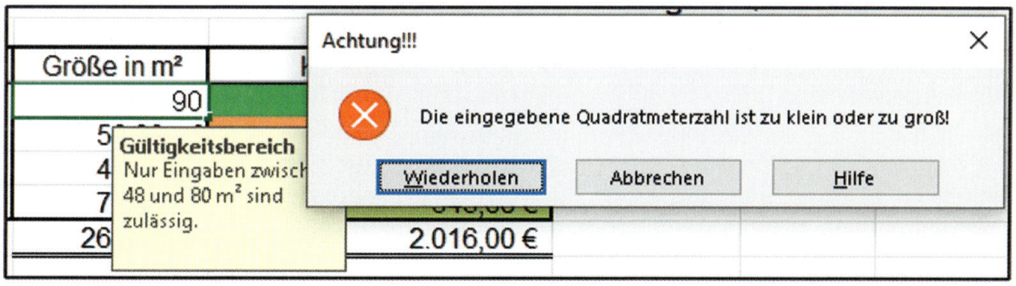

Um mit dieser bewusst falschen Eingabe aufzuhören, klicken Sie auf die Schaltfläche Abbrechen und die letzte dort stehende Zahl bleibt stehen. Wenn Sie Wiederholen auswählen (oder ENTER drücken), können Sie direkt eine andere Zahl eingeben.

Wie Sie sehen, ist dies ein hervorragendes Mittel, um fehlerhafte Eingaben abzufangen.

Speichern Sie nun die Änderungen in Ihrer Arbeitsmappe mit der fertig gestellten Tabelle. Danach schließen Sie die Mappe.

Kontrollfragen:

1. Sie haben versehentlich eine falsche Formatierung gesetzt. Beschreiben Sie, wie Sie die Aktion danach widerrufen können.
2. Beschreiben Sie, wie Sie eine Zelle, die in einer Formel verwendet werden soll, absolut adressieren.
3. Beschreiben Sie den Unterschied zwischen einer absoluten Zeilenadressierung, einer absoluten Spaltenadressierung, einer absoluten Zelladressierung und der relativen Adressierung.
4. Sie wollen oberhalb und links der Zelle B4 die Anzeige der Tabelle fixieren. Wie erreichen Sie das am schnellsten?
5. Sie wollen verschiedene Bereiche einer Tabelle vergleichen, die relativ weit auseinanderliegen. Welches Vorgehen ist jetzt am sinnvollsten?
6. Welche Vorteile sprechen für das Verwenden von Namen für Zellen oder Zellbereiche?

2.22 Übungen zum Lernfeld 3

2.22.1 Übung 1 (Personalkosten)

Irene Müller, Sachbearbeiterin in der Bernhard Müller OHG, einem Lieferanten der Heinrich KG, will für ihren Betrieb eine Personalkostenstatistik für die Zweigwerke 1 bis 3 erstellen. Durch geschicktes Ausnutzen der Möglichkeiten, die *EXCEL* bietet (Datenreihen ausfüllen lassen, Summenfunktion, Formatierungen), erstellt sie die folgende Tabelle. Die Summen in Spalte E und in Zeile 16 lässt sie selbstverständlich durch eine Formel errechnen. Das Ergebnis speichert sie unter dem Namen `Personalkosten.xlsx`.

	A	B	C	D	E
1	Personalkosten der Bernhard Müller OHG				
2					
3	Monat	Werk 1	Werk 2	Werk 3	Summe
4	Januar	18.000,00 €	22.100,00 €	14.800,00 €	54.900,00 €
5	Februar	18.750,00 €	22.100,00 €	14.950,00 €	55.800,00 €
6	März	18.850,00 €	22.250,00 €	15.050,00 €	56.150,00 €
7	April	18.800,00 €	22.300,00 €	14.970,00 €	56.070,00 €
8	Mai	18.900,00 €	22.350,00 €	15.250,00 €	56.500,00 €
9	Juni	19.050,00 €	22.250,00 €	15.350,00 €	56.650,00 €
10	Juli	18.800,00 €	22.150,00 €	15.600,00 €	56.550,00 €
11	August	18.450,00 €	21.700,00 €	16.500,00 €	56.650,00 €
12	September	18.550,00 €	21.750,00 €	14.450,00 €	54.750,00 €
13	Oktober	18.750,00 €	22.150,00 €	14.360,00 €	55.260,00 €
14	November	18.950,00 €	22.250,00 €	14.800,00 €	56.000,00 €
15	Dezember	18.700,00 €	23.100,00 €	15.700,00 €	57.500,00 €
16	Summe	224.550,00 €	266.450,00 €	181.780,00 €	672.780,00 €

2.22.2 Übung 2 (gewogener Durchschnitt)

Im Großhandel für Papier- und Bürobedarf, einem weiteren Lieferanten der Heinrich KG, wird Inventur gemacht. Zur Bewertung des Bestandes wird zunächst ein gewogener Durchschnittspreis ermittelt. Über diesen Preis errechnet sich dann der Wert des zu inventarisierenden Bestandes:

	A	B	C	D
1	**Bewertung (gewogener Durchschnitt)**			
2				
3	Anzahl Packungen	Preis je 500-Blatt-Packung	Wert	
4	25.000	3,00 €	75.000,00 €	
5	31.000	3,25 €	100.750,00 €	
6	44.000	3,12 €	137.280,00 €	
7	65.000	3,05 €	198.250,00 €	
8	165.000		511.280,00 €	
9				
10	Durchschnittspreis für eine Packung:			3,10 €
11				
12	Inventurbestand:			83.000
13				
14	Wert:			257.189,33 €

Hinweis: Die Zahlen in den Zellen A4 bis A7 sowie B4 bis B7 und in D12 werden eingegeben. Alle anderen Zahlenwerte sind durch entsprechende Formeln zu errechnen. Die Formatierungen sind wie abgebildet zu setzen.

Den Textumbruch für die Texteingabe in den Zellen A3 bis C3 erreichen Sie als besondere Zellinhaltsformatierung, indem Sie die Zellen markieren und das bereits bekannte Fenster **Zellen formatieren** aufrufen. Im Register AUSRICHTUNG wählen Sie dann die unten zu sehenden Einstellungen.

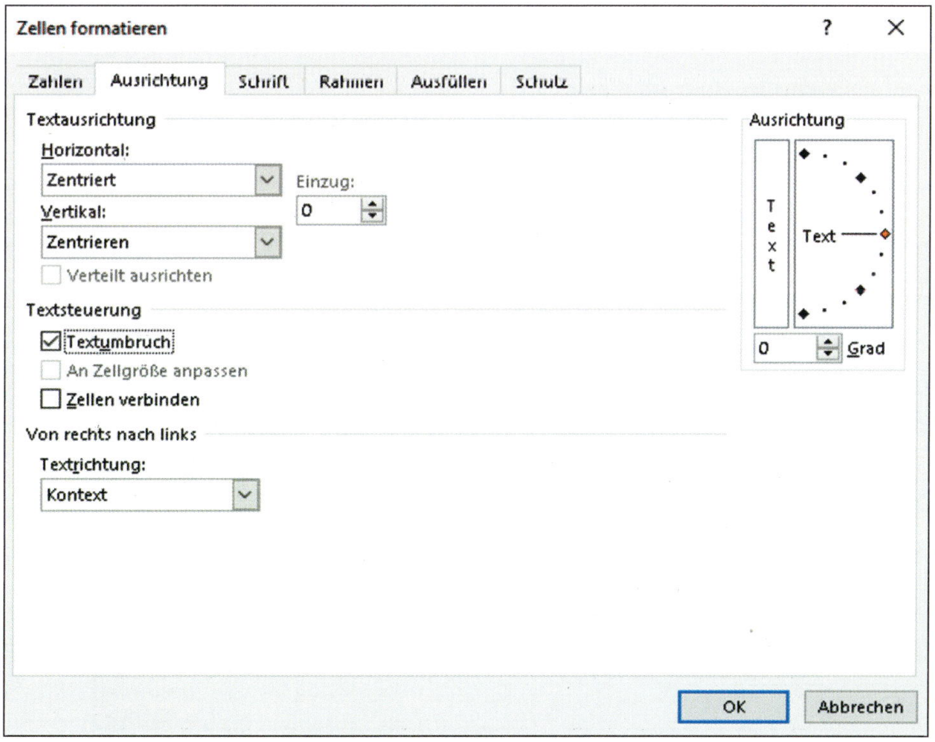

Speichern Sie das Ergebnis unter `Gewogener Durchschnitt.xlsx`.

2.22.3 Übung 3 (Angebotsvergleich)

Die Heinrich KG benötigt für die diversen Drucker und Kopierer Papier. Zu diesem Zweck sollen mehrere Angebote eingeholt werden. Um diese vergleichen zu können, werden Sie beauftragt, eine Tabelle zu erstellen, die nach Eingabe der jeweiligen Werte im Eingabebereich die Bezugskosten für 500 Blatt ermittelt. Im Rechenbereich übernehmen Sie durch einen Zellbezug den Einkaufspreis und berechnen mit den vorgegebenen Werten für Rabatt, Skonto und Bezugskosten den Bezugspreis. Speichern Sie die Tabelle unter dem Namen `Angebotsvergleich.xlsx`.

	A	B
1	Tabelle zum Angebotsvergleich	
2		
3		
4	Artikelbezeichnung:	DINA4-Kopierpapier
5		
6	**Eingabebereich:**	
7		
8	Lieferant:	Franz Meyer e. K.
9	Einkaufspreis:	275,79 €
10	Liefererrabatt in %:	12,00%
11	Liefererskonto in %:	2,00%
12	Bezugskosten in €:	6,39 €
13	Blattzahl:	30000
14		
15		
16	**Rechenbereich:**	
17		
18	Einkaufspreis	275,79 €
19	- Liefererrabatt in €	33,09 €
20	= Zieleinkaufspreis	242,70 €
21	- Liefererskonto in €	4,85 €
22	= Bareinkaufspreis	237,84 €
23	+ Bezugskosten	6,39 €
24	= Einstandspreis	244,23 €
25	Einstandspreis für 1 Packung (500 Blatt)	4,07 €

2.22.4 Übung 4 (Brutto-Netto-Rechner)

Da Sie häufiger aus Brutto-Rechnungsbeträgen, also den Beträgen, in denen noch die Umsatzsteuer hineingerechnet ist, die Steuer herausrechnen müssen – oder auch der umgekehrte Weg –, erstellen Sie dafür eine *EXCEL*-Tabelle, die Folgendes leistet:

- Wenn der Bruttobetrag bekannt ist, wird dieser im Eingabebereich eingegeben und im Ausgabebereich erscheinen für die beiden Umsatzsteuersätze (7 % und 19 %) die entsprechenden Werte für den Nettobetrag sowie die Umsatzsteuer.
- Ist der Nettobetrag bekannt, dann wird dieser im Eingabebereich erfasst und im Ausgabebereich wird die Steuer – wieder für beide Steuersätze – ausgegeben.

Die Tabelle soll wie folgt aussehen, wenn ein Bruttobetrag eingegeben wurde:

	A	B	C	D	E	F	G
1	***Brutto-Netto-Rechner***						
2							
3	**Eingabebereich**						
4							
5	Bruttobetrag						Nettobetrag
6	100,00 €						
7							
8							
9	**Ausgabebereich**						
10							
11		Netto bei 7% USt:	93,46 €			Brutto bei 7% USt:	- €
12		USt 7%:	6,54 €			USt 7%:	- €
13							
14		Netto bei 19 % USt:	84,03 €			Brutto bei 19 % USt:	- €
15		USt 19 %:	15,97 €			USt 19 %:	- €

Geben Sie nur einen Nettobetrag ein, dann ändert sich die Darstellung wie folgt:

	A	B	C	D	E	F	G
1	***Brutto-Netto-Rechner***						
2							
3	**Eingabebereich**						
4							
5	Bruttobetrag						Nettobetrag
6							100,00 €
7							
8							
9	**Ausgabebereich**						
10							
11		Netto bei 7% USt:	- €			Brutto bei 7% USt:	107,00 €
12		USt 7%:	- €			USt 7%:	7,00 €
13							
14		Netto bei 19 % USt:	- €			Brutto bei 19 % USt:	119,00 €
15		USt 19 %:	- €			USt 19 %:	19,00 €

Beachten Sie, dass die farbige Hervorhebung nicht manuell von Ihnen, sondern automatisch von *EXCEL* vorgenommen wird. Folgerichtig sähe ein Eintrag von sowohl einem Brutto-, als auch einem Nettobetrag in Zeile 6 so aus:

5	Bruttobetrag					Nettobetrag
6	100,00 €					100,00 €

Speichern Sie die Tabelle unter dem Namen `Brutto-Netto-Rechner.xlsx`.

Wenn Sie die Aufgabe gelöst haben, dann können Sie auch noch eine kleine Erweiterung „einbauen". Erstellen Sie zwei Namen über *Namen definieren,* die Sie ust_halb und ust_voll nennen. Weisen Sie diesen den jeweiligen Prozentsatz (7 % bzw. 19 % zu) und ändern Sie Ihre Formeln so ab, dass hier auch mit Namen gerechnet wird.

Die beiden Namenszuweisungen sehen wie folgt aus:

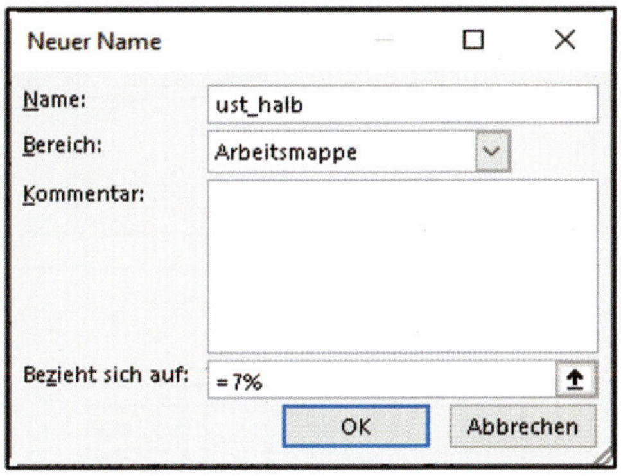

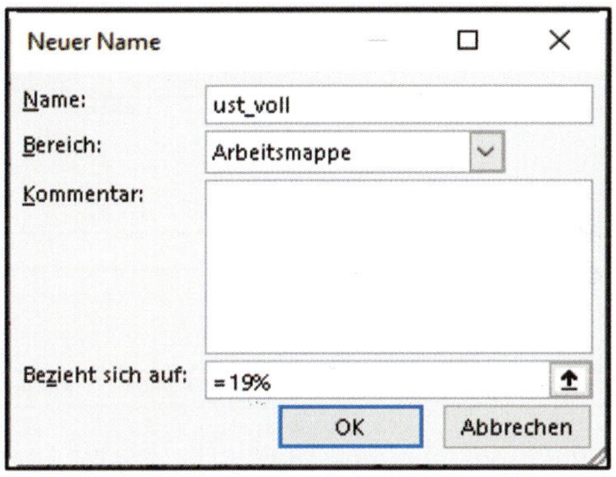

2.22.5 Übung 5 (Nebenkostenabrechnung)

Die Sachbearbeiterin Olga Wegener soll für alle Mitarbeiter, die eine Werkswohnung mieten durften, die umlagefähigen Nebenkosten für das abgelaufene Kalenderjahr mithilfe folgender *EXCEL*-Tabelle ermitteln. Öffnen Sie dazu eine neue Arbeitsmappe und geben Sie ihr den Namen `Nebenkosten-abrechnung.xlsx`.

	A	B	C	D	E	F	G	H
1	Abrechnung der Nebenkosten für Werkswohnungen							
2								
3	Verteilungsschlüssel							
4			Träumer	Wollscheit	Bernauer	Clevner	Matuschek	Euro gesamt
5	Gas	cbm	2133	3221	2876	2365	3004	7.432,50 €
6	Wasser	cbm	32	25	55	33	44	1.470,00 €
7	Müllabfuhr	Personen	3	2	5	2	4	1.810,00 €
8	Versicherungen	qm	75	88	79	95	110	3.129,00 €
9								13.841,50 €
10								
11								
12	Verteilung							
13		Träumer	Wollscheit	Bernauer	Clevner	Matuschek	Summe	
14	Gas							
15	Wasser							
16	Müllabfuhr							
17	Versicherungen							
18								

Arbeitshinweise:

a) Geben Sie die Texte und Zahlen in die Zellen A1 bis H8 ein, ebenso in die Zeilen 12 und 13 sowie in die Zellen A14 bis A18. Alle übrigen Werte soll *EXCEL* berechnen.

b) Bedenken Sie, dass einige Zellen, die Sie in Formeln verwenden, absolut zu adressieren sind. (Verwenden Sie zur Übung bitte keine Namen!)

c) Vergeben Sie anschließend übungshalber folgende Namen:
für H5 *Gas,* für H6 *Wasser,* für H7 *Müllabfuhr* und für H8 *Versicherungen.*
Wie müssen nun die entsprechenden Formeln lauten?

d) Zur Hervorhebung soll *EXCEL* alle Zahlen im Bereich B18 bis F18 in roter Farbe und fett darstellen, wenn die Mieter über 2.500,00 € an Nebenkosten zu tragen haben.

So soll Ihr Arbeitsblatt aussehen, wenn Sie mit Übung 5 fertig sind:

	A	B	C	D	E	F	G	H
1	Abrechnung der Nebenkosten für Werkswohnungen							
2								
3	Verteilungsschlüssel							
4			Träumer	Wollscheit	Bernauer	Clevner	Matuschek	Euro gesamt
5	Gas	cbm	2133	3221	2876	2365	3004	7.432,50 €
6	Wasser	cbm	32	25	55	33	44	1.470,00 €
7	Müllabfuhr	Personen	3	2	5	2	4	1.810,00 €
8	Versicherungen	qm	75	88	79	95	110	3.129,00 €
9								13.841,50 €
10								
11								
12	Verteilung							
13		Träumer	Wollscheit	Bernauer	Clevner	Matuschek	Summe	
14	Gas	1.165,79 €	1.760,43 €	1.571,87 €	1.292,58 €	1.641,83 €	7.432,50 €	
15	Wasser	248,89 €	194,44 €	427,78 €	256,67 €	342,22 €	1.470,00 €	
16	Müllabfuhr	339,38 €	226,25 €	565,63 €	226,25 €	452,50 €	1.810,00 €	
17	Versicherungen	525,00 €	616,00 €	553,00 €	665,00 €	770,00 €	3.129,00 €	
18		2.279,05 €	**2.797,12 €**	**3.118,27 €**	2.440,50 €	**3.206,55 €**	13.841,50 €	

2.22.6 Übung 6 (Formatierungsübungen)

Erstellen Sie eine neue Arbeitsmappe, die Sie `Formatierungsübungen.xlsx` nennen. In der folgenden Aufgabe sollen die Kontennummern mit sogenannten führenden Nullen erscheinen. Wie müssen Sie formatieren, wenn die Kontennummern als Zahlen eingegeben werden sollen?

	A	B	C	D
1	Anlagenspiegel			
2				
3	Kontonummer	Kontobezeichnung	Anschaffungskosten	usw.
4	0050	Grundstück		
5	0090	Bürogebäude		
6	0350	LKW I		
7	0351	LKW II		
8		usw.		

Wechseln Sie nun in derselben Arbeitsmappe in die zweite Tabelle. Sie werden beauftragt, die Produktionszahlen der beiden Jahre 1 und 2 wie folgt auszuwerten:

	A	B	C	D	E
1	Produktionszahlen				
2					
3	Betrieb	Produktion Jahr 1	Produktion Jahr 2	Differenz absolut	Differenz prozentual
4	Werk 1	180.222,445 t	193.234,600 t	13.012,155 t	7,22%
5	Werk 2	224.556,789 t	221.345,653 t	-3.211,136 t	-1,43%
6	Werk 3	66.333,000 t	72.123,000 t	5.790,000 t	8,73%
7	Werk 4	126.432,500 t	119.500,000 t	-6.932,500 t	-5,48%

Hinweise:

a) Geben Sie nicht blindlings und ohne „das Gehirn einzuschalten" die Inhalte der Tabelle ein. Wenn Sie z. B. „180.222,445 t" eingeben, dann wird diese Eingabe nicht wie oben dargestellt rechts stehen, sondern linksbündig ausgegeben. Wenn Sie dieses Buch bisher gründlich durchgearbeitet haben, dann sollten Sie sich daran erinnern, dass dies bedeutet: „*EXCEL* hat die Eingabe als Text erkannt." – Es wird also nichts bringen, wenn Sie jetzt einfach die Zelle umformatieren und eine rechtsbündige Ausgabe erzwingen, denn es liegt nach wie vor nur ein Text vor. Daraus folgt, dass Sie „180222,445" eingeben und den Rest über entsprechende **Zahlen**formate erledigen!

b) Aus Zelle B3 können Sie mit dem Ziehpunkt nach C3 kopieren! *EXCEL* verändert automatisch die Jahreszahl. Gleiches gilt für das Kopieren von A4 nach A5 bis A7. Die Zellen D4 bis E7 sind zu errechnen!

c) Eine Formatdefinition kann bis zu vier Angaben enthalten:

Format für positive Werte; Format für negative Werte; Format für den Wert Null; zusätzlicher Text. Wird nur ein Format angegeben, gilt es für alle drei Fälle, in denen eine Zahl zugrunde liegt. Unterscheiden Sie in der obigen Tabelle positive und negative Prozentangaben für die Formatierung in der Spalte E. Beachten Sie, dass die Farbe (hier: Rot für die Fälle, in denen die prozentuale Differenz eine Minderung ergibt) in eckigen Klammern stehen und der Text in doppelte Anführungszeichen eingebettet sein muss. Versuchen Sie, folgende Umgestaltung Ihrer Tabelle zu erreichen:

	A	B	C	D	E
1	Produktionszahlen				
2					
3	Betrieb	Produktion Jahr 1	Produktion Jahr 2	Differenz absolut	Differenz prozentual
4	Werk 1	180.222,445 t	193.234,600 t	13.012,155 t	7,22% Steigerung!
5	Werk 2	224.556,789 t	221.345,653 t	-3.211,136 t	1,43% Minderung!
6	Werk 3	66.333,000 t	72.123,000 t	5.790,000 t	8,73% Steigerung!
7	Werk 4	126.432,500 t	119.500,000 t	-6.932,500 t	5,48% Minderung!

2.22.7 Übung 7 (Artikel)

Legen Sie eine neue Arbeitsmappe namens `Artikel.xlsx` an und erstellen Sie die nachfolgende Tabelle, die für eine Übung am Ende des Buchs noch einmal benötigt wird. Die leider notwendigen Eingaben sind also nicht unnötig! – Eventuell hat Ihre Lehrerin/Ihr Lehrer diese Datei aber auch schon vorbereitet, sodass Sie keine „Eingabe-Übung" machen müssen.

Üben Sie an diesem Beispiel das Einfrieren und Teilen des Fensters. Frieren Sie die ersten drei Spalten sowie die erste Zeile ein und lassen Sie den Bildschirm „rollen".

	A	B	C	D	E	F	G	H
1	Produkliste der Heinrich KG (Auszug)							
2								
3	Artikel-Nr	Produkt	Produktbeschreibung	Einkaufspreis	Verkaufspreis	Lagerbestand	Lieferanten-Nr	Wiederbeschaffung
4	A-1001100-D	Denver	Schreibtisch; Oberfläche der Tischplatte versiegelt	148,23 €	245,00 €	4	5161	WAHR
5	A-1002100-S	Starlight	Solitärschreibtisch in Nierenform aus Massivholz	559,64 €	925,00 €	1	5163	WAHR
6	A-1004110-F	Future	Schreibtisch; Rahmen aus Stahlrohr, pulverbeschicht	278,31 €	460,00 €	2	5164	WAHR
7	A-1102100-T	Tiamo	Rollcontainer mit drei Schubladen	293,43 €	485,00 €	5	5233	WAHR
8	A-1101100-L	Lilibe	Rollcontainer , Schublade und Karteikarteneinsatz	254,11 €	420,00 €	2	5234	WAHR
9	A-1205111-L	Logo	Konferenztisch, Rahmen pulverbeschichtet	226,88 €	375,00 €	9	5344	WAHR
10	A-1201100-B	Basic G	Konferenztisch aus Massivholz	290,41 €	19,99 €	8	5344	WAHR
11	A-1202170-N	Noris	Konferenztisch aus Massivholz	363,01 €	600,00 €	6	5344	WAHR
12	A-1302170-S	Solito	Regalsystem aus Massivholz	666,12 €	1.101,00 €	11	5455	WAHR
13	A-1305121-M	Mixt	Regal aus beschichteten Spanplatten	169,40 €	280,00 €	10	5455	WAHR
14	A-1406111-V	Visit	Multimedia-Paket	757,00 €	899,00 €	5	5566	WAHR
15	A-1401130-M	Meeting	Konferenz- und Seminarstuhl verchromt	48,40 €	80,00 €	7	5677	WAHR
16	A-1507006-S	Smile	Bürostuhl mit Armlehnen	317,63 €	525,00 €	9	5677	WAHR
17	A-1507155-V	Verdan	Bürostuhl mit Ring-Armlehnen	47,19 €	78,00 €	15	5788	WAHR
18	B-2009154-E	Eco	Aktenvernichter aus gefärbtem Kunststoff	53,85 €	89,00 €	12	5788	WAHR
19	B-2001140-P	Profi	Aktenvernichter mit Holzunterschrank	422,91 €	699,00 €	16	5788	WAHR
20	B-2001140-I	Intimus	Besonders leiser Aktenvernichter	589,89 €	975,00 €	8	5899	WAHR
21	B-2103137-L	Luna	Schreibtischlampe aus Metall	41,14 €	68,00 €	5	5899	WAHR
22	B-2103138-O	Optima	Schreibtischleuchte aus Metall	54,45 €	90,00 €	4	5901	FALSCH
23	B-2103126-P	Praktiker	Schreibtischlampe aus Metall	19,36 €	32,00 €	23	6002	WAHR
24	B-2208160-M	Moflip	Flipchart aus Aluminium	831,90 €	1.375,00 €	21	6002	WAHR
25	B-2208167-F	Feflip	Flipchart aus Aluminium	423,51 €	700,00 €	16	6003	WAHR

3 Sachgüter und Dienstleistungen beschaffen/ Verträge schliessen (Lernfeld 4)

Kompetenzen, die Sie im Lernfeld 4 erwerben:

- ☑ Sie lernen einfache Funktionen kennen, mit denen Sie die Anzahl von Zellen ermitteln, die Daten enthalten, das aktuelle Systemdatum ausgeben, die Maximal-, Minimal- und Durchschnittswerte ermitteln, eine Rangfolge ausgeben, eine oder mehrere Bedingungen überprüfen.
- ☑ Sie wenden komplexere Funktionen an, mit denen Sie in Datentabellen nach Werten suchen und diese ausgeben können.
- ☑ Sie erstellen Diagramme mit dem Diagramm-Assistenten und benennen grundsätzliche Bestandteile eines Diagramms.
- ☑ Sie gestalten Diagramme, indem Sie die X- und Y-Achsen formatieren, die Größe des Diagrammrahmens anpassen, die Position des Diagramms innerhalb einer Tabelle verändern, den Diagrammtyp wählen und verstreute Datenreihen in einem Diagramm darstellen.

3.1 Was sind Funktionen?

Unter einer Funktion versteht man in *EXCEL* ein Berechnungswerkzeug, welches Sie einsetzen können, um teilweise sehr komplexe Formeln zu ersetzen. Auf diese große Anzahl von Funktionen (= vordefinierten Formeln), die *EXCEL* bereitstellt und mit denen sehr viele Rechenoperationen ausgeführt werden können, sollten Sie zur Rationalisierung Ihrer Arbeit so oft wie möglich zurückgreifen.

EXCEL stellt z.B. unter anderem Funktionen für mathematische, statistische, finanzmathematische, logische und zeit- bzw. datumsbezogene Operationen zur Verfügung.

3.1.1 Wie sind Funktionen allgemein aufgebaut?

Funktionen bestehen immer aus dem Funktionsnamen, aus runden Klammern und i.d.R. aus mindestens einem Funktionsargument. Eine Funktion, die wir schon verwendet haben, ist die Funktion Summe:

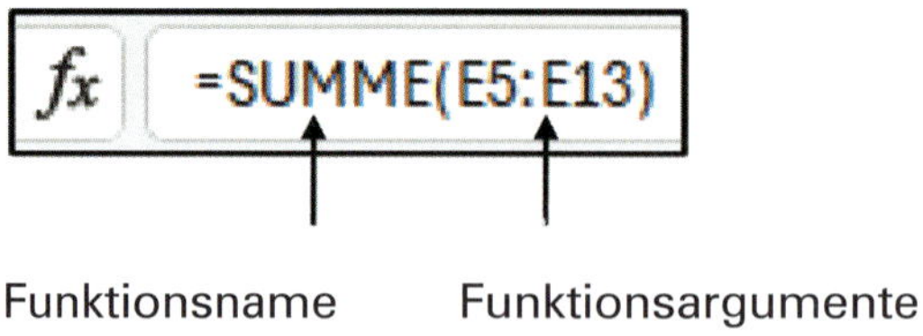

Ergänzende Hinweise:

- Alle Funktionen haben eine Syntax (Schreibweise), die exakt eingehalten werden muss. *EXCEL* zeigt Ihnen diese Syntax schon bei der Eingabe unterhalb der Zelle an, sobald Sie die Klammer zur Argumenteingabe öffnen:

- Schon mit dem ersten Buchstaben, den Sie eingeben, beginnt *EXCEL* Vorschläge zu machen, welche Funktionen infrage kommen könnten!

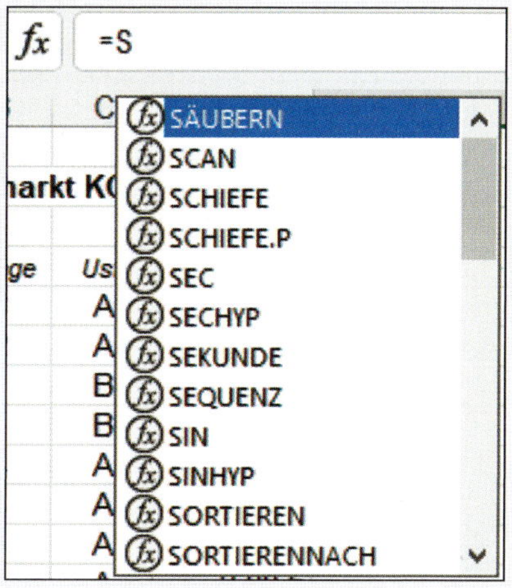

- Alle Formeln werden mit einem Gleichheitszeichen eingeleitet.
- Der Funktionsname ist entscheidend für die Art der Berechnung oder Auswertung. In *EXCEL* gibt es mehrere hundert verschiedene Funktionen, die über ihren Namen zur Verfügung stehen. Groß- und Kleinschreibung sind bei der Eingabe ohne Bedeutung.
- Die Argumente, mit denen die jeweilige Funktion arbeitet, werden in runden Klammern direkt im Anschluss an den Funktionsnamen geschrieben. Argumente können einzelne Zahlen, Zellbereiche oder Bereichsnamen sein.
- Für Zellbereiche wird die jeweils erste Zelle mit der letzten Zelle des Bereichs mit einem Doppelpunkt verbunden. Der Doppelpunkt hat die Bedeutung „von – bis". In der oben dargestellten Abbildung wird z. B. der Bereich **von** Zelle F8 **bis** F11 summiert. Wenn Sie einzelne Zellen summieren wollen, müssen Sie die gewünschten Zellen durch Semikolons trennen, also z. B. =SUMME(B11;G8;E13). Ein Semikolon steht für „und". Es wird also die Summe der Zellinhalte von B11 **und** G8 **und** E13 gebildet. Kombinationen sind möglich: =SUMME(B11:D11;G8;E13) bedeutet, dass die Summe des Bereiches **von** B11 **bis** D11 **und** der Zellen G8 **und** E13 errechnet wird.

Praxissituation:

In der Mittagspause kaufen Sie im benachbarten Supermarkt einige Produkte und erhalten einen entsprechenden Kassenbon, der wie der nebenstehende aussieht. Da Sie gerade mit der Tabellenkalkulation *EXCEL*-Funktionen für Berechnungen erlernen, haben Sie die Idee einen entsprechenden Kassenbon mithilfe der Tabellenkalkulation zur Übung umzusetzen. Beachten Sie dabei, dass **Summe der Menge** sowie **Anzahl der Artikel** und **Datum/Uhrzeit** durch Funktionen ermittelt werden.

Kassenbon

Hansemarkt KG, Hamburg

Menge	Artikel	Einzelpreis	Gesamtpreis
3	Erbsen fein	0,49 €	1,47 €
2	Möhren	1,09 €	2,18 €
4	H-Milch	0,59 €	2,36 €
6	Servietten	0,99 €	5,94 €
			11,95 €
Summe der Menge:		15	
Anzahl der Artikel:		4	
Datum/Uhrzeit:		06.08.2025 18:20	

Erstellen Sie zuerst das Gerüst der Tabelle, sodass sich das folgende Bild ergibt. Beachten Sie dabei, dass die Gesamtpreise mit einer Formel zu errechnen sind. Die Formatierungen (Rahmen, Anpassen der Spaltenbreiten, Währung) sind wie abgebildet zu setzen.

	A	B	C	D	E	F	G
1							
2							
3				Kassenbon			
4							
5				*Hansemarkt KG, Hamburg*			
6							
7			Menge	Artikel	Einzelpreis	Gesamtpreis	
8			3	Erbsen fein	0,49 €		
9			2	Möhren	1,09 €		
10			4	H-Milch	0,59 €		
11			6	Servietten	0,99 €		
12							
13							
14			Summe der Menge:				
15			Anzahl der Artikel:				
16			Datum/Uhrzeit:				
17							

Arbeitsmappe Bon im ersten Bearbeitungsstadium

Wie auf Seite 23 erläutert, verwenden Sie für die Ermittlung der Summen in den Zellen F12 und E14 die gleichnamige Funktion. Auch für die Auswertung der Anzahl der gekauften Artikel benutzen Sie diese Funktion.

3.2 Arbeiten mit Funktionen

3.2.1 Den Funktions-Assistenten verwenden: die Funktion ANZAHL2

Mit dem Funktions-Assistenten können Sie die Eingabe von Funktionen unter *EXCEL* deutlich vereinfachen. Selbst bei komplexen und stark verschachtelten Formeln behalten Sie so den Überblick. Aber auch für einfache Funktionen, die Sie noch nicht benutzt haben, bietet sich der Assistent als Zugang an.

Für unser Ziel, herauszubekommen, wie viele Artikelarten gekauft wurden *(Anzahl der Artikel)*, klicken Sie zunächst die Zelle E15 an, in der das Ergebnis angezeigt werden soll. Danach starten Sie den Funktions-Assistenten, indem Sie das Symbol für den Funktions-Assistenten anklicken:

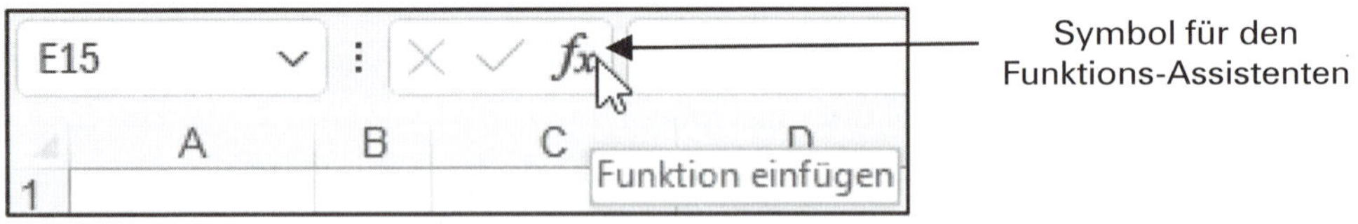

Ergänzender Hinweis:

Besonders schnell lässt sich der Funktions-Assistent aufrufen, wenn Sie die Tastenkombination [⇧] + [F3] verwenden.

Nach dem Erscheinen des Dialogfensters des Funktions-Assistenten gehen Sie folgendermaßen vor:

Wenn Sie gar nicht wissen, welche Funktion für Ihre Berechnung infrage kommt, können Sie versuchen, durch eine Beschreibung Ihres Wunsches von *EXCEL* Empfehlungen zu bekommen. In unserem Beispiel möchten Sie die Anzahl der Artikel zählen.

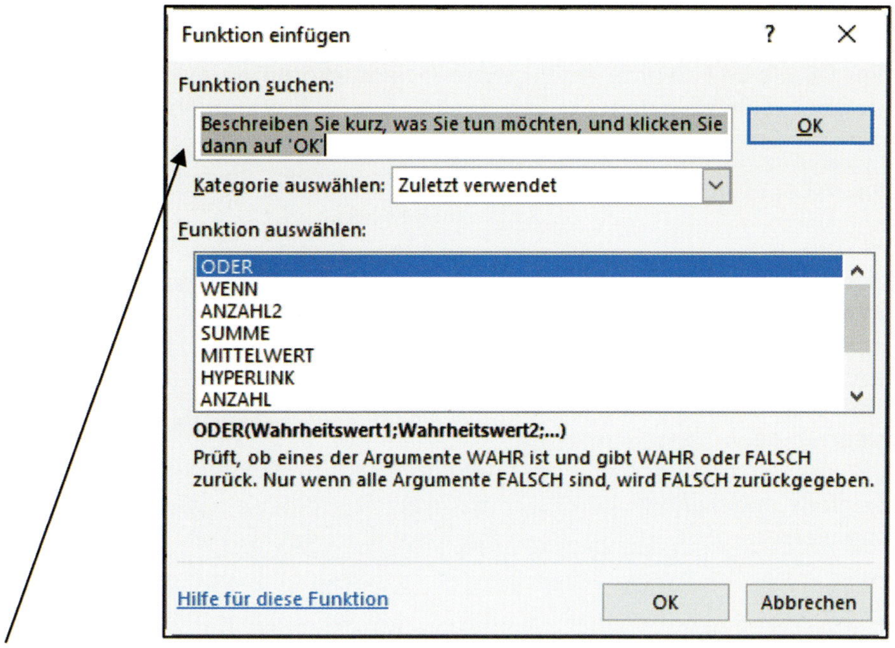

Beschreiben Sie hier kurz Ihr Problem.

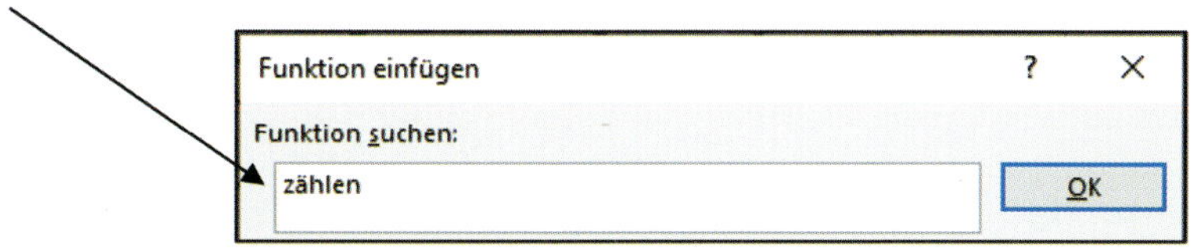

Betätigen Sie die neben dem Eingabefeld befindliche Schaltfläche **OK**.

In der Kategorie EMPFOHLEN erscheinen nun eine oder mehrere Funktionen, die „aus Sicht" von *EXCEL* zur Lösung eingesetzt werden können. Oft kommt auch nur die Aufforderung die Frage neu zu formulieren. Leider ist es aber so, dass die gesuchte Funktion nur selten an erster Stelle angezeigt wird. Manchmal erfolgt auch bei einer neuen *EXCEL*-Version trotz der gleichen Eingabe kein oder ein anderes Ergebnis. *EXCEL* 2003 zeigte z. B. nach Eingabe von „Anzahl Artikel" auch die gesuchte Funktion an, *EXCEL* 2024 und die aktuelle Version von *EXCEL* 365 finden unter dieser Suchanfrage gar nichts. Wenn Sie aber „zählen" suchen lassen, ist das Ergebnis wieder so, wie es in alten *EXCEL*-Versionen war!

Es bietet sich also leider oftmals nur eine andere Methode an, um die gewünschte Funktion zu bekommen:

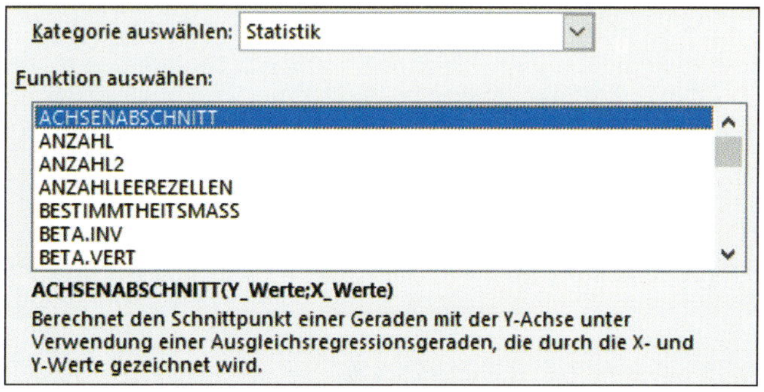

Wenn Ihnen sofort klar war, dass es sich bei der gesuchten Funktion nur um eine statistische Funktion handeln kann, können Sie sich die Suche vereinfachen, indem Sie die Kategorie STATISTIK auswählen. – Wissen Sie nicht, dass es sich um eine Statistik-Funktion handelt, müssen Sie versuchen über die Auswahl ALLE zum Ziel zu kommen.

Jetzt müssen Sie sich auf die „Detail-Suche" begeben! Das erste angezeigte Element ist offensichtlich schon vom Namen her nicht geeignet, irgendwelche Elemente einer Tabelle zu zählen. *ANZAHL* hört sich da schon vielversprechender an, also klicken Sie (einfach!) auf den Funktionsnamen. Das Fenster zeigt nun Informationen zur gerade ausgewählten Funktion an:

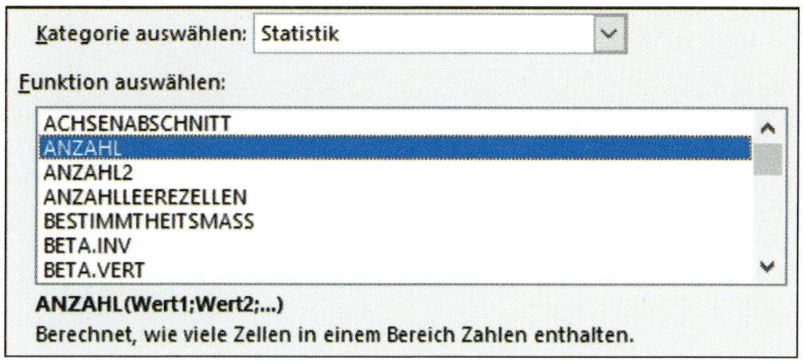

Hier ist es jetzt äußerst wichtig, dass Sie die „Kurz-Beschreibung" der Funktion aufmerksam lesen. *EXCEL* teilt Ihnen hier mit, dass nur **Zahlen** gezählt werden. Wenn Sie also damit im Kassenbon die Artikel zählen würden (Zellen D8 bis D11) würde als Ergebnis 0 herauskommen, weil hier keine Zahlen, sondern Texte stehen. Entweder zählen Sie daher in den Spalten C oder E oder wählen die geeignetere Funktion.

Also sehen wir uns nun an, was *EXCEL* zur nächsten aufgelisteten Funktion *ANZAHL2* „einfällt":

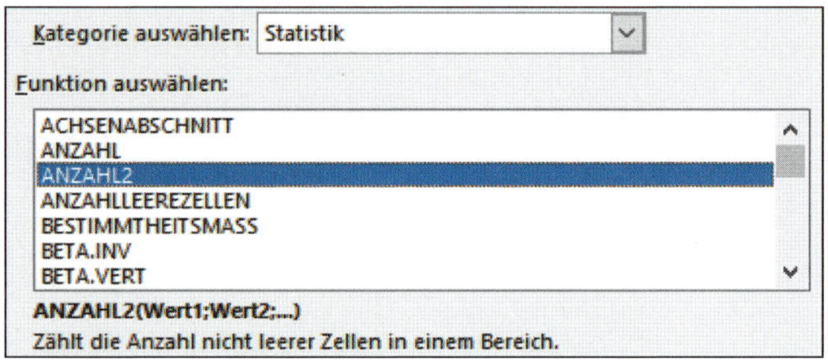

ANZAHL2 zählt anscheinend nicht nur Zahlen, sondern alle „nicht leeren Zellen in einem Bereich". Das würde bedeuten, dass hier auch Texte gezählt werden, also genau das, was wir suchen. Hier wären weitere Informationen und vor allem Beispiele sinnvoll, denen man entnehmen könnte, ob es wirklich die gesuchte Funktion ist. Unterhalb der „Kurz-Beschreibung" können Sie über den ebenfalls angezeigten Link HILFE FÜR DIESE FUNKTION eine ausführliche Beschreibung mit Anwendungsbeispielen aufrufen, indem Sie einfach auf den Text klicken.

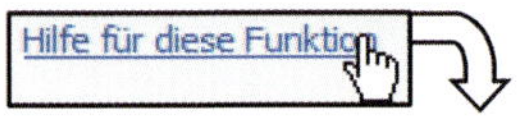

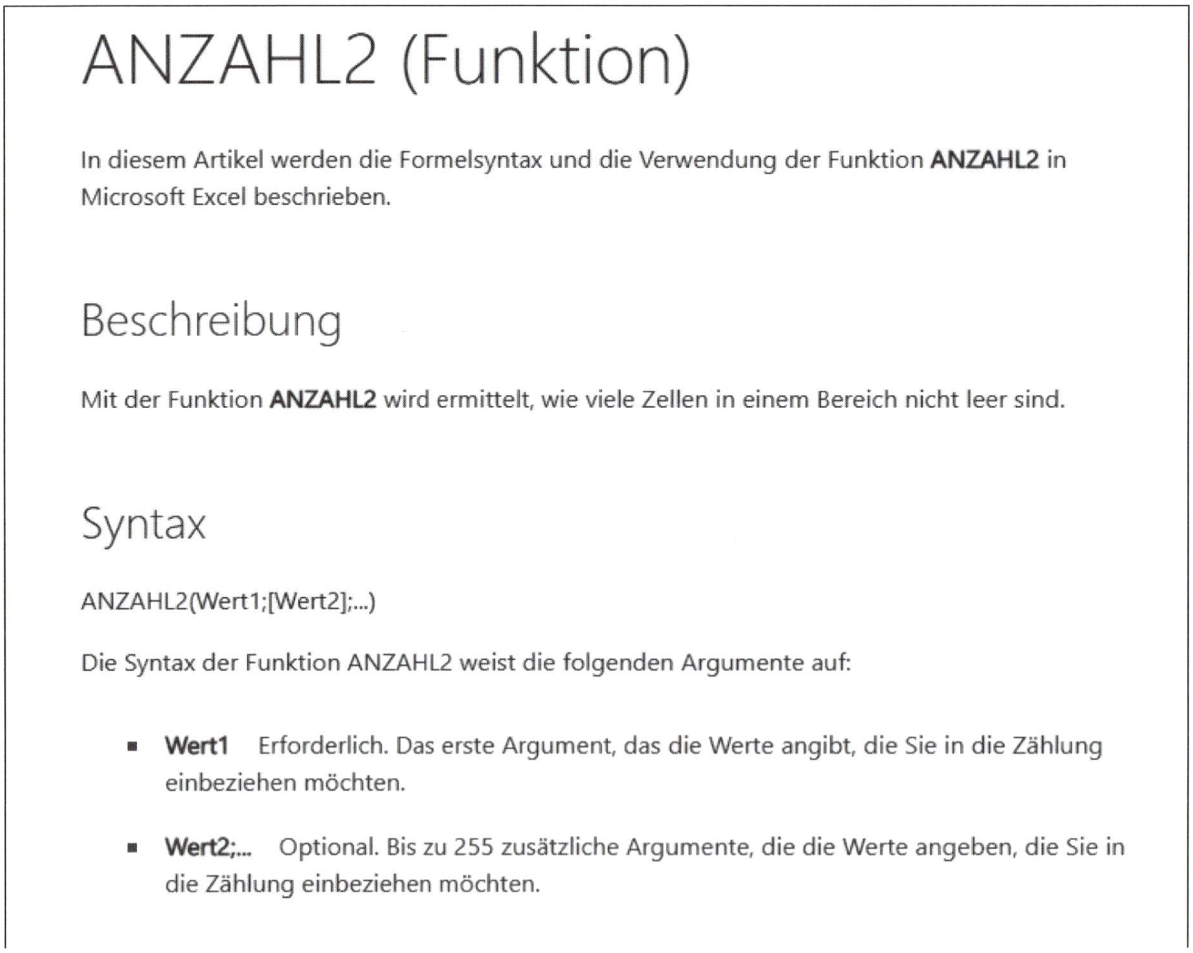

ANZAHL2 (Funktion)

In diesem Artikel werden die Formelsyntax und die Verwendung der Funktion **ANZAHL2** in Microsoft Excel beschrieben.

Beschreibung

Mit der Funktion **ANZAHL2** wird ermittelt, wie viele Zellen in einem Bereich nicht leer sind.

Syntax

ANZAHL2(Wert1;[Wert2];...)

Die Syntax der Funktion ANZAHL2 weist die folgenden Argumente auf:

- **Wert1** Erforderlich. Das erste Argument, das die Werte angibt, die Sie in die Zählung einbeziehen möchten.
- **Wert2;...** Optional. Bis zu 255 zusätzliche Argumente, die die Werte angeben, die Sie in die Zählung einbeziehen möchten.

Hinweise

- Mit der Funktion **ANZAHL2** werden Zellen ermittelt, die beliebige Arten von Informationen enthalten, einschließlich Fehlerwerte und leerer Text (""). Wenn der Bereich beispielsweise eine Formel enthält, die eine leere Zeichenfolge zurückgibt, wird mit der Funktion **ANZAHL2** dieser Wert berücksichtigt. Leere Zellen werden von der Funktion **ANZAHL2** nicht berücksichtigt.
- Wenn Sie Wahrheitswerte, Text oder Fehlerwerte von der Zählung ausnehmen möchten (wenn Sie also nur Zellen ermitteln möchten, die Zahlen enthalten), verwenden Sie die Funktion **ANZAHL**.
- Wenn nur Zellen einbezogen werden sollen, die bestimmte Kriterien erfüllen, verwenden Sie die Funktion **ZÄHLENWENN** oder die Funktion **ZÄHLENWENNS**.

Beispiel

Kopieren Sie die Beispieldaten in der folgenden Tabelle, und fügen Sie sie in Zelle A1 eines neuen Excel-Arbeitsblatts ein. Um die Ergebnisse der Formeln anzuzeigen, markieren Sie sie, drücken Sie F2 und dann die EINGABETASTE. Im Bedarfsfall können Sie die Breite der Spalten anpassen, damit alle Daten angezeigt werden.

Daten
39790
19
22,24
WAHR
#DIV/0!

Formel	**Beschreibung**	**Ergebnis**
=ANZAHL2(A2:A6)	Zählt die Anzahl nicht leerer Zellen in den Zellen A2 bis A6.	5

Das Hilfefenster können Sie einfach schließen, wenn Sie es nicht mehr benötigen und natürlich jederzeit wieder aufrufen – auch während der Eingabe von Funktionsargumenten!

Wenn Sie sich letztlich für die Funktion entschieden haben, dann müssen Sie nur noch auf die Schaltfläche **OK** im unteren Bereich des Fensters FUNKTION EINFÜGEN klicken. Sie gelangen nun in den Hauptdialog des Funktions-Assistenten:

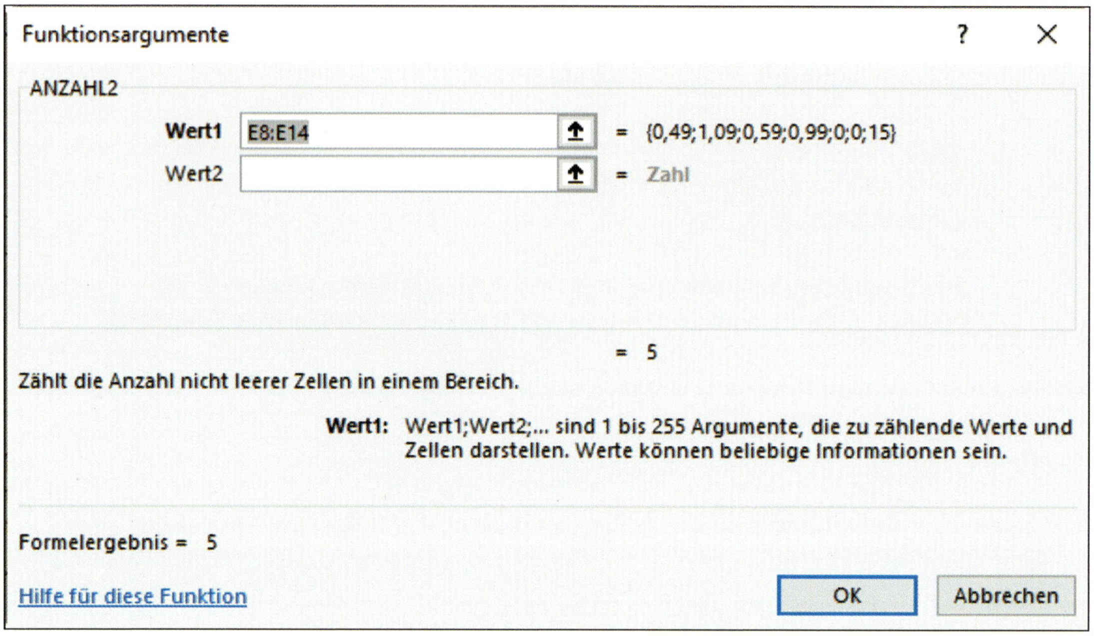

Der Hauptdialog des Funktions-Assistenten

Im Eingabefeld WERT1 können Sie nun den Bereich eintragen, auf den sich die Auswertung erstrecken soll, nämlich von D8 bis D11. Wie schon bei der Funktion SUMME versucht *EXCEL* selbstständig zu erkennen, welchen Bereich Sie als Wert eintragen wollen. Sie müssen in jedem Fall eine sorgfältige Überprüfung vornehmen, denn oft stimmen die automatisch eingetragenen Bezüge nicht (so auch hier!). In der Syntax der Funktion müssen Sie also D8:D11 von Hand eintragen oder den Bereich mit der Maus markieren. Das geht besonders leicht, wenn Sie das Fenster des Funktions-Assistenten mit der Maus nach unten ziehen, sodass der gewünschte Bereich nicht mehr verdeckt ist. Dazu verkleinern Sie das Dialogfenster des Funktions-Assistenten, indem Sie auf die entsprechende Schaltfläche klicken:

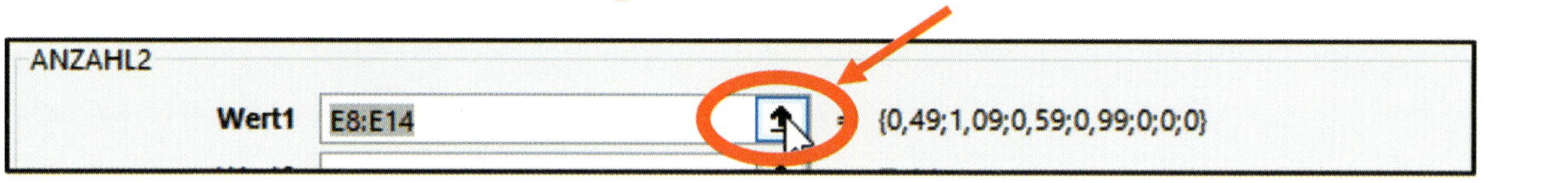

Nun können Sie leicht den Bereich D8 bis D11 markieren. *EXCEL* übernimmt den Bereich sofort in die Funktion.

Um das Dialogfenster wieder anzeigen zu lassen, klicken Sie auf das Symbol zum Wiederherstellen (oder drücken Sie ↵):

Auch hier gilt wieder, dass es eine Alternative gibt. Sie können den Hauptdialog auch einfach zur Seite schieben, sodass Sie einen Teil des zu markierenden Bereichs sehen. Sobald Sie mit der Maus die Markierung starten, schaltet *EXCEL* den Assistenten automatisch in die verkleinerte Darstellung um, wenn Sie die Maustaste loslassen, auch automatisch wieder in die große Ansicht zurück.

Im Fenster des Assistenten können Sie schon jetzt das Ergebnis der Funktion und auch der gesamten Formel, die ja auch aus mehreren Funktionen bestehen kann, ablesen:

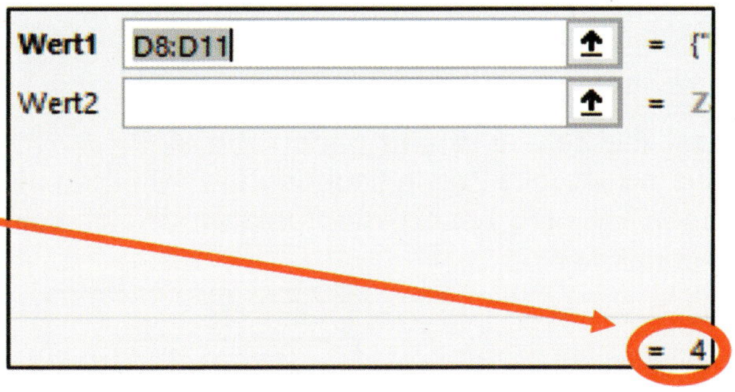

Ergebnis der aktuell bearbeiteten Teilfunktion (hier: ANZAHL2).

Ergebnis der gesamten Formel, die in der aktuellen Zelle steht.

Klicken Sie nun auf die Schaltfläche **OK**. Die Auswertung wird über die Funktion ANZAHL2 erledigt. In der Eingabezeile können Sie die Funktion in ihrer Syntax erkennen, während in der Zelle F15 der Wert 4 erscheint.

	A	B	C	D	E	F	G
1							
2							
3				Kassenbon			
4							
5				*Hansemarkt KG, Hamburg*			
6							
7			Menge	Artikel	Einzelpreis	Gesamtpreis	
8			3	Erbsen fein	0,49 €		
9			2	Möhren	1,09 €		
10			4	H-Milch	0,59 €		
11			6	Servietten	0,99 €		
12							
13							
14			Summe der Menge:		15		
15			Anzahl der Artikel:		4		
16			Datum/Uhrzeit:				
17							

Die Tabelle BON mit eingetragener Funktion

Wenn Sie die Funktion testen wollen, können Sie einmal einen Artikel aus der Artikelliste in D8 bis D11 vorübergehend löschen. Die Anzahl der Eingaben des Zellbereichs wird sofort angepasst. Widerrufen Sie danach das Löschen.

Ein Nachteil des Funktions-Assistenten ist, dass die Handhabung bei einfachen Formeln, die eventuell sogar nur aus einer einzigen Funktion bestehen, natürlich zeitraubender und auch umständlicher ist, als wenn Sie die Funktionen mit ihrer speziellen Syntax direkt eingeben. Deswegen werden wir in Zukunft im Verlauf des Lehrgangs bei einfachen Funktionen auf die Verwendung des Funktions-Assistenten verzichten und Funktionsnamen über die Tastatur eingeben. Es ist Ihnen natürlich freigestellt in diesen Fällen dennoch den Assistenten zu benutzen oder auch komplexe Formeln manuell zu erstellen.

3.2.2 Die Funktion JETZT()

Mit dieser Funktion fügt *EXCEL* das aktuelle Datum und die aktuelle Zeit ein. Es wird also die Zeit des Rechners angezeigt, auf dem *EXCEL* installiert wurde. Diese wird auf jeden Fall von der im eingangs dargestellten Kassenbon abweichen.

Klicken Sie also auf die Zelle E16 und geben Sie ein: `=JETZT()`. Wenn Sie bestätigen, werden das aktuelle Datum und die aktuelle Zeit in Stunden und Minuten eingefügt. Wie Sie an der eingeblendeten Syntaxhilfe erkennen können, besitzt die Funktion JETZT keine Werte, die innerhalb der Klammern angegeben werden müssen:

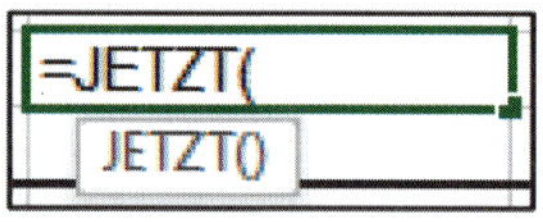

Ergänzende Hinweise:

- Das angezeigte Datum und die Uhrzeit sind abhängig von den in Ihrem Rechnersystem eingestellten Werten für Datum und Uhrzeit. Diese Werte können z. B. unter Windows 10 in den Systemeinstellungen verändert werden. Gleiches gilt auch für die älteren Betriebssystemversionen und auch Windows 11.
- Das Format der Darstellung in *EXCEL* kann in der Start-Multifunktionsleiste im Bereich *Zellen* und dort über **Format → Zellen formatieren...** im Register **Zahlen** angepasst werden. Da es sich um eine Datumsanzeige handelt, sollte die entsprechende Kategorie angeklickt werden:

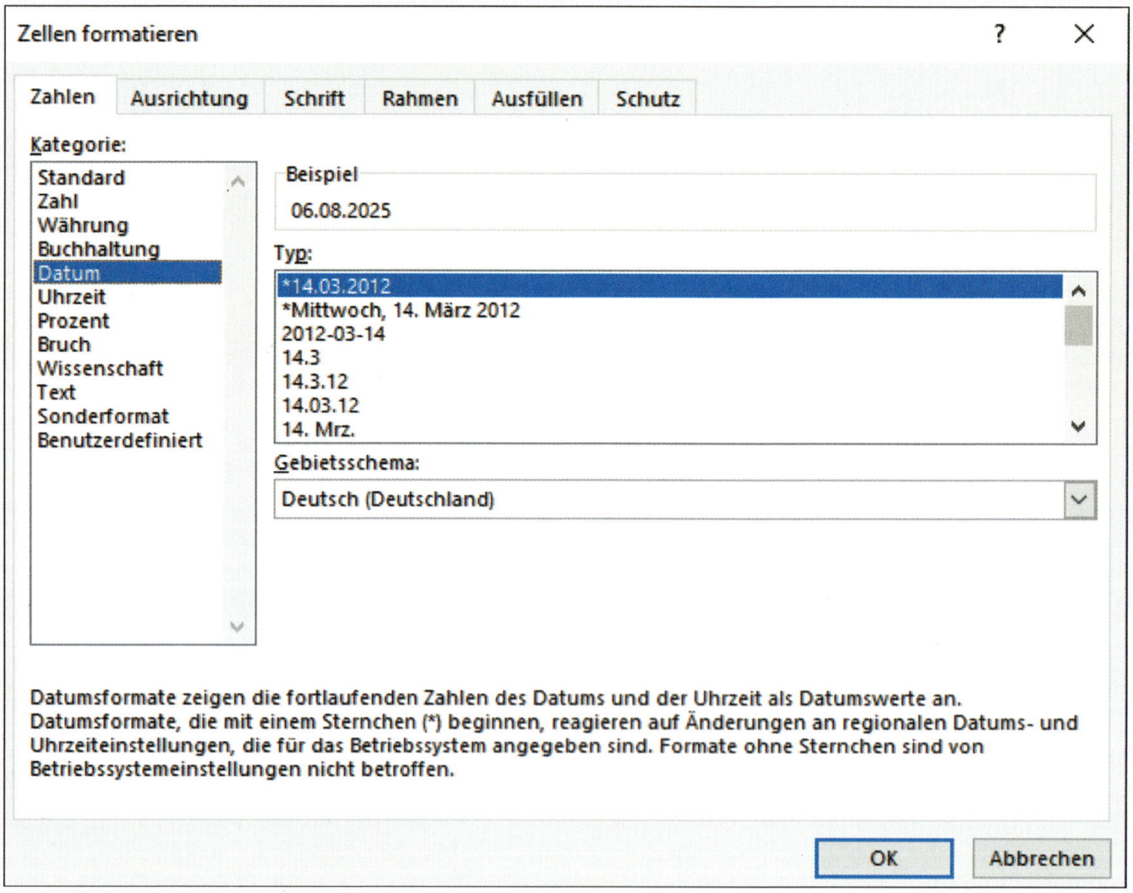

- Die Datumsangaben werden intern aus einer fortlaufenden (seriellen) Zahl ermittelt. Diese Zahlen entsprechen standardmäßig dem Datumsbereich vom 1. Januar 1900 bis zum 31. Dezember 9999. Uhrzeiten werden als Dezimalzahlen gespeichert.
- Die Funktion wird nicht ständig aktualisiert, sondern nur, wenn Sie neue Werte errechnen lassen. Das ist z. B. der Fall, wenn ein neuer Bon errechnet und gedruckt wird. Aber auch das Öffnen der entsprechenden Arbeitsmappe führt zu einer Neuberechnung aller Zellen.

Benennen Sie nun das Tabellenblatt Tabelle1 in Bon um, indem Sie z. B. auf der Anzeige Tabelle1 rechts klicken und dann im Kontextmenü **Umbenennen** wählen oder einen Doppelklick hier ausführen. Geben Sie Bon ein und bestätigen Sie mit ↵. Speichern Sie abschließend die gesamte Arbeitsmappe unter dem Namen `Bon.xlsx`.

3.2.3 Die Funktionen ZÄHLENWENN und SUMMEWENN

Manchmal reicht es nicht aus, wenn einfach alle Elemente in einer Spalte (oder Zeile) aufaddiert oder gezählt werden, da verschiedene Bedingungen zu berücksichtigen sind. Wir bleiben daher noch beim Beispiel des Kassenbons, denn wenn Sie die gerade erstellte Version, die stark vereinfacht wurde, mit einer realen aus dem örtlichen Supermarkt oder der Tankstelle vergleichen, dann werden Sie feststellen, dass dort die in Deutschland üblichen unterschiedlichen Mehrwertsteuersätze von 0 %, 7 % und 19 % berücksichtigt werden.

Ein solcher Bon könnte wie rechts dargestellt aussehen.

Hansemarkt KG, Hamburg

Artikel	*Menge*	*Ust*	*Einzelpreis*	*Gesamtpreis*
Snack-Tüte	3	A	1,29 €	3,87 €
Super-Chips	2	A	0,69 €	1,38 €
Aktion Sommerbluse	1	B	14,99 €	14,99 €
Aktion Tauchmaske	1	B	29,49 €	29,49 €
Müsli-Riegel	4	A	0,49 €	1,96 €
Tauch-Zeitschrift	1	A	5,60 €	5,60 €
ESBK-News	1	A	1,20 €	1,20 €
Tiefkühl-Döner	4	A	2,99 €	11,96 €
95 Cent-Briefmarke	3	C	0,95 €	2,85 €

zu zahlen: **73,30 €**

	USt%	USt	+ Netto	= Brutto
A	7%	1,70 €	24,27 €	25,97 €
B	19%	7,10 €	37,38 €	44,48 €
C	0%	0,00 €	2,85 €	2,85 €
Summe		8,80 €	64,50 €	73,30 €

7%	-	6	Posten
19%	-	2	Posten
0%	-	1	Posten

06.08.2025

Vielen Dank für Ihren Einkauf!

Um diesen Kassenzettel mit *EXCEL* zu realisieren, kommen Sie mit den Ihnen bekannten Funktionen nicht weiter, denn Sie möchten ja nicht jedes Mal von Hand die Formeln anpassen, weil Sie nicht im Voraus wissen können, ob ein Artikel mit voller, reduzierter oder gar keiner Mehrwertsteuer aufgeführt werden muss. Hier müssen also Funktionen her, die „selbst entscheiden" können, welcher Umsatzsteuersatz gewählt wurde, sodass der Steuer-Ausweis gelingt.

Neben diesem „Problem" werden Sie bei der Umsetzung auch noch einmal daran denken müssen, wie aus Bruttobeträgen, also Werten, in denen die Umsatzsteuer enthalten ist, die Steuer herausgerechnet wird. Und, da Sie ja inzwischen schon recht gut mit *EXCEL* umgehen können, werden Sie natürlich kein Problem haben, die Besonderheit der Tabellenkalkulation im Hinblick auf die Prozentformatierung zu beachten. Wenn Sie Schwierigkeiten haben, die Lösung hinzubekommen, können Sie den Bon auch vereinfachen, indem Sie anstelle der Prozentsätze ganze Zahlen eingeben, also z. B. „7" anstelle von „7%".

Zunächst einmal sollten Sie in Tabelle2 der Arbeitsmappe `Bon.xlsx` folgende Vorarbeiten leisten (B23 bis B25 können Sie auch unter der Verwendung von Formeln füllen):

	A	B	C	D	E
1					
2			**Hansemarkt KG, Hamburg**		
3					
4	*Artikel*	*Menge*	*Ust*	*Einzelpreis*	*Gesamtpreis*
5	Snack-Tüte	3	A	1,29 €	
6	Super-Chips	2	A	0,69 €	
7	Aktion Sommerbluse	1	B	14,99 €	
8	Aktion Tauchmaske	1	B	29,49 €	
9	Müsli-Riegel	4	A	0,49 €	
10	Tauch-Zeitschrift	1	A	5,60 €	
11	ESBK-News	1	A	1,20 €	
12	Tiefkühl-Döner	4	A	2,99 €	
13	95 Cent-Briefmarke	3	C	0,95 €	
14					
15				zu zahlen:	0,00 €
16					
17		USt%	USt	+ Netto	= Brutto
18	A	7%			
19	B	19%			
20	C	0%			
21	Summe				
22					
23		7%	-		Posten
24		19%	-		Posten
25		0%	-		Posten
26					
27					
28					
29			Vielen Dank für Ihren Einkauf!		
30					

EXCEL-Tabelle für den erweiterten Kassenbon

Als nächstes sollten Sie den Gesamtpreis errechnen (Zellen E5 bis E13), den zu zahlenden Betrag (Zelle E15) sowie das aktuelle Datum einsetzen. Letzteres natürlich auch wieder über eine Funktion in der Zeile 27.

Jetzt kommt der „neue Teil“, denn Sie müssen nach Steuersätzen getrennt die einzelnen USt- und Nettobeträge ermitteln. Dies gelingt Ihnen mit der Funktion SUMMEWENN, die genau das tut, was der Name schon vermuten lässt: Sie addieren damit nur die Werte, die einem von Ihnen vorgegebenen Kriterium entsprechen. Die Syntax sieht so aus:

SUMMEWENN(Bereich; Suchkriterien; [Summe_Bereich])

Sie geben also als ersten Parameter einen Bereich an, der durchsucht werden soll, hier also die Zellen C5:C13, da dort mithilfe der Buchstaben der jeweilige USt-Satz kodiert wurde.

Danach muss der Funktion das Suchkriterium mitgeteilt werden. Da Sie zunächst nach dem „A“ suchen lassen, das für den ermäßigten Steuersatz steht, wählen Sie folgerichtig die Zelle A18 aus. – Sie könnten auch „A“ eingeben (die Anführungszeichen, weil der Suchwert hier ein Text ist), aber sollte im Kassenbon irgendwann einmal ein anderes Zeichen benutzt werden, müssten Sie auch alle Formeln anpassen.

Zum Schluss geben Sie noch den Bereich an, in dem sich die aufzusummierenden Zahlen befinden, also beim Kassenbon die Zellen E5:E13.

Würden Sie jetzt einfach mit ↵ die Eingabe abschließen, würde *EXCEL* lediglich eine Summe der Bruttobeträge mit dem ermäßigten Steuersatz errechnen, aber der Bon sieht ja hier vor, dass Sie die Steuer getrennt ausgeben. Mit Ihrem bisherigen Wissen sollten Sie in der Lage sein, die Formel entsprechend zu erweitern.

Auch die Berechnung des Nettobetrags ist sicherlich kein größeres Problem mehr und die Summenbildung am Ende der jeweiligen Zeile sowieso nicht.

Wenn Sie mitgedacht haben, dann haben Sie zudem von Anfang an die Bezüge in den Formeln, soweit sie sich auf die Bereiche erstrecken, absolut gesetzt, denn so können Sie sich Arbeit sparen, wenn Sie die entsprechenden Anpassungen für den vollen Steuersatz bzw. die von der Umsatzsteuer befreiten Produkte errechnen lassen.

Mit der Funktion ZÄHLENWENN können Sie nun auch noch die letzten fehlenden Zellen mit einem sinnvollen Inhalt füllen. Die einfache Syntax dafür lautet:

ZÄHLENWENN(**Bereich**; Suchkriterien)

Auch hier geben Sie als Bereich die Spalte an, in der sich die Buchstaben befinden, also C5:C13 und das Suchkriterium ist wiederum der dem jeweiligen Steuersatz entsprechende Buchstabe, als für den ermäßigten Satz wieder das „A" in Zelle A18.

Wenn Sie alles richtig gemacht haben, dann sollte Ihr Kassenbon jetzt so aussehen, wie der auf Seite 81 – beim Datum steht natürlich das Datum, welches auf Ihrem Rechner eingestellt ist. Sollte dort wirklich der 6. August 2025 stehen (und Sie sind nicht im Besitz einer Zeitmaschine), dann haben Sie die Tabelle „blind abgetippt" und sollten erneut die Hinweise zu diesem Thema auf Seite 80 lesen!

3.2.4 Logische Funktionen einsetzen

Die Suchkriterien in den beiden neu erlernten Funktionen können natürlich nicht nur Buchstaben sein, sondern auch Zahlen. Hier ist dann auch ein Vergleich sinnvoll, der nicht nur auf eine Gleichordnung abzielt, sondern auch die Ihnen aus der Mathematik und/oder Informatik bekannten Vergleichsoperatoren nutzt. – Vielleicht wollen Sie ja eine Tabelle erstellen, in der die Anzahl aller Siege und Unentschieden einer Mannschaft der Fußball-Bundesliga ausgegeben wird, indem Sie nur die Spiele zählen, in denen mehr als 0 Punkte erreicht wurden. – Auch die Anzahl der Klassenarbeiten, die keine ausreichende Leistung erbracht haben, also schlechter als „4" sind, wäre vielleicht interessant.

Die gerade angesprochenen *Operatoren* gibt es natürlich auch in *EXCEL,* allerdings weicht die Schreibweise hier teilweise davon ab, da es einige Zeichen auf der Tastatur nicht gibt. Die Vergleichsoperatoren sind:

Operator	Bedeutung
=	ist gleich
<	kleiner als
>	größer als
<=	kleiner oder gleich
>=	größer oder gleich
<>	ungleich

Bei logischen Funktionen wird also zunächst der Wahrheitswert von Aussagen ermittelt. Trifft die Bedingung zu, wird eine bestimmte Anweisung ausgeführt.

Ergänzender Hinweis:

Immer wieder kommt es zu Unsicherheiten, welches Zeichen „größer als" und welches „kleiner als" bedeutet. Dabei ist die Unterscheidung recht einfach, denn Sie brauchen sich vor das jeweilige Symbol nur einen senkrechten Strich denken, also „|<" bzw. „|>". Das erste Doppel-Zeichen sieht wie ein „K" aus und somit wissen Sie, dass „<" für „kleiner als" steht.

Alternativ kann auch die (deutschsprachige) Computer-Tastatur als Hilfe dienen, denn das „größer als"-Zeichen erhält man bei den meisten Tastaturlayouts nur, wenn man die Großschreibtaste benutzt. Das „kleiner als"-Zeichen wird sozusagen klein geschrieben. – Das gilt zumindest für „normale" DIN-Tastaturen.

3.2.5 Einfache statistische Auswertungen mithilfe von Funktionen

Praxissituation:

Ausgehend von der bereits erstellten Tabelle zum prozentualen Umsatzanteil der Vertreter, will Herr Bremer nun einige statistische Auswertungen berechnen lassen. Die Tabelle soll später folgendes Bild bieten:

	A	B	C	D	E	F
1	**Heinrich KG - Büromöbel und Zubehör**					
2						
3	Vertreterumsätze im ersten Quartal 20..					
4						
5	*Name*	*Januar*	*Februar*	*März*	*Summe*	*Rang*
6	Meier	145.000,00 €	147.000,00 €	155.000,00 €	447.000,00 €	**4**
7	Dübel	96.500,00 €	99.000,00 €	101.000,00 €	296.500,00 €	**5**
8	Lehmann	215.000,00 €	211.000,00 €	199.000,00 €	625.000,00 €	**2**
9	Schleicher	188.500,00 €	199.400,00 €	184.500,00 €	572.400,00 €	**3**
10	Pieper	298.000,00 €	317.000,00 €	333.000,00 €	948.000,00 €	**1**
11	Summe der Umsätze	943.000,00 €	973.400,00 €	972.500,00 €	2.888.900,00 €	
12						
13	Statistische Auswertung:					
14						
15	Maximum:	948.000,00 €				
16	Minimum:	296.500,00 €				
17	Durchschnitt:	577.780,00 €				

Tabelle der prozentualen Umsatzanteile der Vertreter mit neuen statistischen Auswertungen

Dazu kopieren Sie TABELLE2 der Arbeitsmappe UMSÄTZE DER VERTRETER.XLSX, die Sie bereits erstellt haben (siehe Seite 48), wie im Kapitel 3.2.5.1, in die neue Arbeitsmappe.

3.2.5.1 Exkurs: Tabellen zwischen Arbeitsmappen kopieren

Öffnen Sie die Arbeitsmappe UMSÄTZE DER VERTRETER. Steuern Sie dort durch Anklicken des Tabellenregisters die TABELLE2 an. Zum Kopieren der TABELLE2 in eine neue Arbeitsmappe führen Sie folgende Schritte aus:

Vorgehensweise	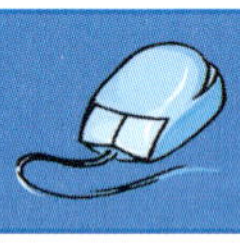
1. Klicken Sie rechts auf dem Registerblatt TABELLE2 und wählen Sie durch Anklicken links **Verschieben oder kopieren...**	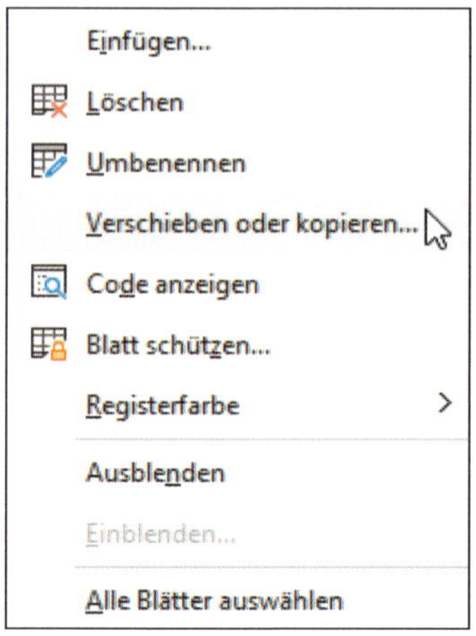

Vorgehensweise	
2. Klicken Sie im Dialogfenster zuerst das Kontrollkästchen KOPIE ERSTELLEN an.	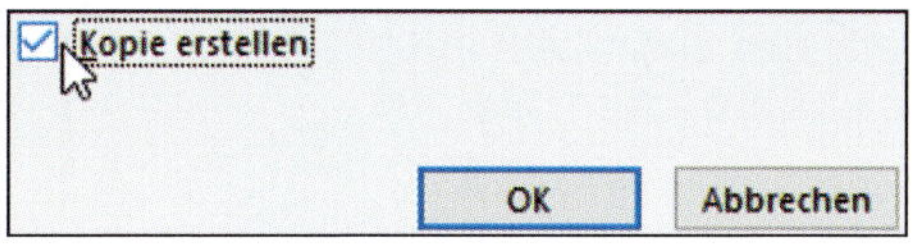
3. Öffnen Sie das Listenfeld ZUR MAPPE: und klicken Sie auf (NEUE ARBEITSMAPPE).	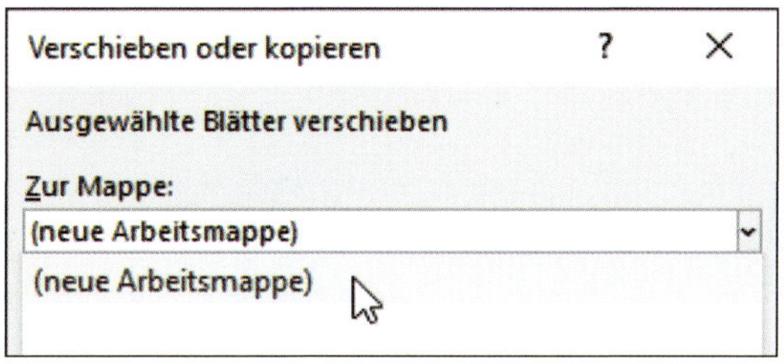

In einer neuen Arbeitsmappe wird nun die gewünschte Tabelle aus UMSÄTZE DER VERTRETER eingefügt. Gleichzeitig springt *EXCEL* nach dem Kopieren direkt in die kopierte Tabelle in der neuen Mappe. Speichern Sie diese unter dem Namen `Vertreter-Statistik.xlsx` und benennen Sie die Tabelle selbst ebenfalls in VERTRETER-STATISTIK um.

Schließlich löschen Sie den nicht benötigten Zellbereich F4 bis F11. Achten Sie darauf, dass Sie sowohl die Zellinhalte als auch die Formate entfernen müssen. Es reicht also nicht aus, die Zellen zu markieren und anschließend die Entf-Taste zu drücken.

3.2.5.2 Funktionen zur Ermittlung des Maximums, Minimums und Durchschnitts eines Zellbereichs

Erstellen Sie nun in der Spalte A zunächst folgende Beschriftungen:

13	Statistische Auswertung:	
14		
15	Maximum:	
16	Minimum:	
17	Durchschnitt:	

Klicken Sie dann in Zelle B15, in der Sie den maximalen Wert der Umsätze ermitteln lassen wollen. Dazu verwenden Sie die Funktion MAX, die den maximalen Wert einer Liste von Argumenten angibt.

Vorgehensweise	
1. Eingeben des Funktionsnamens, den Sie auch mit einem Doppelklick auf den Vorschlag auswählen können. – Hinter dem Vorschlag erscheint zudem eine Erläuterung zur Funktion.	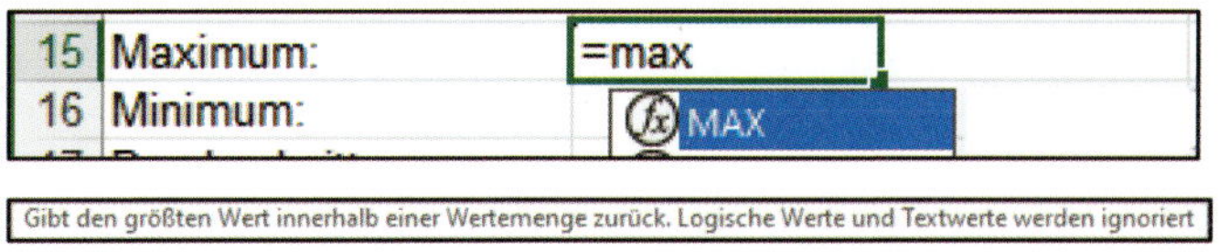
2. Wenn Sie in 1. den Doppelklick ausgeführt haben, ist auch bereits die geöffnete Klammer vorhanden, die Sie andernfalls eingeben müssen.	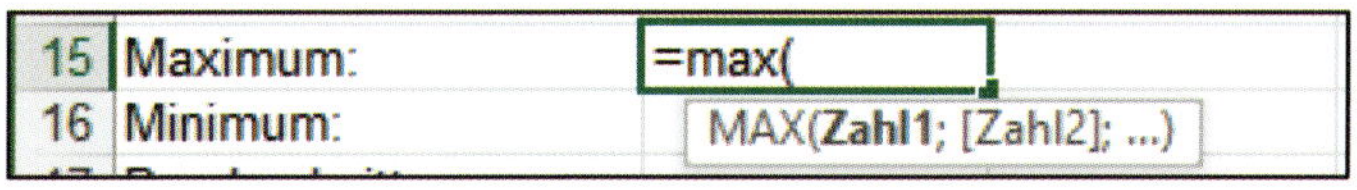

Vorgehensweise	
3. Erste Zelle des auszuwertenden Zellbereichs anklicken, hier: E6.	15 Maximum: =max(e6 16 Minimum: MAX(**Zahl1**; [Zahl2]; ...)
4. Zum letzten Feld des auszuwertenden Bereiches ziehen, hier: E10.	15 Maximum: =max(e6:e10 16 Minimum: MAX(**Zahl1**; [Zahl2]; ...)
5. Schließende Klammer eingeben und bestätigen.	15 Maximum: 948.000,00 € 16 Minimum:

Wie Sie sehen, zeigt *EXCEL* automatisch den höchsten Wert des Zellbereichs an.

Ergänzende Hinweise:

- Durch das Ziehen übernimmt *EXCEL* automatisch den auszuwertenden Bereich als Argument in die Funktion.
- Verschiedene, verstreut liegende Zellen würden als Argumente der Funktion durch Semikolon getrennt angeklickt. Hier können Sie dann auch während des Klickens die Strg-Taste gedrückt halten, weil *EXCEL* dann selbstständig Semikolons setzt.

Auf gleiche Weise erstellen Sie die Funktionen für die Ausgabe des Minimal- und Durchschnittswertes in den Zellen B16 bzw. B17. Die Syntax dieser Funktionen ist Folgende:

=MIN (erste Zelle : letzte Zelle)

=MITTELWERT(erste Zelle : letzte Zelle)

Sie erhalten dann folgende Ergebnisse:

13	Statistische Auswertung:	
14		
15	Maximum:	948.000,00 €
16	Minimum:	296.500,00 €
17	Durchschnitt:	577.780,00 €

3.2.5.3 Eine Rangfolge anzeigen lassen mithilfe der Funktion RANG.GLEICH

In der Spalte F soll nun automatisch eine Rangliste der Vertreter erscheinen.

Geben Sie dafür zuerst in der Zelle F5 die Überschrift `Rang` ein. In der Zelle F6 lassen Sie nun den Rangplatz des Vertreters Meier ermitteln. Die Formel kopieren Sie dann für die anderen Vertreter einfach nach unten.

In älteren *EXCEL*-Versionen wurde hierzu die Funktion RANG verwendet, die aber seit *EXCEL 2010* nur noch aus Gründen der Kompatibilität vorhanden ist und deshalb nicht mehr verwendet werden sollte. Es gibt nun zwei Funktionen, mit denen Sie einen Rang ermitteln können: RANG.GLEICH und RANG.MITTELWERT. Für unsere Zwecke ist RANG.GLEICH aber die sinnvollste Variante, zumal Sie der „alten" Funktion RANG genau entspricht. Die Syntax der Funktion RANG.GLEICH ist folgende:

RANG.GLEICH(Zahl; Bezug; [Reihenfolge])

Zahl ist der Zellinhalt, dessen Platz in einer Rangfolge ermittelt werden soll, hier: E6.

Bezug ist der Zellbereich, aus dem der Rangplatz ermittelt wird, hier: E6 bis E10. Bitte beachten Sie, dass der Bereich im Beispiel absolut zu adressieren ist, da die Funktion nach unten kopiert werden soll!

Reihenfolge gibt an, wie der Rang der Vergleichszelle bestimmt werden soll. Dieses Argument muss nicht bestimmt werden! 0 oder Weglassen dieses Arguments ermittelt den Rang vom größten zum kleinsten Wert absteigend. Das bedeutet, der größte Wert bekommt den Rang 1, der zweitgrößte den Rang 2 usw. Jeder Wert dieses Arguments ungleich 0 ergibt die umgekehrte Rangfolge, d. h., der kleinste Wert bekäme den Rang 1, der zweitkleinste den Rang 2 usw.

Also muss der Eintrag in Zelle F6 folgendermaßen aussehen:

```
=RANG.GLEICH(E6;$E$6:$E$10;0)
```

Mit der alten Funktion RANG hätte dieser Eintrag so ausgesehen:

```
=RANG(E6;$E$6:$E$10;0)
```

Als Ergebnis gibt die Funktion den Rang 4 aus, da der Umsatz von 447.000,00 € bezogen auf die Liste aller Vertreterumsätze in der Rangfolge der vorletzte ist, also Platz 4 bedeutet.

Setzen Sie abschließend die notwendigen Formatierungen, bis die Tabelle wie auf Seite 84 abgebildet aussieht. Speichern Sie die Arbeitsmappe dann noch einmal durch Anklicken des Diskettensymbols unter dem gleichen Namen.

3.2.5.4 Die WENN-Funktion

Eine besonders wichtige Funktion ist in diesem Zusammenhang die WENN-Funktion. Sie hat folgende Syntax:

WENN(**Wahrheitstest**; [Wert_wenn_wahr]; [Wert_wenn_falsch])

Wie Sie sehen, besteht jede WENN-Funktion aus drei Argumenten, die jeweils durch ein Semikolon getrennt werden:

Wahrheitstest enthält die zu überprüfende Aussage, z. B. Stunden>38, die Sie sich wie eine Behauptung vorstellen müssen, die entweder wahr oder falsch sein kann.

Wert_wenn_wahr wird ausgeführt, wenn die Aussage wahr ist, also im Beispiel unten die geleisteten Stunden mehr als 38 betragen.

Wert_wenn_falsch wird ausgeführt, wenn die Aussage falsch ist, also maximal 38 Stunden geleistet wurden. Eine Arbeitsleistung von exakt 38 Stunden würde ebenfalls ein „falsch" als Ergebnis der Prüfung angeben, da dort ausdrücklich „größer als 38" vorgegeben wurde.

Praxissituation:

In der Heinrich KG wird den Arbeitskräften ein 25-prozentiger Zuschlag gezahlt, wenn sie mehr als 38 Stunden pro Woche gearbeitet haben. Der Zuschlag bezieht sich auf die geleisteten Überstunden. Berechnet werden soll der Zuschlag.

Zunächst einmal sollten Sie sich ohne die Zuhilfenahme von *EXCEL* verdeutlichen, was hier von einer WENN-Funktion geleistet werden muss. Dies geschieht mithilfe eines sogenannten Struktogramms, das vor allem bei komplexeren WENN-Funktionen eine große Hilfe ist.

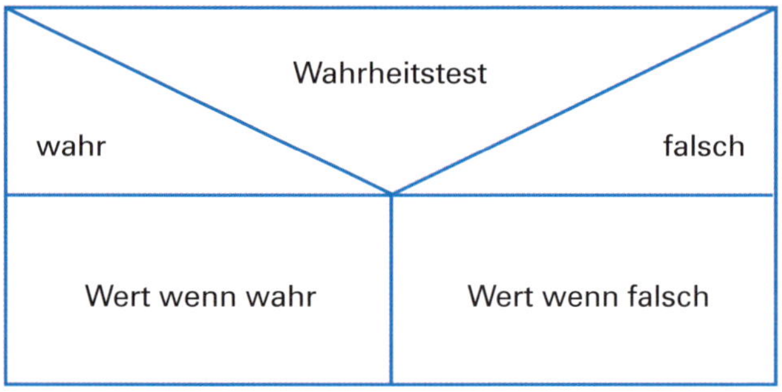

Wie Sie sehen, besteht es aus den gleichen Bestandteilen, die auch die WENN-Funktion ausmachen. Der Vorteil liegt darin, dass Sie sich zunächst einmal noch keine Gedanken über die genaue Syntax der Funktion machen müssen, was erfahrungsgemäß einer recht großen Zahl von Menschen sehr schwerfällt.

Das Struktogramm stellt einen Trichter dar, der einen Eingang besitzt, den „Wahrheitstest", und zwei Ausgänge, „Wert wenn wahr" und „Wert wenn falsch". Abhängig vom Ergebnis der Prüfung werden Sie daher rechts oder links aus dem Struktogramm „heraus kommen". Die dann jeweils nicht benutzte Seite wird auch in der „Realität" der WENN-Funktion nicht benutzt!

Die Frage, die zu überprüfen ist, lautet: Wurden mehr als 38 Stunden gearbeitet? Wenn dies der Fall ist, werden die Überstunden als Differenz zwischen dem Sollstundensatz von 38 und den geleisteten Stunden ermittelt und zur Berechnung des Zuschlages mit 25 % des Stundensatzes multipliziert.

> Für die Beschäftigte Spengler ergibt das 2 Überstunden (40–38), die mit 25 % des Stundensatzes von 17,50 € multipliziert werden. Das Ergebnis lautet 8,75 €.
>
> Für den Beschäftigten Haufe trifft dies z. B. nicht zu, da er nur 35 Stunden gearbeitet hat. Also beträgt bei ihm der Überstundenzuschlag 0.

Auf das Problem der Praxissituation bezogen, sieht ein Struktogramm in allgemeiner Form wie folgt aus:

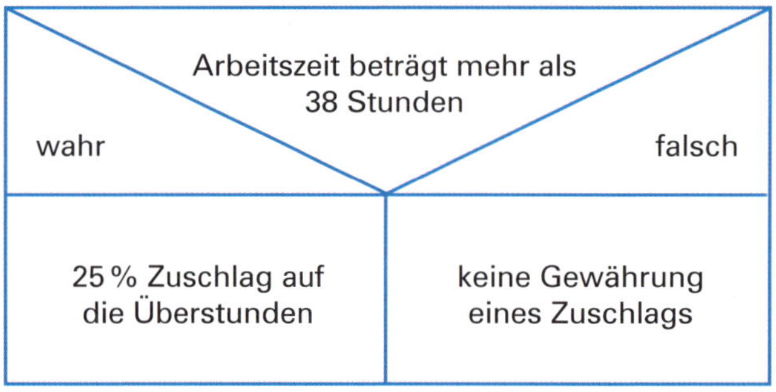

Jetzt müssen Sie sich nur noch Gedanken über die mathematische Umsetzung der drei zentralen Felder machen:

„Arbeitszeit beträgt mehr als 38 Stunden"
➪ Stunden > 38

„25 % Zuschlag auf die Überstunden"
➪ (Stunden–38)*Stundensatz*25%

„keine Gewährung eines Zuschlags"
➪ 0

Der Umsetzung Ihrer Problemlösung in *EXCEL* steht jetzt nichts mehr im Weg!

Erstellen Sie dafür als Basis zunächst die nachfolgende Tabelle mit den zu erkennenden Formaten als neue Arbeitsmappe `Bruttolohn.xlsx`. Verwenden Sie dafür die noch leere Tabelle1. Benennen Sie nach der Erstellung das Tabellenblatt Tabelle1 in `Bruttolohn` um. Für die Zellen B6 bis E6 vergeben Sie den Namen `Stunden`, für die Zellen B7 bis E7 den Namen `Stundensatz`.

	A	B	C	D	E
1	**Bruttolohnberechnung**				
2					
3	Personalnummer:	12345	23145	66345	12344
4	Name:	Haufe, Heinz	Petersen, Dietmar	Spengler, Wilma	Yildiz, Fahri
5					
6	Stunden	35	38	40	42
7	Stundensatz	13,90 €	14,36 €	17,50 €	18,30 €
8	Grundlohn				
9	+ Überstundenzuschlag				
10	Bruttolohn				

Tabelle Bruttolohn in der Arbeitsmappe Bruttolohn

Achtung: Die Eingabe „`+ Überstundenzuschlag`" in Zelle A9 können Sie problemlos durchführen, wenn Sie die Eingabe mit einem Apostroph bzw. „Hochkomma" (⇧ + #-Taste) beginnen. Dann akzeptiert *EXCEL* auch die Eingabe eines Rechenzeichens als Text. – Alternativ können Sie die Zelle auch als „Text" formatieren.

Zunächst lassen Sie in Zeile 8 den Grundlohn berechnen, indem Sie jeweils die Stunden mit dem Stundensatz multiplizieren.

In Zeile 9 muss nun ermittelt werden, ob und in welcher Höhe ein Überstundenzuschlag gezahlt werden soll. Das geschieht mithilfe der WENN-Funktion. Hier kommen jetzt die Vorüberlegungen zum Tragen.

Ohne den Funktions-Assistenten brauchen Sie die Formel jetzt nur noch in Zelle B9 eingeben:

Auch im Funktions-Assistenten könnten Sie die Daten einfach übernehmen, da hier eine entsprechende Beschriftung vorhanden ist (Beim „Wert_wenn_wahr" werden in der unten stehenden Bildschirmkopie nicht alle Zeichen angezeigt!):

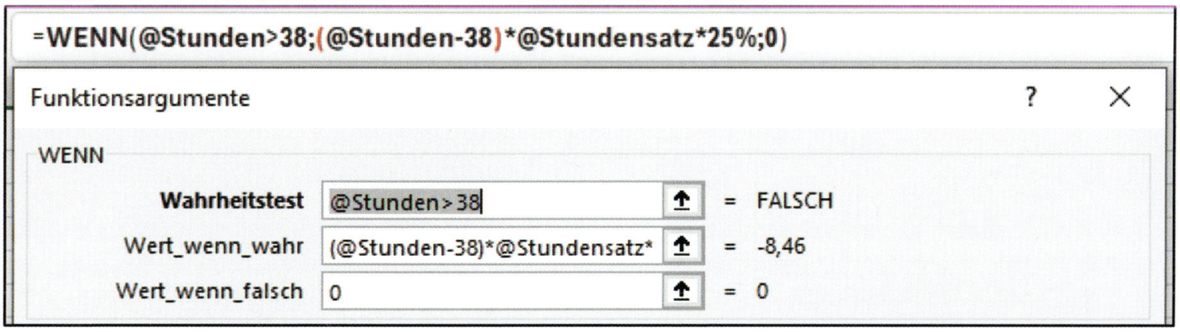

Setzen Sie die WENN-Funktion in dieser Weise ein und füllen Sie nach rechts für alle Mitarbeiter den Grundlohn und Überstundenzuschlag aus, so erhalten Sie das nachfolgende Bild.

Wenn dies nicht der Fall ist, sondern stattdessen Fehlermeldungen auftauchen (#NAME?), dann haben Sie nicht beherzigt, was in diesem Buch bereits mehrfach angesprochen wurde, nämlich erst zu denken und nicht „blindlings" die Formeln aus dem Buch abzuschreiben! Die hier abgedruckten Funktionen arbeiten mit Namen, wenn Sie diese nicht zuvor vergeben haben, dann müssen Sie stattdessen relative und absolute Bezüge verwenden. – Wenn Sie jetzt nicht verstanden haben, worum es geht, dann sollten Sie die entsprechenden Kapitel erneut durcharbeiten (Namen ab Seite 53 und absolute Bezüge ab Seite 48).

	A	B	C	D	E
1	**Bruttolohnberechnung**				
2					
3	Personalnummer:	12345	23145	66345	12344
4	Name:	Haufe, Heinz	Petersen, Dietmar	Spengler, Wilma	Yildiz, Fahri
5					
6	Stunden	35	38	40	42
7	Stundensatz	13,90 €	14,36 €	17,50 €	18,30 €
8	Grundlohn	486,50 €	545,68 €	700,00 €	768,60 €
9	+ Überstundenzuschlag	- €	- €	8,75 €	18,30 €
10	Bruttolohn				

Tabelle Bruttolohn nach Einsatz der WENN-Funktion

Berechnen Sie nun noch den Bruttolohn, indem Sie Grundlohn und Überstundenzuschlag addieren lassen. Formatieren Sie auch den Zellbereich für den Bruttolohn, falls *EXCEL* dies nicht selbstständig übernimmt.

Die fertige Tabelle bietet nun folgendes Bild:

	A	B	C	D	E
1	**Bruttolohnberechnung**				
2					
3	Personalnummer:	12345	23145	66345	12344
4	Name:	Haufe, Heinz	Petersen, Dietmar	Spengler, Wilma	Yildiz, Fahri
5					
6	Stunden	35	38	40	42
7	Stundensatz	13,90 €	14,36 €	17,50 €	18,30 €
8	Grundlohn	486,50 €	545,68 €	700,00 €	768,60 €
9	+ Überstundenzuschlag	- €	- €	8,75 €	18,30 €
10	Bruttolohn	486,50 €	545,68 €	708,75 €	786,90 €

Tabelle Bruttolohn nach Fertigstellung

3.2.5.5 WENN-Funktionen verschachteln

Praxissituation:

In der Heinrich KG sollen die Provisionssätze der Vertreter automatisch nach ihrem jeweils erzielten Umsatz ermittelt werden. Wenn weniger als 300.000,00 € Umsatz erzielt wurde, soll ein Provisionssatz von 2 % zur Berechnung der Provision angewendet werden. Wurde mehr als 300.000,00 € Umsatz erreicht, soll der Provisionssatz 3 % betragen. Wurden jedoch mehr als 600.000,00 € Umsatz erzielt, soll der Provisionssatz sogar 5 % betragen.

Die Tabelle soll dann die unten zu sehende automatische Ermittlung des Provisionssatzes bieten. (Hinweis: Die Tabelle wurde an der Position B6 fixiert.)

	A	E	F	G	H
1	**Heinrich KG - B**				
2					
3	Vertreterumsätze im e				
4					
5	*Name*	*Summe*	*Rang*	*Provisionssatz*	*Provision*
6	Meier	447.000,00 €	4	3%	13.410,00 €
7	Dübel	296.500,00 €	5	2%	5.930,00 €
8	Lehmann	625.000,00 €	2	5%	31.250,00 €
9	Schleicher	572.400,00 €	3	3%	17.172,00 €
10	Pieper	948.000,00 €	1	5%	47.400,00 €
11	Summe der Umsätze	2.888.900,00 €			115.162,00 €

Tabelle Vertreter-Provision in der Mappe VERTRETER-PROVISION.XLSX

Zunächst kopieren Sie für die Auswertung die Tabelle VERTRETER-STATISTIK aus der Arbeitsmappe `Vertreter-Statistik.xlsx` in eine neue Arbeitsmappe. Benennen Sie die kopierte Tabelle in VERTRETER-PROVISION um und speichern Sie anschließend die neue Mappe unter dem Namen `Vertreter-Provision.xlsx`. Frieren Sie die Tabelle an der Position B6 ein (siehe Kapitel 2.17 auf Seite 50f.). Benennen Sie zur Verdeutlichung die Zellen E6 bis E10 in *Umsatz* um.

In den entsprechenden Zellen der Spalte G soll nun automatisch die Ausgabe des für den Vertreter zutreffenden Provisionssatzes, abhängig von seiner Umsatzsumme, erfolgen.

Wenn Sie versuchen, dieses Problem mit einer einfachen WENN-Funktion zu lösen, werden Sie feststellen, dass dies nicht möglich ist. Es werden drei Aussagen überprüft: Wenn der Umsatz größer als 600.000,00 € war, soll es 5 % Provision geben. Wenn der Umsatz größer als 300.000,00 € war, soll es 3 % geben. Darunter aber nur 2 %. Wie ist diese Schwierigkeit zu meistern?

Zunächst versuchen wir das Problem wieder mit einem Struktogramm zu lösen:

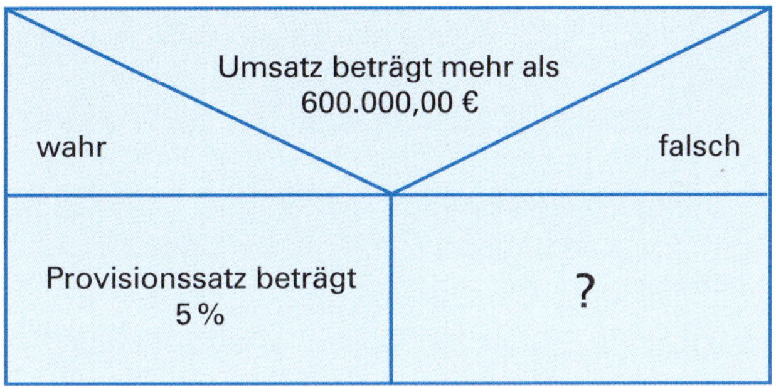

Auch hier zeigt sich das Problem, dass nur in einem Fall eine eindeutige Lösung vorhanden ist, nämlich dann, wenn der Wahrheitstest einen wahren Wert ergibt. Liegt der Umsatz aber bei maximal 600.000,00 €, so „fällt" der Wert in das rechte Kästchen. Hier bietet es sich an, erneut einen „Trichter" einzusetzen, also ein weiteres Struktogramm zu benutzen. Bei der Formulierung des Wahrheitstests muss berücksichtigt werden, dass der größte Wert, der zur Überprüfung ansteht, nur der sein kann, der den oberen Wahrheitstest als „falsch" passiert hat, also 600.000,00 €. Daraus folgt, dass hier keine erneute Überprüfung stattfinden muss und direkt der nächste „Grenzwert", hier die 300.000,00 €, untersucht werden kann. Somit ergibt sich als zweites Struktogramm:

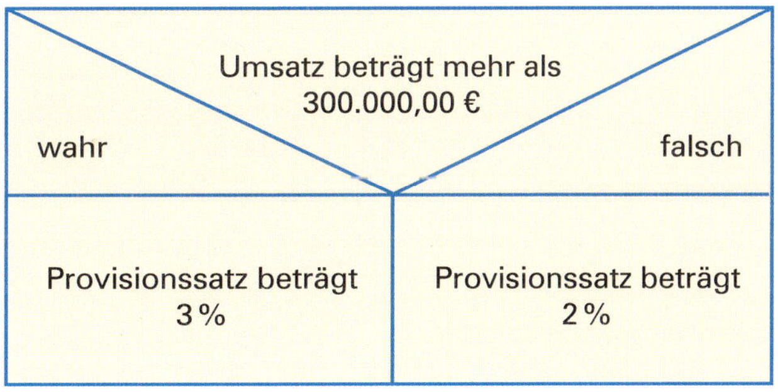

Diese Lösung ist eindeutig! Zwei Struktogramme sind allerdings unübersichtlich und daher werden sie verschachtelt, indem das zweite anstelle des „Sonst Werts" in das erste eingefügt wird. Dies lässt sich zeichnerisch recht einfach lösen:

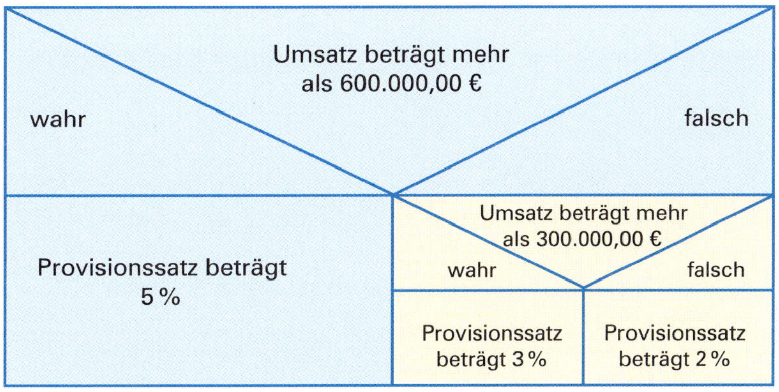

Auch die WENN-Funktionen müssen miteinander verschachtelt werden. Hier bietet sich der Einsatz des Funktions-Assistenten besonders an. Markieren Sie also zunächst Zelle G6 und starten Sie den Assistenten. Dort wählen Sie die Funktion WENN aus der Kategorie LOGIK aus:

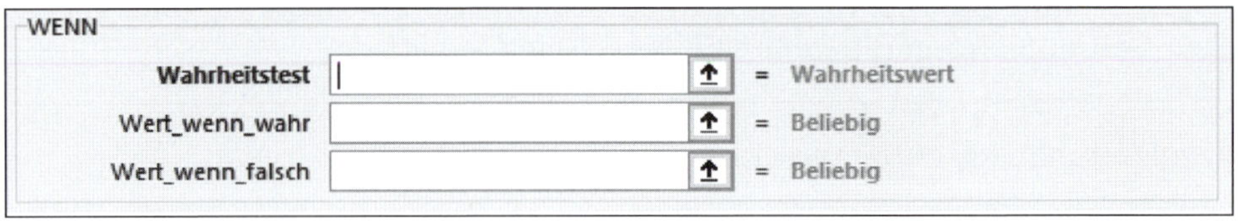

„Prüfung“ und „Dann Wert“ können wie bei einer einfachen WENN-Funktion direkt aus dem Struktogramm übernommen werden:

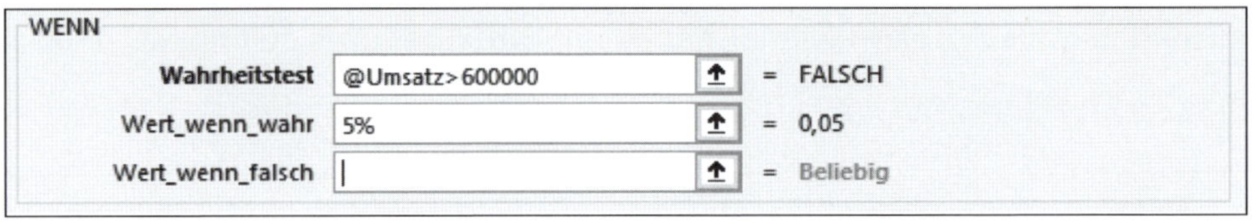

Um jetzt die zweite, verschachtelte WENN-Funktion einzufügen, müssen Sie, nachdem Sie in das Eingabefeld für „Wert_wenn_falsch“ geklickt haben (①), links von der Eingabe-Zeile auf das Wort WENN klicken (②), das hier als Schaltfläche benutzt wird. Hier wird immer die zuletzt benutzte Funktion angezeigt.

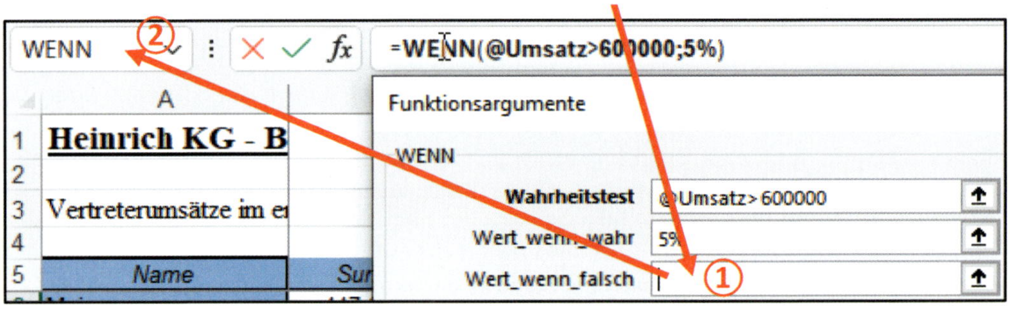

Das Fenster FUNKTIONSARGUMENTE wird daraufhin scheinbar geleert. Bei genauerem Hinsehen werden Sie allerdings feststellen, dass in der Eingabezeile, die zuletzt (siehe oben) nur den ersten Teil der WENN-Funktion enthielt, der fett dargestellt wurde, jetzt ein zweites WENN aufgetaucht ist. Der erste Teil ist zudem nicht mehr fett hervorgehoben.

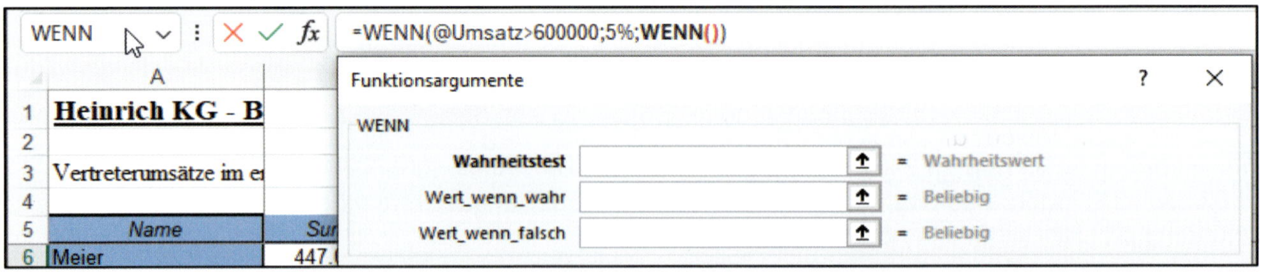

Hierin liegt das Grundprinzip des Funktions-Assistenten. Es wird Ihnen immer nur der gerade direkt bearbeitete Teil einer Formel angezeigt. Das sorgt auch bei sehr langen Funktionen für Übersichtlichkeit.

Geben Sie in die aktuelle Maske die Werte aus dem eingeschachtelten Struktogramm ein, sodass Sie folgendes Bild erhalten:

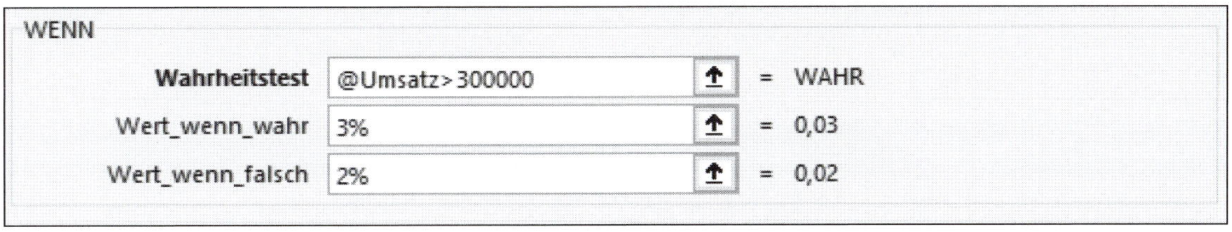

Neben den drei Eingabefeldern sehen Sie jeweils eine Kurzfassung der Zeile. Der Wahrheitstest ergibt z. B. für den ersten Wert im Bereich UMSATZ eine wahre Aussage, „3%" als „Wert_wenn_wahr" entspricht „0,03" und der „Wert_wenn_falsch" „2%" natürlich „0,02".

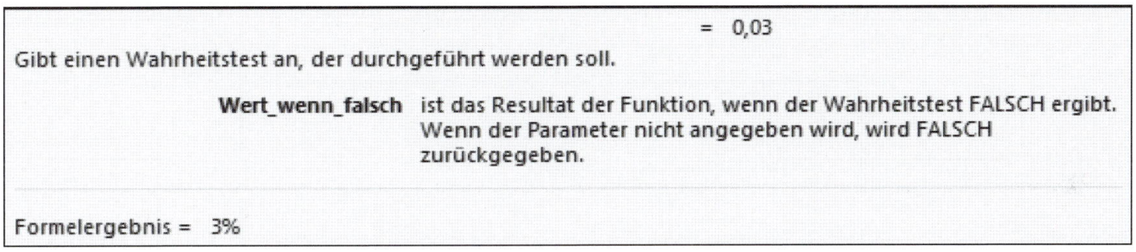

Auch die Teilergebnisse der Funktion können Sie, wie bereits weiter oben angesprochen, hier ablesen, nämlich für den ersten Wert in UMSATZ 0,03 (3 %). Unten steht dann noch das Gesamtergebnis der Formel, bereits in der endgültigen Formatierung: 3 %

Klicken Sie nun in der Eingabezeile auf das erste – zurzeit nicht hervorgehobene WENN.

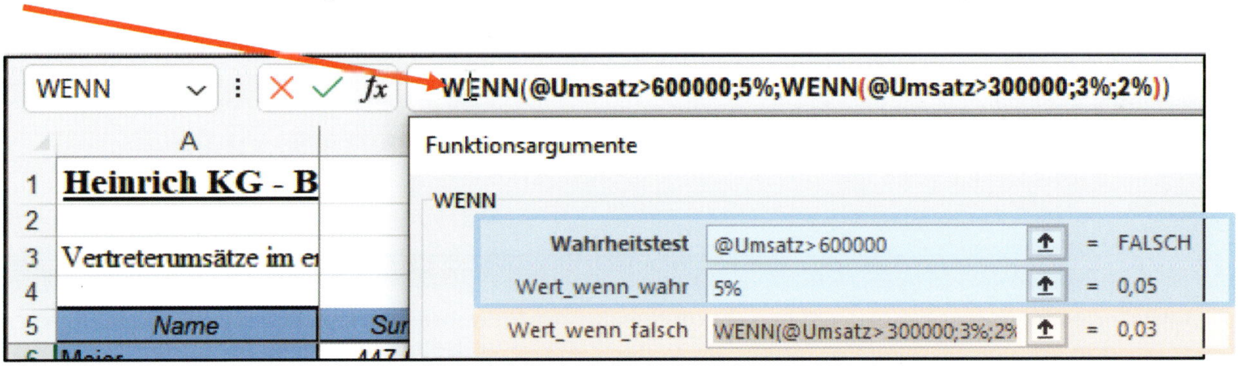

EXCEL zeigt Ihnen jetzt im Fenster FUNKTIONSARGUMENTE die gesamte verschachtelte Funktion an, in der als „Wert_wenn_falsch" die zweite WENN-Funktion eingetragen ist. Umgekehrt können Sie durch einen Klick auf die zweite WENN-Funktion in der Eingabe-Zeile auch wieder dorthin umschalten.

Hier noch einmal die vollständige Formel, wie sie auch manuell eingegeben werden könnte:

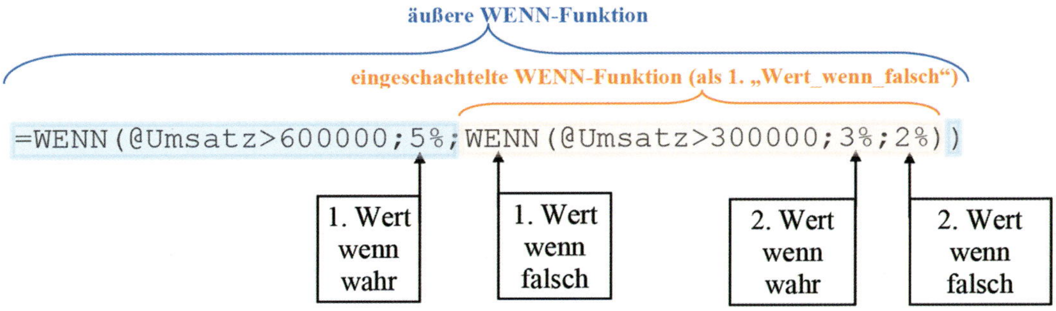

Beachten Sie bitte bei einer manuellen Eingabe, dass am Ende zwei schließende Klammern eingegeben werden müssen, da Sie ja auch insgesamt zwei Klammern geöffnet haben.

Füllen Sie die verschachtelte Funktion nun einfach nach unten aus. In der Spalte H lassen Sie dann die Provision errechnen, indem Sie den erzielten Gesamtumsatz aus Spalte E mit dem Provisionssatz in Spalte G multiplizieren. Abschließend formatieren Sie die Tabelle in den Spalten G und H, wie auf Seite 90 zu sehen, und speichern die Arbeitsmappe zur Sicherung der Ergebnisse noch einmal durch Anklicken des Speichern-Symbols.

Ergänzende Hinweise:

- Sie können maximal bis zu 64 WENN-Funktionen verschachteln, sollten dies aber möglichst vermeiden, weil man sehr schnell den Überblick verliert und daher spätere Änderungen extrem schwierig sind. Wenn Sie ein Problem nicht mit wenigen verschachtelten WENN-Funktionen lösen können, sollten Sie eher auf die in Kapitel 3.3 („Komplexere *EXCEL*-Anwendungen mithilfe von Suchfunktionen erstellen“ – Seite 101 ff.) behandelten Suchfunktionen ausweichen.
- Eine Alternative stellt in neuen *EXCEL*-Versionen auch die Funktion WENNS dar, die mehrere Bedingungen von links nach rechts prüfen kann:

  WENNS(**Wahrheitstest1**; Wert_wenn_wahr1; ...)

  Auf das zuvor bearbeitete Problem bezogen sähe die Formel dann z. B. so aus:

  `=WENNS(@Umsatz>600000;5%;@Umsatz>300000;3%;WAHR;2%)`

  Das „WAHR“ am Ende ist erforderlich, um sicherzustellen, dass es immer eine Lösung gibt. Die Funktion prüft von links nach rechts, ob der *Wahrheitstest* eine wahre Aussage ergibt. Sind alle Tests negativ verlaufen und als letzter *Wahrheitstest* steht dort „WAHR“, dann heißt das, dass der darauffolgende Wert ohne irgendeine Prüfung die Lösung ist.
- Wenn Sie im Funktions-Assistenten eine Verschachtelung erstellen, schließt die OK-Schaltfläche die Eingabe der gesamten Formel ab. Sie dürfen diese daher nur dann verwenden, wenn Sie alle notwendigen Felder ausgefüllt haben. Bewegen Sie sich in der Formel über Mausklicks auf die einzelnen Funktionen in der Eingabezeile, um zur Rahmenfunktion zurückzugelangen.

3.2.5.6 Zwei oder mehr Aussagen überprüfen mit WENN und ODER

Praxissituation:

Alljährlich werden in der Heinrich KG am Ende des Jahres Präsente an Kunden verteilt. Als Kriterien dafür wurden festgelegt, dass der Kunde entweder im Durchschnitt der letzten drei Jahre mehr als 250.000,00 € Umsatz erreicht oder dass der Umsatz im letzten Jahr über 300.000,00 € betrug.

Erstellen Sie dazu in der neuen Arbeitsmappe `Präsente.xlsx` die folgende Ausgangstabelle. Benennen Sie die Tabelle in PRÄSENT1 um.

	A	B	C	D	E	F
1	**Heinrich KG - Büromöbel und Zubehör**					
2						
3	Präsente zum Geschäftsjahresende:					
4						
5						
6	Kundennummer	Umsatz Jahr 1	Umsatz Jahr 2	Umsatz Jahr 3	Durchschnitt	Präsent
7	24001	230.000,00 €	240.000,00 €	290.000,00 €		
8	24004	190.000,00 €	240.000,00 €	300.000,00 €		
9	24002	90.000,00 €	120.000,00 €	310.000,00 €		
10	24008	190.000,00 €	280.000,00 €	330.000,00 €		

Tabellenblatt PRÄSENT1 in der Arbeitsmappe `Präsente.xlsx`

Ermitteln Sie dann in Spalte E mittels der dafür vorhandenen Funktion den Durchschnittsumsatz der letzten drei Jahre.

In der Spalte F setzen Sie dann eine modifizierte WENN-Funktion ein, die überprüfen soll, ob der jeweilige Kunde im Durchschnitt über 250.000,00 € Umsatz erzielt hat **oder** im letzten Jahr für mehr als 300.000,00 € eingekauft hat **oder** beides zutrifft. Dazu verwenden Sie innerhalb der WENN-Funktion die Funktion ODER.

Sie hat folgende Syntax:

ODER(**Wahrheitswert1**; [Wahrheitswert2]; ...)

Die Funktion liefert den Wert WAHR, wenn Wahrheitswert1 **oder** Wahrheitswert2 usw. zutrifft, d. h. also mindestens eine Aussage wahr ist. Die zu überprüfenden Aussagen der WENN-Funktion werden nun mithilfe der ODER-Funktion definiert.

Geben Sie zunächst die Formel in der Zelle F7, beginnend mit der WENN-Funktion, ein. Die ODER-Funktion, die Sie anstelle des „Wahrheitstests" eingeben müssen, erhalten Sie, indem Sie neben der mit WENN beschrifteten Schaltfläche auf den Auswahlpfeil klicken. Hier sehen Sie dann in einer Auswahlbox die zuletzt verwendeten Funktionen. Steht die gesuchte nicht in der Liste, klicken Sie einfach auf „Weitere Funkt.".

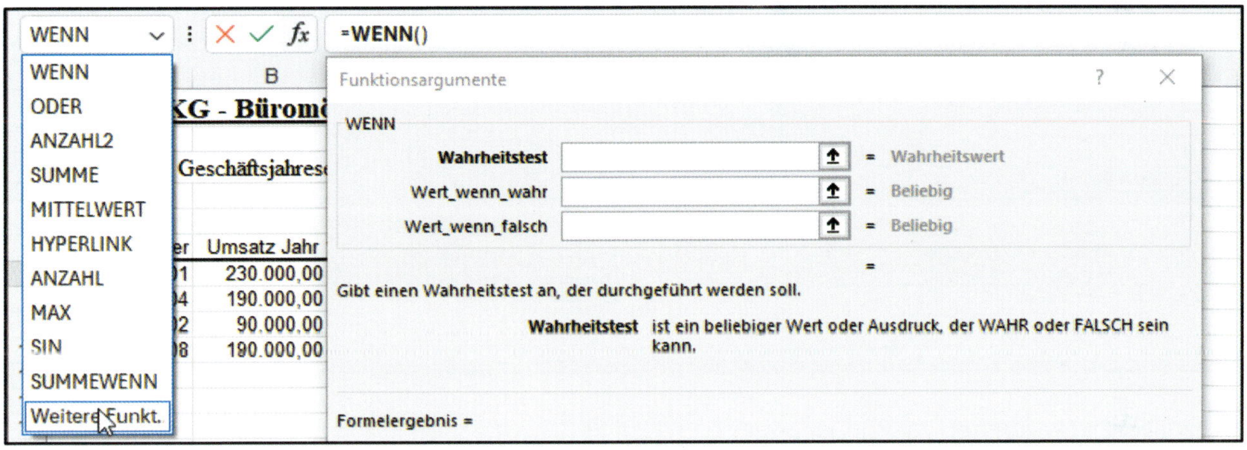

Sie gelangen dann in den bereits bekannten Assistenten und können die ODER-Funktion auswählen. Steht ODER aber in der Liste, weil diese schon benutzt wurde, dann wählen Sie natürlich direkt ODER aus – ohne den Umweg über „Weitere Funkt.".

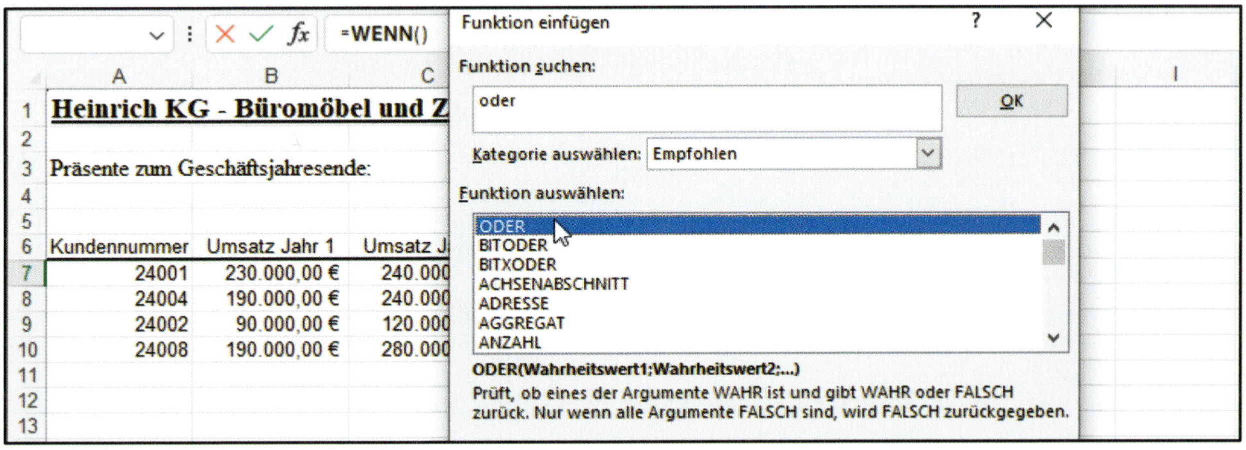

Die ODER-Funktion steht von nun an auch auf der Schaltfläche, die immer die zuletzt benutzte Funktion anzeigt. Sie sollten jetzt folgendes Bild auf Ihrem Bildschirm sehen:

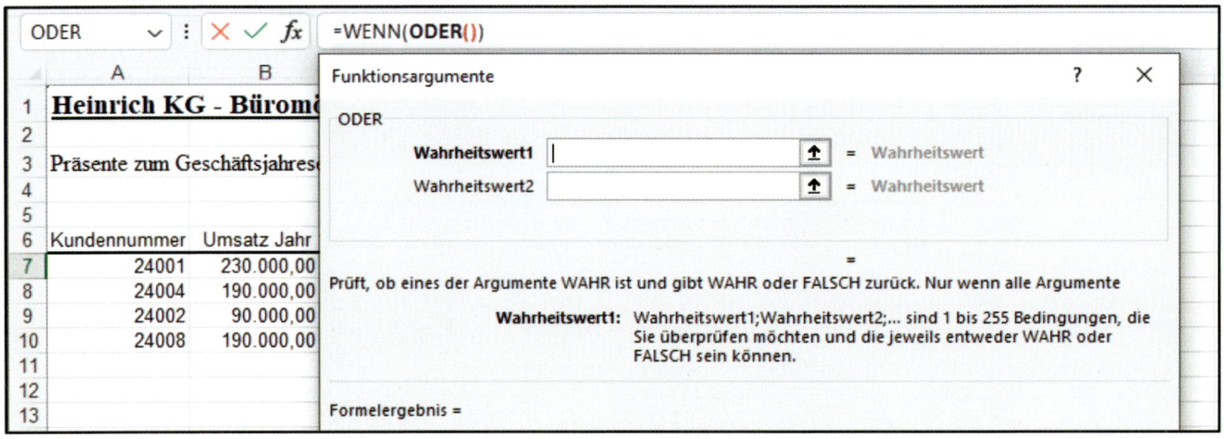

Ergänzen Sie jetzt die beiden Wahrheitswerte, die für die Formel benötigt werden:

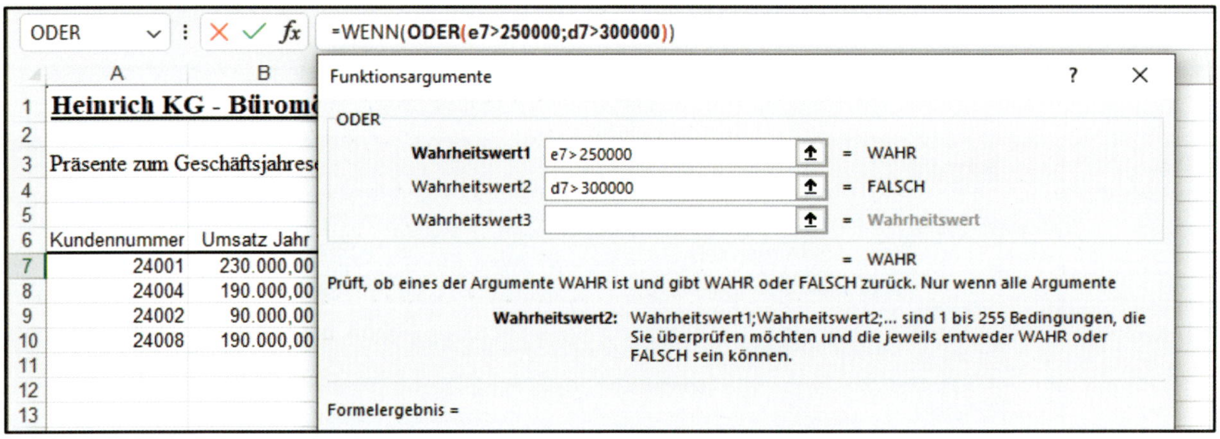

Zuletzt klicken Sie auf den Funktionsnamen WENN in der Formel und geben noch die beiden möglichen Ergebnisse in den Feldern für „Wert_wenn_wahr" und „Wert_wenn_falsch" ein:

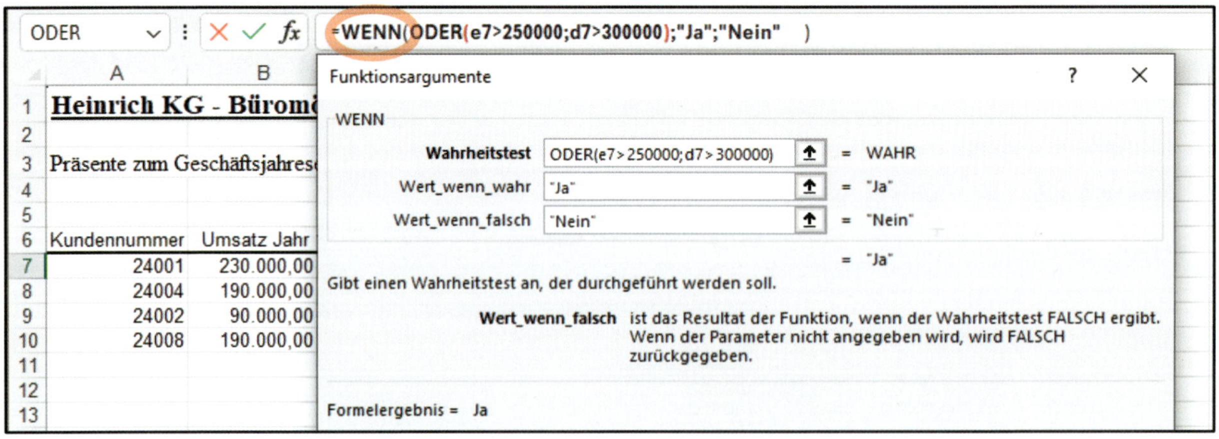

Beachten Sie bitte, dass der Text, der als Ergebnis ausgegeben werden soll (Ja oder Nein), in Anführungszeichen eingeschlossen sein muss, weil es sich um Texte handelt, auch wenn *EXCEL* das notfalls automatisch so abändert.

Sie erhalten schließlich das folgende abgedruckte Bild, wenn Sie die WENN-Funktion nach unten ausfüllen lassen und die Zellinhalte zentrieren:

	A	B	C	D	E	F
1	**Heinrich KG - Büromöbel und Zubehör**					
2						
3	Präsente zum Geschäftsjahresende:					
4						
5						
6	Kundennummer	Umsatz Jahr 1	Umsatz Jahr 2	Umsatz Jahr 3	Durchschnitt	Präsent
7	24001	230.000,00 €	240.000,00 €	290.000,00 €	253.333,33 €	Ja
8	24004	190.000,00 €	240.000,00 €	300.000,00 €	243.333,33 €	Nein
9	24002	90.000,00 €	120.000,00 €	310.000,00 €	173.333,33 €	Ja
10	24008	190.000,00 €	280.000,00 €	330.000,00 €	266.666,67 €	Ja

Die Tabelle Präsent 1 in der Endfassung

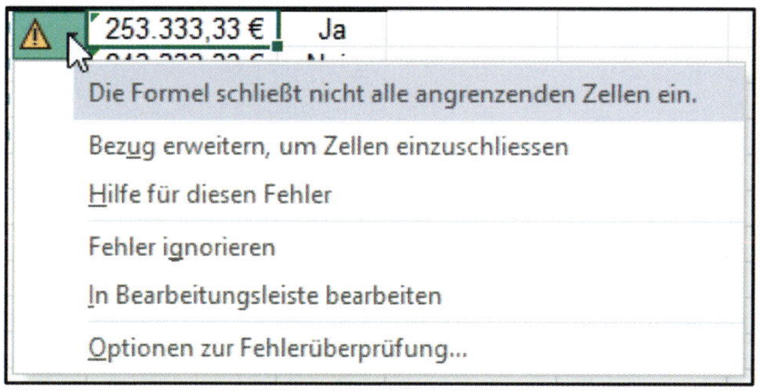

Die grünen Dreiecke, die Sie vor den Formeln zur Berechnung des Durchschnitts sehen, deuten auf einen Fehler hin, den zumindest *EXCEL* hier vermutet. Wenn Sie auf eines der Dreiecke klicken, sehen Sie das Achtung-Symbol (⚠) und wenn Sie darauf klicken, bekommen Sie folgende Meldung:

EXCEL erkennt hier nicht, dass die *Kundennummer* nicht mit in die Berechnung einbezogen werden soll. Bei einem Ausdruck würden die grünen Dreiecke normalerweise nicht mit ausgegeben, aber da Sie den Endbenutzer stören, können Sie durch die Auswahl von „Fehler ignorieren" dafür sorgen, dass auch während der Bearbeitung keine Fehler angezeigt werden.

3.2.5.7 Zwei oder mehr Aussagen überprüfen mit WENN und UND

Praxissituation:

Wegen der Flut der Präsente, die zu verteilen wären, legt die Heinrich KG die Kriterien strenger fest: Präsente sollen nur noch vergeben werden, wenn der Durchschnittsumsatz über 250.000,00 € liegt und gleichzeitig im letzten Jahr für mehr als 300.000,00 € bestellt wurde.

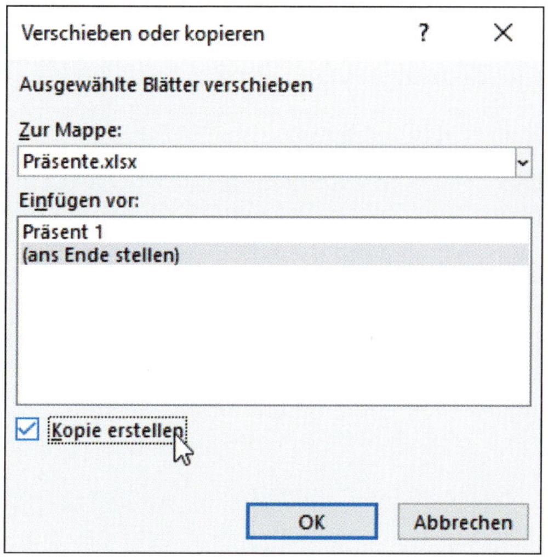

Kopieren Sie zuerst die Tabelle Präsent 1 innerhalb der Arbeitsmappe `Präsente.xlsx` in eine neue Tabelle. Benennen Sie diese dann in Präsent 2 um.

Wählen Sie zu diesem Zweck im bereits bekannten Fenster (Rechtsklick auf das Register der Tabelle Präsent 1) im Bereich Einfügen vor Tabelle2 – oder, wenn lediglich die Tabelle Präsent 1 vorhanden ist, (ans Ende stellen) aus. Denken Sie auch daran, dass Sie Kopie erstellen auswählen, da andernfalls die Tabelle verschoben wird!

Das in der Praxissituation dargestellte Problem lässt sich in ähnlicher Weise wie zuvor lösen. Nur lautet der Name der verwendeten Funktion UND.

Sie hat folgende Syntax:

UND(**Wahrheitswert1**; [Wahrheitswert2]; ...)

Die Funktion liefert den Wert WAHR, wenn Wahrheitswert1 **und** Wahrheitswert2 usw. zugleich zutreffen.

Verändern Sie also in der Tabelle PRÄSENT 2 die erste WENN-Funktion in folgender Form und füllen Sie nach unten aus: fx =WENN(UND(E7>250000;D7>300000);"Ja";"Nein")

Sie erhalten dann als Ergebnis wie gewünscht wesentlich weniger Kunden, denen Sie ein Präsent schicken müssten.

	A	B	C	D	E	F
1	**Heinrich KG - Büromöbel und Zubehör**					
2						
3	Präsente zum Geschäftsjahresende:					
4						
5						
6	Kundennummer	Umsatz Jahr 1	Umsatz Jahr 2	Umsatz Jahr 3	Durchschnitt	Präsent
7	24001	230.000,00 €	240.000,00 €	290.000,00 €	253.333,33 €	Nein
8	24004	190.000,00 €	240.000,00 €	300.000,00 €	243.333,33 €	Nein
9	24002	90.000,00 €	120.000,00 €	310.000,00 €	173.333,33 €	Nein
10	24008	190.000,00 €	280.000,00 €	330.000,00 €	266.666,67 €	Ja

Tabellenblatt PRÄSENT 2

Speichern Sie die Arbeitsmappe nun noch einmal durch Anklicken des Diskettensymbols.

3.2.6 Ergebnisse runden mit der Funktion RUNDEN

Die Funktion RUNDEN hat folgende Syntax:

RUNDEN(**Zahl**; Anzahl_Stellen)

Zahl ist die Zahl, die Sie runden wollen. Das Argument kann natürlich auch eine Zelle (z. B. C3 oder ein Zellbereich (z. B. C3:C10) sein.

Anzahl_Stellen legt die Dezimalstellen fest, die ausgegeben werden sollen. Das Argument 2 würde also bedeuten, dass die Zahl auf zwei Dezimalstellen gerundet wird.

Legen Sie eine neue Arbeitsmappe an, und geben Sie zum Ausprobieren der Funktion in TABELLE1 das unten zu sehende Beispiel 1 ein. Schreiben Sie z. B. in die Zelle D3: =RUNDEN(25,34567;2). Als Ergebnis wird Ihnen 25,35 angezeigt werden.

Die Bedeutung der Funktion RUNDEN wird deutlich, wenn Sie das Beispiel 2 nachvollziehen. Wie Sie leicht nachrechnen können, scheint *EXCEL* bei der Summenermittlung mit €-Formatierung ein offensichtlicher Fehler zu unterlaufen. Dies ist aber nicht der Fall, denn die €-Formatierung verändert nur das Erscheinungsbild der Werte. Im „Hintergrund" rechnet *EXCEL* jedoch mit den genauen Werten, wie sie in den Zellen D6 bis D8 zu sehen sind. Das führt zur Errechnung einer scheinbar falschen Summe.

Wenn Sie die Funktion RUNDEN einsetzen, können Sie diese Schwierigkeit vermeiden. Jeder Wert wird nun auch inhaltlich auf zwei Dezimalstellen gerundet. Dadurch erscheint keine „unerklärliche" Differenz in der Summe wie in Spalte E.

	A	B	C	D	E	F	G
1	*Funktion Runden(Zahl;Anzahl_Dezimalstellen)*						
2							
3	Beispiel 1:	Runden(25,34567;2) ergibt		25,35			
4							
5	Beispiel 2:			ungerundet	€-Format	gerundet	Formeln
6		Rechnungsbetrag		12345,7251	12.345,73 €	12.345,73 €	=RUNDEN(D6;2)
7		+ 19 % Umsatzsteuer		2345,687769	2.345,69 €	2.345,69 €	=RUNDEN(D7;2)
8				14691,41287	14.691,41 €	14.691,42 €	=SUMME(F6:F7)
9					|		
10					EXCEL rechnet		
11					mit ungerundeten		
12					Werten weiter!		

Geben Sie der Tabelle nun den Namen RUNDEN und speichern Sie die Arbeitsmappe unter der Bezeichnung `Runden.xlsx`.

Ganz offensichtlich wird der Nutzen von RUNDEN, wenn Sie „beweisen", dass 1 + 1 = 3 ist. In *EXCEL* geht das ganz einfach, wie Sie rechts sehen können. In der Zelle A3 steht eine einfache Summenfunktion, die die Zahlen aus A1 und A2 addiert.

A3 | =SUMME(A1:A2)

	A	B	C	D
1	1			
2	1			
3	3			

Das „Geheimnis" kann man einfach lüften. Wenn man in Spalte B jeweils einen Bezug auf Spalte A einträgt und die Formatierung entfernt (die bei den Zahlen in Spalte A so eingestellt war, dass keine Nachkommastellen angezeigt werden). In Wirklichkeit wurden also 1,4 und 1,4 addiert (jeweils optisch auf 1 gerundet), was als Summe zu 2,8 führt, was wiederum gerundet 3 entspricht. In B3 steht ebenfalls nur die normale Summenfunktion.

B1 | =A1

	A	B	C	D
1	1	1,4		
2	1	1,4		
3	3	2,8		

Würde man hier nun die Funktion RUNDEN benutzen, also anstelle der einfachen Bezüge in C1=RUNDEN(B1;0) sowie in C2 =RUNDEN(B2;0) eintragen, käme bei der einfachen SUMME korrekt als Ergebnis 2 heraus. – *EXCEL* kann also doch rechnen!

C1 | =RUNDEN(B1;0)

	A	B	C	D
1	1	1,4	1	
2	1	1,4	1	
3	3	2,8	2	

3.2.7 Ergebnisse runden mit den Funktionen AUFRUNDEN und ABRUNDEN

Manchmal kann es sinnvoll sein, nicht kaufmännisch zu runden, sondern auf die nächste Zahl aufzurunden bzw. abzurunden. Beispiele hierfür sind z. B. in einer Steuererklärung zu finden, da hier zu „eigenen Gunsten" auf ganze Zahlen gerundet werden darf. Einkünfte dürfen z. B. auf den nächsten vollen Euro abgerundet, Ausgaben auf den nächsten vollen Euro aufgerundet werden. Auch für diese Fälle enthält *EXCEL* die entsprechenden Funktionen.

Zur Veranschaulichung soll das folgende Beispiel dienen:

	A	B	C	D
1	***Auf- und abrunden für eine Steuererklärung***			
2				
3	Einkommen:	2.003,12 €	abgerundet:	2.003,00 €
4				
5	absetzbare Ausgaben:	123,01 €	aufgerundet:	124,00 €

Die Funktion AUFRUNDEN hat folgende Syntax: `AUFRUNDEN(Zahl; Anzahl_Stellen)`

Zahl ist die Zahl, die Sie aufrunden wollen. Das Argument kann natürlich auch eine Zelle (z. B. C3) oder ein Zellbereich (z. B. C3:C10) sein.

Anzahl_Stellen legt die Dezimalstellen fest, die ausgegeben werden sollen. Das Argument 2 würde also bedeuten, dass die Zahl auf zwei Dezimalstellen gerundet wird, bei 0 wird auf eine Ganzzahl aufgerundet.

Die Funktion ABRUNDEN hat folgende Syntax: `ABRUNDEN(Zahl; Anzahl_Stellen)`

Zahl ist die Zahl, die Sie abrunden wollen. Das Argument kann natürlich auch eine Zelle (z. B. C3) oder ein Zellbereich (z. B. C3:C10) sein.

Anzahl_Stellen legt die Dezimalstellen fest, die ausgegeben werden sollen. Das Argument 2 würde also bedeuten, dass die Zahl auf zwei Dezimalstellen gerundet wird, bei 0 wird auf eine Ganzzahl abgerundet.

Wechseln Sie in der gerade angelegten Arbeitsmappe `Runden.xlsx` in TABELLE2 (oder legen Sie diese neu an) und geben Sie die oben vorgestellte „Hilfstabelle" für eine Steuererklärung ein.

Die Beträge in den Zellen B3 und B5 geben Sie ein (probieren Sie hier auch ruhig einmal andere Werte), die in D3 und D5 berechnen Sie mithilfe der gerade erlernten Funktionen (D3 → ABRUNDEN und D5 → AUFRUNDEN).

Speichern Sie zuletzt die Änderungen in Ihrer Arbeitsmappe durch einen Klick auf das Diskettensymbol.

Kontrollfragen:

1. Beschreiben Sie mit eigenen Worten, was die folgende WENN-Funktion bewirkt: =WENN(B2>10;B2*3;B2*2).
2. Stellen Sie diese Funktion in Form eines Struktogramms dar.
3. Ein Test wird mit der Note 1 gewertet, wenn 92 % der Punkte erreicht wurden, eine 2 gibt es bei 81 %, die 3 bei 67 % eine 4 ab 50 %, eine 5 ab 30 % und darunter die Note 6. – Stellen Sie dies in Form eines verschachtelten Struktogramms dar.
4. Warum sollte z. B. bei Kalkulationen immer mit der Funktion RUNDEN gearbeitet werden, anstatt einfach nur auf Währung zu formatieren?
5. Wodurch unterscheiden sich die Funktionen AUFRUNDEN und ABRUNDEN von der Funktion RUNDEN?

3.3 Komplexere EXCEL-Anwendungen mithilfe von Suchfunktionen erstellen

3.3.1 Eine Rechnung unter Verwendung der Funktion SVERWEIS erstellen

Praxissituation:

Die Heinrich KG stellt ihren Kunden eine Pauschale für Verpackung und Fracht in Rechnung. Diese Pauschale wird prozentual vom Warenwert berechnet, abhängig davon, ob der Kunde in der Bundesrepublik Deutschland, in Europa oder im übrigen Ausland seinen Geschäftssitz hat.

Aus der folgenden Tabelle sollen die Prozentsätze automatisch übernommen werden:

	A	B	C	D
1	**Suchtabelle für Fracht und Verpackung**			
2				
3	**Auftragswert**	**Deutschland**	**Europa**	**sonstige Länder**
4	1,00 €	10,00%	15,00%	20,00%
5	100,00 €	8,00%	12,00%	17,00%
6	300,00 €	6,00%	10,00%	14,00%
7	700,00 €	5,00%	8,00%	11,00%
8	1.500,00 €	3,00%	6,00%	8,00%
9	3.000,00 €	2,00%	4,00%	5,00%
10	6.000,00 €	1,00%	2,00%	3,00%
11	10.000,00 €	0,50%	1,00%	2,00%
12	15.000,00 €	0,00%	0,50%	1,00%

Tabelle mit den Prozentsätzen für Verpackungs- und Frachtpauschalen

Wie können Sie *EXCEL* zu einem solchen Suchvorgang bewegen? Eine Möglichkeit wäre, mithilfe von UND- sowie WENN-Verschachtelungen eine lange, unübersichtliche Formel aufzubauen. Aber *EXCEL* bietet eine komfortablere Lösung!

Zunächst empfiehlt es sich, in einer neuen Mappe, die Sie unter dem Namen `Beispieltabellen zu Suchfunktionen.xlsx` speichern, zwei Tabellenblätter zur Lösung der Aufgabe zu benutzen: Tabelle1 dient dem Schreiben der Rechnung (siehe Abbildung unten), ist also Ihre „Arbeitstabelle". Tabelle2 enthält die oben abgebildete Frachttabelle als „Suchtabelle". Das erste Tabellenblatt nennen Sie Rechnung, das zweite Prozentsätze.

Erstellen Sie **zuerst die zweite Tabelle** mit den Prozentsätzen entsprechend dem oben zu sehenden Muster.

Eine Rechnung der Heinrich KG (Ausschnitt) könnte dann folgendermaßen aussehen:

	A	B	C	D	E	F	G
1		*Heinrich KG - Büromöbel und Zubehör*					
2							
3				**RECHNUNG vom**		19.09.2025	
4							
5		Kundennummer:	D	2615			
6							
7							
8	*Menge*			*Artikelbezeichnung*		*Einzelpreis*	*Gesamt*
9	15	Pinnwand; Filztafel blau oder grau				125,00 €	1.875,00 €
10		Porto und Verpackung			3,00%		56,25 €
11							1.931,25 €

Rechnungsformular

Im vorliegenden Fall liegt der Auftragswert zwischen 1.500,00 € und 3.000,00 €. Die Kundennummer D2615 soll bedeuten, dass es sich um einen deutschen Kunden handelt. *EXCEL* hat demnach den richtigen Prozentsatz von 3 % (Zelle E10) gefunden. Zu beachten ist, dass in der Spalte „Auftragswert" im Tabellenblatt PROZENTSÄTZE jeweils die unteren Intervallgrenzen angegeben sind.

Erstellen Sie nun im ersten Tabellenblatt die oben zu sehende Rechnung, indem Sie die Zellen E10 und G10 zunächst freilassen. Die übrigen Formeln können Sie jedoch schon eingeben. Für das Datum verwenden Sie die Funktion HEUTE(), damit Sie beim Drucken immer das aktuelle Tagesdatum erhalten.

Um die Formel einfacher zu gestalten, schreiben Sie das erste Zeichen der Kundennummer, das Sie später für den Suchvorgang benötigen, in eine separate Zelle (im Beispiel C5). Die Breite der Spalte C verkleinern Sie entsprechend.

Ergänzender Hinweis:

Stünde die komplette Kundennummer in C5, müsste man das erste Zeichen mit LINKS(C5;1) abspalten. Diese Funktion weist *EXCEL* an, nur das erste Zeichen der Kundennummer von links zu berücksichtigen. Aus Gründen der Vereinfachung verzichten wir jedoch auf dieses Verfahren!

Der nächste Schritt besteht darin, der Suchtabelle (ohne Überschriften!) einen Namen zu geben. Markieren Sie in der Tabelle Prozentsätze also die Zellen A4 bis D12. Vergeben Sie dafür den Namen *Fracht.* Auf diesen Bereich können Sie sich nun in der Formel (Feld E10 in der Arbeitstabelle) beziehen.

Bevor Sie die Formel eingeben können, müssen Sie noch die neue Funktion SVERWEIS („S" steht für „senkrecht", da die *Matrix* senkrecht, also in Zeilen angeordnet sein muss) kennenlernen, die folgende Syntax hat:

SVERWEIS(**Suchkriterium**; Matrix; Spaltenindex; [Bereich_Verweis])

Suchkriterium kann z. B. eine Zahl, ein Buchstabe oder eine Zeichenfolge sein, die gesucht werden soll. In unserem Beispiel ist es der Auftragswert in Zelle G9.

Matrix ist die Suchtabelle (Matrix), welche die aufzuspürenden Daten enthält, hier die Frachttabelle (zeilenweise angeordnet!).

Spaltenindex weist *EXCEL* an, den Wert einer bestimmten Spalte der Suchtabelle auszugeben, und zwar aus der Zeile, die dem Suchkriterium in der ersten Spalte entspricht. In unserem Frachtbeispiel hängt die Spaltenangabe vom ersten Buchstaben der Kundennummer ab: D(eutschland) → Spalte 2, E(uropa) → Spalte 3, sonstige Länder → Spalte 4. Zur Fallunterscheidung ist deshalb – wie Sie sich denken können – eine WENN-Funktion erforderlich.

Bereich_Verweis ist ein logischer Wert, der angibt, ob SVERWEIS eine genaue oder eine ungefähre Entsprechung suchen soll. Wenn dieser Parameter WAHR ist oder weggelassen wird, wird eine ungefähre Entsprechung zurückgegeben. Anders ausgedrückt, wird der nächstgrößere Wert zurückgegeben, der kleiner als das **Suchkriterium** ist, wenn keine genaue Entsprechung gefunden wird. Wenn der Parameter FALSCH ist, sucht SVERWEIS eine genaue Entsprechung. Wird keine Entsprechung gefunden, wird der Fehlerwert #NV zurückgegeben.

Eine Bereichssuche (*Bereich_Verweis* = wahr) führt man in der Regel dann durch, wenn eine sortierte Tabelle vorliegt, in denen Werte einem ganzen Bereich von Zahlen zugeordnet werden (hier z. B. 1,00 € bis weniger als 100,00 € der Wert 10 %, wenn eine Kundennummer aus Deutschland zugrunde lag).

Keine Bereichssuche (*Bereich_Verweis* = falsch) führt man immer dann durch, wenn eine eindeutige Zuweisung erfolgen soll, also z. B. über die Kundennummer ein Name gesucht werden muss oder über eine Artikelnummer eine Artikelbezeichnung usw.

Für einen Adressaten der Rechnung, der in Deutschland wohnt, müsste die Suche des Prozentsatzes mit der SVERWEIS-Funktion also folgendermaßen lauten:

SVERWEIS(G9;Fracht;2)

Für Adressaten aus dem europäischen Ausland hätte die Funktion folgendes Aussehen:

SVERWEIS(G9;Fracht;3)

Für alle anderen Adressaten müsste als letztes Argument eine 4 erscheinen, da deren Prozentsätze in Spalte 4 erfasst sind.

Wenn Sie sich nicht mehr sicher sind, wie die WENN-Funktion eingesetzt wird, sollten Sie erneut die Seiten des entsprechenden Kapitel 3.2.5.4 (ab Seite 87) durcharbeiten. Zur Vereinfachung können Sie aber auch erstmal davon ausgehen, dass Rechnungen nur an Kunden aus Deutschland verschickt werden. Somit brauchen Sie in diesem Fall die Zelle C5 noch nicht auswerten und erstellen erstmal einen einfachen SVERWEIS. – In jedem Fall müssen Sie aber anschließend auch die im Folgenden dargestellte Verschachtelung nachvollziehen!

Mithilfe zweier verschachtelter WENN-Funktionen lassen Sie nun in Zelle E10 den richtigen Prozentsatz der Verpackungs- und Frachtpauschale ermitteln:

```
=WENN(C5="D";SVERWEIS(G9;Fracht;2);WENN(C5="E";SVERWEIS
(G9;Fracht;3);SVERWEIS(G9;Fracht;4)))
```

Diese Formel geben Sie in die Zelle E10 in der bekannten Weise ein. Der richtige Wert, nämlich 3,00 %, erscheint. Ergänzen Sie schließlich noch die fehlenden Formeln, um das Rechnungsformular zu vervollständigen.

Wenn Sie zunächst die Variante ohne die verschachtelte WENN-Funktion ausprobiert haben, dann sollten Sie – bevor Sie dieses Kapitel weiter durcharbeiten – jetzt erstmal die Formel mit der WENN-Funktion kombinieren.

Probieren Sie jetzt aus, was passiert, wenn Sie den Buchstaben *D* in Zelle C5 durch *E* oder einen anderen Buchstaben ersetzen.

Doch was geschieht, wenn Suchkriterien auftauchen – gewollt oder ungewollt –, zu denen *EXCEL* in der ersten Spalte der Suchtabelle nichts Passendes finden kann?

In Ihrer Frachttabelle können die Auftragswerte beliebig hoch sein, weil sie durch die Intervallgrenze „ab 15.000,00 €“ (Zelle A12) abgedeckt sind. Eine Sendung über 115.000,00 € z. B. würde in Deutschland frachtfrei ausgeliefert werden. Für europäische Länder betrüge der Aufschlag 0,50 %, sonst 1 %. Ist der Auftragswert jedoch kleiner als 1,00 €, liefert *EXCEL* eine Fehlermeldung:

	A	B	C	D	E	F	G
7							
8	*Menge*	*Artikelbezeichnung*				*Einzelpreis*	*Gesamt*
9	1	Stecker für Pinnwand				0,25 €	0,25 €
10		Porto und Verpackung			#NV		#NV
11							#NV

Wie Sie sehen, „streikt“ *EXCEL* und meldet *#NV*, was „nicht vorhanden“ bedeutet.

Da schon das Briefporto beim Versand eines Standard-Briefes über dem Rechnungsbetrag von 0,25 € liegt, empfiehlt es sich, die Bemerkung „Rechnung vernichten!“ auszugeben. In der Praxis würde diese Grenze wegen weiterer Kosten (Bearbeitungskosten, Buchungsgebühren usw.) noch höher liegen.

Bei negativen Werten ist eine Fehlermeldung angebracht: „Eingaben überprüfen!“

Ergänzen Sie zunächst die Suchtabelle wie unten zu sehen:

	A	B	C	D
1	**Suchtabelle für Fracht und Verpackung**			
2				
3	**Auftragswert**	**Deutschland**	**Europa**	**sonstige Länder**
4	-1,00E+300	Eingaben überprüfen!	Eingaben überprüfen!	Eingaben überprüfen!
5	0,00 €	Rechnung vernichten!	Rechnung vernichten!	Rechnung vernichten!
6	1,00 €	10,00%	15,00%	20,00%
7	100,00 €	8,00%	12,00%	17,00%
8	300,00 €	6,00%	10,00%	14,00%
9	700,00 €	5,00%	8,00%	11,00%
10	1.500,00 €	3,00%	6,00%	8,00%
11	3.000,00 €	2,00%	4,00%	5,00%
12	6.000,00 €	1,00%	2,00%	3,00%
13	10.000,00 €	0,50%	1,00%	2,00%
14	15.000,00 €	0,00%	0,50%	1,00%

Korrigierte Suchtabelle

Ergänzende Hinweise:

- –1,00E+300 ist eine sehr große negative Zahl, nämlich -10^{300}. Zur Erinnerung: –1,00E+06 bedeutet in Exponentialschreibweise –1.000.000. -10^{300} ist also eine –1 mit 300 Nullen! Sie erkennen, dass durch unsere Eintragung sämtliche (zu erwartenden) negativen Werte abgefangen werden. – Wenn jemand natürlich bewusst eine noch größere negative Zahl eingibt, dann hilft der Eintrag in A4 nicht weiter.
- Sie müssten aber in der Lage sein – wenn Sie dieses Buch bislang sorgfältig durchgearbeitet haben – das Problem auch so zu lösen, dass gar keine negativen Zahlen in der Rechnung eingegeben werden können (➔ Seite 64).

Danach müssen Sie unbedingt die Bereichsangabe für den Bereichsnamen Fracht korrigieren. Da in die Suchtabelle für die neuen Eintragungen zwei Zeilen eingefügt worden sind, versteht Excel darunter jetzt den Bereich von **A6 bis D14.**

Wählen Sie zur Anpassung des Namensbereichs aus der Formeln-Multifunktionsleiste den **Namens-Manager**:

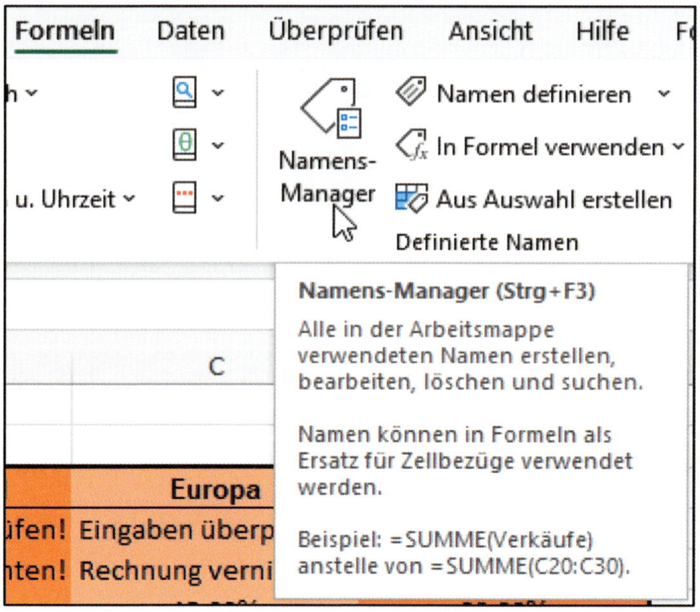

Selbstverständlich ist auch eine andere Methode wählbar, aber hier können Sie überblicken, welche Namen überhaupt vergeben wurden. Wählen Sie nun den Bereichsnamen Fracht aus und …

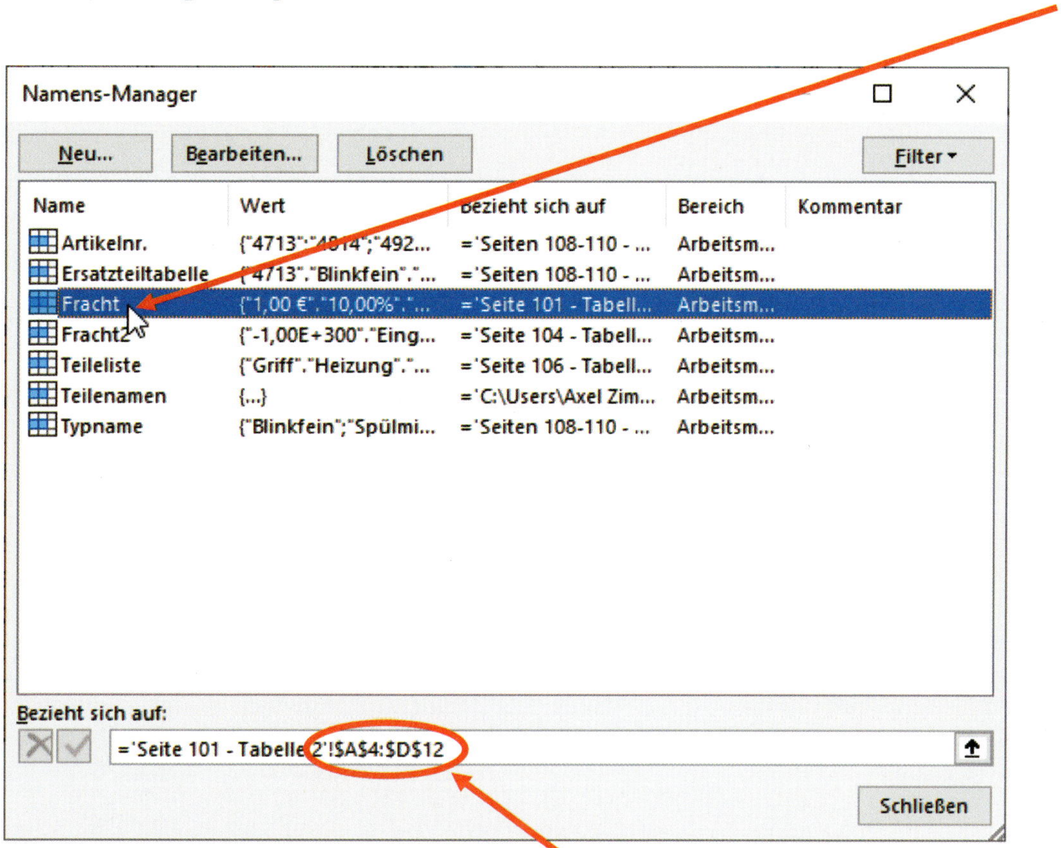

… verändern die Bereichsangabe im Eingabefeld in

`Prozentsätze!$A$4:$D$14.`

Bei Ihnen wird wahrscheinlich nicht „'Seite 101 – Tabelle 2'!" als Tabellenbezug vor dem eigentlichen Bezug stehen, sondern „Prozentsätze!". Dass hier auch noch Seitenangeben vorhanden sind, hängt mit der zum Buch erhältlichen Dateisammlung zusammen, in der immer mehrere Arbeitsschritte in einer Arbeitsmappe vorhanden sind, sodass die Namen der Tabellen von denen abweichen, die Sie vermutlich verwenden.

Überprüfen Sie, ob die Anzeige jetzt stimmt, indem Sie im Adressfeld „Fracht" auswählen (oder eingeben). Danach soll der Bereich von A4 bis D14 in der Frachttabelle markiert sein. Ist das nicht der Fall, dann müssen Sie noch einmal im Namens-Manager nachsehen, was nicht geklappt hat.

Testen Sie nun das Rechnungsformular, indem Sie einen Artikel eingeben, der einen Wert unter 1,00 € aufweist. Sie erhalten dann folgendes Bild mit dem gewünschten Kommentar:

	A	B	C	D	E	F	G
7							
8	*Menge*	*Artikelbezeichnung*				*Einzelpreis*	*Gesamt*
9	1	Stecker für Pinnwand				0,25 €	0,25 €
10		Porto und Verpackung			Rechnung vernichten!		#WERT!
11							#WERT!

Rechnungswert kleiner als 1,00 €

Ergänzender Hinweis:

Die Fehlermeldung *#WERT!* macht Sie darauf aufmerksam, dass *EXCEL* mit dem Text *„Rechnung vernichten!"* bzw. *„Eingaben überprüfen!"* nicht rechnen kann. Da diese Rechnung nicht ausgedruckt würde, kann die Fehlermeldung vernachlässigt werden! Sie können aber auch versuchen, mithilfe anderer Funktionen, die Sie kennen, diese Fehlermeldung zu vermeiden (oder sie zumindest zu „verstecken").

Geben Sie nun zum Testen einen negativen Artikelpreis ein, z. B. –0,60 €. Auch hier erscheint der gewünschte Kommentar:

	A	B	C	D	E	F	G
7							
8	*Menge*	*Artikelbezeichnung*				*Einzelpreis*	*Gesamt*
9	1	Stecker für Pinnwand				-0,60 €	-0,60 €
10		Porto und Verpackung			Eingaben überprüfen!		#WERT!
11							#WERT!

Kommentar bei negativem Artikelpreis

3.3.2 Teilenummern mithilfe der WVERWEIS-Funktion ermitteln lassen

Eine Alternative zum SVERWEIS stellt die Funktion WVERWEIS dar. Diese wird immer dann verwendet, wenn die Suchmatrix nicht senkrecht, sondern waagerecht angeordnet ist. Damit ist gemeint, dass z. B. die Namen nicht untereinanderstehen (A2: Müller, A3: Maier, A4: Hinz, A5: Kunz), sondern nebeneinander (B2: Müller, C2: Maier: D2: Hinz, E2: Kunz).

Wenn Sie den SVERWEIS beherrschen, dann sollte auch der WVERWEIS kein Problem darstellen.

Praxissituation:

Die Spülmaschine im Aufenthaltsraum der Heinrich KG ist defekt. Daher wird der Fachbetrieb Schraub & Söhne OHG mit der Reparatur beauftragt. Der Monteur Ludwig Leitermann kennt zwar die Nummern vieler Ersatzteile bei Spülmaschinen, aber manchmal verwechselt er Ziffern. Um in Zukunft diese Fehler zu vermeiden, möchte er nunmehr die Ersatzteilnummern mithilfe von *EXCEL* suchen lassen. Leitermann will nur noch den Namen des Ersatzteils eingeben, z. B. Heizung, Pumpe etc., und *EXCEL* soll abhängig vom Spülmaschinentyp die gesuchte Ersatzteilnummer ausgeben.

Dazu richten Sie wieder zwei Tabellen (Arbeits- und Suchtabelle) ein.

Die Arbeitstabelle richten Sie in TABELLE3 der Mappe `Beispieltabellen zu Suchfunktionen.xlsx` ein. Geben Sie ihr anschließend den Namen ERSATZTEILE.

	A	B	C
1	**Ersatzteile für Spülmaschinen**		
2			
3	Maschinentyp		3
4	Ersatzteil		Pumpe
5			
6	**gewünschte Teilenummer:**		

Arbeitstabelle Ersatzteile

In TABELLE4 erstellen Sie dann die folgende Suchtabelle:

	A	B	C	D	E
1	**Ersatzteilliste für Spülmaschinen**				
2					
3	**Typ**	**Ersatzteil**			
4		Griff	Heizung	Pumpe	Schlauch
5	1	G17	H11	P02	S11
6	2	G44	H09	P09	S33
7	3	G43	H13	P24	S65
8	4	G88	H25	P98	S19
9	5	G79	H65	P77	S52

Suchtabelle Ersatzteileliste

Benennen Sie die Tabelle in ERSATZTEILELISTE um. Dem Bereich von B4 bis E9 geben Sie den Namen TEILELISTE.

Zum Suchen der gewünschten Artikelnummer verwenden Sie die Funktion WVERWEIS („W“ steht für „waagerecht“, da die *Matrix* waagerecht, also in Spalten angeordnet sein muss), die folgende Syntax hat:

WVERWEIS(**Suchkriterium**; Matrix; Zeilenindex; [Bereich_Verweis])

Suchkriterium ist in unserem Beispiel das Ersatzteil in C4.

Matrix namens TEILELISTE umfasst die Felder A4 bis E9 (spaltenweise angeordnet!).

Zeilenindex deutet darauf hin, dass *EXCEL* zunächst in der ersten Zeile das entsprechende Ersatzteil sucht und dann abhängig vom Maschinentyp aus der betreffenden Spalte die Ersatzteilnummer liefert.

Bereich_Verweis ist wie beim SVERWEIS ein logischer Wert, der angibt, ob eine Bereichssuche (*Bereich_Verweis* = wahr oder keine Angabe zum Finden eines angenäherten Werts bei einer sortierten *Matrix*) oder eine exakte Suche (*Bereich_Verweis* = falsch) stattfinden soll.

Zu beachten ist jedoch, dass die erste Zeile mit den Bezeichnungen der Ersatzteile mitgezählt wird! Deshalb muss die Zahl, die in C3 für den gewünschten Maschinentyp eingegeben wird, um den Wert 1 erhöht werden.

EXCEL gibt, wenn der gewünschte Wert nicht gefunden wird, den nächstkleineren an. Das ist im vorliegenden Fall unerwünscht. Also geben wir als Wahrheitswert für den *Bereich_Verweis* FALSCH ein. Die Formel in C6 lautet daher:

```
=WVERWEIS(C4;Teileliste;C3+1;FALSCH)
```

Als Ergebnis erhalten Sie Folgendes:

C6 =WVERWEIS(C4;Teileliste;C3+1;FALSCH)

	A	B	C	D	E
1	**Ersatzteile für Spülmaschinen**				
2					
3	Maschinentyp		3		
4	Ersatzteil		Pumpe		
5					
6	**gewünschte Teilenummer:**		**P24**		

Arbeitstabelle mit der Funktion WVERWEIS

Wenn Sie mitgedacht und nicht einfach abgetippt haben, dann ist Ihnen auch klar, warum der Zeilenindex in der Funktion mit C3+1 angegeben wurde, denn selbstverständlich wird hier – wie auch beim Spaltenindex der Funktion SVERWEIS – eine Zahl erwartet. C3+1 ergibt aber genau eine solche Zahl, denn in C3 haben Sie eingegeben, welcher Maschinentyp (hier die „3“) Verwendung finden soll. Da in der Suchmatrix aber auch die Zeile mit den Ersatzteilbezeichnungen enthalten ist, muss für die einzelnen Maschinentypen jeweils der Wert 1 hinzuaddiert werden. Geben Sie also als Maschinentyp die Nummer 3 ein, sucht der WVERWEIS in Zeile 4!

Alternativ könnten Sie auch eine Lösung erstellen wie bei der Beispielaufgabe zum SVERWEIS (Seite 103), indem Sie den jeweiligen Zeilenindex, also 1, 2, 3, 4 oder 5, über eine vierfach geschachtelte WENN-Funktion ermitteln. Diese Formel würde aber äußerst unübersichtlich und unnötig kompliziert.

3.3.3 Mit der Funktion INDEX einen Wert aus einer Suchtabelle herauslesen lassen

Neben dem SVERWEIS und dem WVERWEIS gibt es noch eine Möglichkeit aus einer Suchtabelle Daten herauszusuchen. Diese Variante ist weit flexibler wie die bereits thematisierten, da sogar Werte ausgegeben werden, die links bzw. oberhalb vom Suchkriterium stehen. Dies ist mit den beiden anderen Funktionen unmöglich, sodass Sie unter Umständen sogar gezwungen wären, einzelne Werte doppelt in einer Tabelle zu erfassen. Noch einfacher wird das mit der in *EXCEL 2024* und in der aktuellen Version von *EXCEL 365* eingeführten Funktion XVERWEIS, die im nächsten Unterkapitel vorgestellt wird!

Sie können zwar z. B. Schulnoten (1, 2, 3 usw.) die entsprechenden Bezeichnungen als Text zuordnen („Sehr gut“, „Gut“, Befriedigend“ usw.), aber umgekehrt würde es mit der gleichen Suchmatrix nicht funktionieren. Sie müssten also die Suchtabelle so aufbauen, dass – auf den SVERWEIS bezogen – in der ersten Spalte die Note als Zahl, in der zweiten als Text und in der dritten wieder als Zahl aufgelistet wird. Die Suchmatrix des ersten SVERWEIS würde dann mit der ersten „Zahlenspalte“ beginnen und zwei Spalten breit sein. Der zweite SVERWEIS würde die Suchmatrix erst ab der „Textspalte“ vorgegeben bekommen und dann ebenfalls zwei Spalten breit sein.

Praxissituation:

Je nachdem, welche Reparatur notwendig ist, ist es für Herrn Leitermann manchmal einfacher die Artikelnummer der jeweiligen Spülmaschine einzugeben, manchmal eher die Typenbezeichnung. Er will durch eine ausgeklügelte Suchfunktion sicherstellen, dass beide Eingaben in der Arbeitstabelle schnell zur automatischen Ermittlung der gesuchten Teilenummer führen.

Kopieren Sie zunächst die Suchtabelle Ersatzteileliste in die Tabelle5 der Arbeitsmappe `Beispieltabellen zu Suchfunktionen.xlsx`. Benennen Sie die Tabelle5 dann in Ersatzteileliste (2) um.

Ergänzen Sie die Tabelle dann, sodass sie folgendes Aussehen bietet:

	A	B	C	D	E	F
1	**Ersatzteilliste für Spülmaschinen**					
2						
3	**Maschinentyp**		**Ersatzteil**			
4	Artikelnr.	Typname	Griff	Heizung	Pumpe	Schlauch
5	4713	Blinkfein	G17	H11	P02	S11
6	4814	Spülminna	G44	H09	P09	S33
7	4920	Glanzfix	G43	H13	P24	S65
8	5136	Clarissima	G88	H25	P98	S19
9	6544	Spül2000	G79	H65	P77	S52

Suchtabelle Ersatzteileliste (2)

Vergeben Sie danach folgende Namen, die Sie als Argumente in den Funktionen benötigen:

Bereich	Name
A5:F9	Ersatzteiltabelle
A5:A9	Artikelnr.
B5:B9	Typname
A4:F4	Teilenamen

Die wesentlichen Vorarbeiten sind damit abgeschlossen.

3.3.3.1 Exkurs: Position innerhalb einer Feldliste mit VERGLEICH bestimmen

Die Funktion VERGLEICH hat folgende Syntax:

VERGLEICH(**Suchkriterium**; Suchmatrix; [Vergleichstyp])

Suchkriterium kann ein Wert (eine Zahl, eine Zeichenfolge oder ein Wahrheitswert) oder ein Bezug auf eine Zelle sein, die eine Zahl, eine Zeichenfolge oder einen Wahrheitswert enthält. Hier steht der Wert, den Sie in der *Suchmatrix* suchen wollen, also z. B. die Artikelnummer.

Suchmatrix ist ein zusammenhängender Zellbereich, in dem das *Suchkriterium* gesucht werden kann.

Vergleichstyp ist die Zahl –1, 0 oder 1. *Vergleichstyp* gibt an, auf welche Weise Microsoft *EXCEL* die Werte in einer *Suchmatrix* mit dem *Suchkriterium* vergleicht.

–1: VERGLEICH gibt den kleinsten Wert zurück, der größer gleich *Suchkriterium* ist. Die Elemente der *Suchmatrix* müssen in absteigender Reihenfolge angeordnet sein.

0: VERGLEICH gibt den ersten Wert zurück, der gleich *Suchkriterium* ist. Die Elemente der *Suchmatrix* dürfen in beliebiger Reihenfolge angeordnet sein.

1: VERGLEICH gibt den größten Wert zurück, der kleiner gleich *Suchkriterium* ist. Die Elemente der *Suchmatrix* müssen in aufsteigender Reihenfolge angeordnet sein.

Fehlt der *Vergleichstyp* in der Funktion wird eine 1 gesetzt.

Im Gegensatz zu den bisher verwendeten Suchfunktionen liefert die Funktion VERGLEICH nicht den Inhalt der gesuchten Zelle, sondern die (relative) Position im Suchbereich, also gewissermaßen die Platznummer.

Deutlich wird die Arbeitsweise, wenn Sie unterhalb der eben eingerichteten Suchtabelle ERSATZTEILE-LISTE (2) die folgenden Beispiele eingeben:

	A	B	C	D	E
13		Formel			Ergebnis
14	a)	=Vergleich(5136;Artikelnr.;0)			
15					
16	b)	=Vergleich("Spül2000";Typname;0)			
17					
18	c)	=Vergleich("Spül2*";Typname;0)			

Übung zur Verwendung der VERGLEICH-Funktion

Die Eingaben in die Zellen B14, B16 und B18 sind zur Verdeutlichung als Text mit führendem Apostroph (Hochkomma) eingegeben worden. In die Zellen E14, E16 und E18 schreiben Sie dann die Funktion – natürlich ohne den Apostroph. Sie erhalten folgendes Ergebnis:

	A	B	C	D	E
13		Formel			Ergebnis
14	a)	=Vergleich(5136;Artikelnr.;0)			**4**
15					
16	b)	=Vergleich("Spül2000";Typname;0)			**5**
17					
18	c)	=Vergleich("Spül2*";Typname;0)			**5**

Die Ergebnisse der angewandten Funktion VERGLEICH

Im Beispiel a) ist das Suchkriterium die Artikelnummer (Zahl), die in der Liste ARTIKELNR. gefunden werden soll. Der Vergleichstyp ist auf 0 gesetzt. Das Ergebnis ist 4, d. h., dass dieser Artikel an vierter Stelle des Bereichs ARTIKELNR. steht.

Im Beispiel b) ist das Suchkriterium eine Zeichenfolge, die hier in Anführungszeichen gesetzt werden muss. Im Bereich TYPNAME steht das Gerät an 5. Stelle.

Das Beispiel c) zeigt, dass sogar „Jokerzeichen" wie das Fragezeichen, das für genau ein beliebiges Zeichen steht, und das Sternchen, das beliebig viele Zeichen vertritt, erlaubt sind. Dies gilt allerdings nur für Zeichenfolgen. Damit kann Herr Leitermann also bei der Eingabe Zeit sparen:

Die Suche nach „Spül*" würde also als Ergebnis alle Werte finden, die mit „Spül" beginnen, bei der gegebenen Suchtabelle also: „Spülminna" und „Spül2000". Es wird allerdings immer nur der erste gefundene Wert ausgegeben, hier also „Spülminna"! Wenn mit dem Fragezeichen als Platzhalter gearbeitet wird, würde bei einer Suche mit „M?ier" neben „Maier" auch „Meier" gefunden, nicht aber *„Musketier"*, denn dazu hätte „M*ier" eingegeben werden müssen.

3.3.3.2 Suchen mit der Funktion INDEX

Die Funktion INDEX gibt es in zwei unterschiedlichen Varianten, sodass *EXCEL* im Funktions-Assistenten (oder in der Syntaxhilfe) immer zunächst beide anbietet:

INDEX(**Matrix**; Zeile; [Spalte])
INDEX(**Bezug**; Zeile; [Spalte]; [Bereich])

Wir gehen im weiteren Verlauf immer von der zuerst genannten aus, also die Variante mit der *Matrix.*

Die Funktion INDEX liefert den Wert der Zelle der Suchtabelle (= Matrix), die innerhalb der Suchtabelle die Position einnimmt, die durch die Zeile sowie die Spalte festgelegt ist. Beachten Sie bitte, dass bei dieser Funktion zuerst die Suchtabelle genannt werden muss.

Wenn Sie als Beispiel die Formel `=INDEX(Ersatzteileliste;4;3)` einsetzen, erhalten Sie das unten zu sehende Ergebnis:

	A	B	C	D	E
21		=Index(Ersatzteiltabelle;4;3)			G88

Beispiel für die Arbeitsweise der Funktion INDEX

EXCEL sucht im Bereich mit dem Namen „Ersatzteiltabelle" den Wert der Zelle, die in diesem Bereich in der vierten Zeile und der dritten Spalte steht. Das ist der Wert der Zelle C8. *EXCEL* gibt dementsprechend G88 aus.

Zunächst geben Sie in die Tabelle6 der Arbeitsmappe `Beispieltabellen zu Suchfunktionen.xlsx` die folgende Arbeitstabelle ein, die Sie in Ersatzteile (2) umbenennen. Den oberen Teil der Arbeitstabelle verwenden Sie, wenn Sie über die Maschinentyp-Nummer suchen wollen, den unteren Teil, wenn Sie nach dem Maschinentyp-Namen suchen.

	A	B	C	D
1	**Ersatzteile für Spülmaschinen**			
2				
3	Maschinentyp-Nummer		4920	
4	Ersatzteil		Pumpe	
5				
6	**gewünschte Teilenummer:**			
7				
8				
9	**Ersatzteile für Spülmaschinen**			
10				
11	Maschinentyp-Name		Glanzfix	
12	Ersatzteil		Pumpe	
13				
14	**gewünschte Teilenummer:**			

Tabelle Ersatzteile (2)

Die soeben vorgestellte Funktion VERGLEICH bauen Sie in die Bereichsfunktion INDEX ein, da Sie die Zeilen- bzw. Spaltennummern natürlich nicht von Hand eingeben wollen.

In Zelle C6 lautet dann die Formel zur Ermittlung der gewünschten Teilenummer:

```
fx  =INDEX(Ersatzteiltabelle;VERGLEICH(C3;Artikelnr.;0);VERGLEICH(C4;Teilenamen;0))
```

- Name des Suchbereiches (= Matrix)
- Bestimmung der Zeilennummer
- Bestimmung der Spaltennummer

In Zelle C14 lautet die angepasste INDEX-Funktion:

```
fx  =INDEX(Ersatzteiltabelle;VERGLEICH(C11;Typname;0);VERGLEICH(C12;Teilenamen;0))
```

Die Tabelle sieht nun so aus:

	A	B	C	D
1	**Ersatzteile für Spülmaschinen**			
2				
3	Maschinentyp-Nummer		4920	
4	Ersatzteil		Pumpe	
5				
6	**gewünschte Teilenummer:**		**P24**	
7				
8				
9	**Ersatzteile für Spülmaschinen**			
10				
11	Maschinentyp-Name		Glanzfix	
12	Ersatzteil		Pumpe	
13				
14	**gewünschte Teilenummer:**		**P24**	

Fertiggestellte Tabelle Ersatzteile (2)

Testen Sie die Arbeitstabelle mit verschiedenen Artikelnummern (oberer Teil der Arbeitstabelle) und Typbezeichnungen (unterer Teil der Arbeitstabelle). Wie Sie sehen werden, liefert die geschickte Kombination der beiden Funktionen die gesuchten Teilenummern.

3.3.4 Die Funktion XVERWEIS verwenden

Wie bereits oben angesprochen ist in den aktuellen *EXCEL*-Versionen auch noch eine weitere Verweis-Funktion enthalten, mit der Suchen in Tabellen stark vereinfacht werden kann, der XVERWEIS.

Praxissituation:

Für Bestellungen von Büromaterial müssen Sie immer die Artikelnummer und idealerweise auch die Artikelbezeichnung wissen. Bislang sind Sie so vorgegangen, dass Sie in alten Bestellungen nachgesehen haben. Dies war aber immer recht aufwendig, da Sie nicht wussten, wann zuletzt z. B. rote Tintenpatronen bestellt wurden.

Manchmal glauben Sie zwar, die Bestellnummer auswendig zu wissen, sind sich aber nicht sicher, ob das jetzt auch wirklich der Kugelschreiber oder vielleicht doch ein Füller war, manchmal wissen Sie aber nur die Artikelbezeichnung.

Dieses Problem ließe sich mithilfe der Funktion SVERWEIS zwar lösen, aber wenn Sie nach der Artikelnummer **oder** alternativ nach der Artikelbezeichnung suchen wollen, müsste die Suchtabelle so aufgebaut sein:

Artikelnummer	Artikelbezeichnung	Artikelnummer	Listenpreis
A123	Kugelschreiber	A123	0,99 €
A126	Füller	A126	12,59 €

Wie Sie gelernt haben, können Sie mit dem SVERWEIS immer nur nach Werten suchen, die rechts vom Suchwert stehen, müssen also die Artikelnummer zweimal in der Suchmatrix vorhalten. Wenn Sie nach der Artikelnummer in der ersten Spalte suchen, wird als Ergebnis die Artikelbezeichnung aus der zweiten und der Listenpreis aus der vierten Spalte ausgegeben. Suchen Sie nach der Artikelbezeichnung in der zweiten Spalte, können Sie nicht die Artikelnummer aus Spalte 1 ausgeben, sondern lediglich die Wiederholung aus der dritten Spalte sowie den Listenpreis. Dieses Vorgehen würde erstens Tabellen unnötig vergrößern und birgt zudem das Risiko, dass es bei der Pflege der Daten zu Fehlern kommt, weil z. B. aus Versehen nur die Artikelnummer der dritten Spalte angepasst wurde.

Legen Sie zunächst in einer neuen Tabelle der Arbeitsmappe `Beispieltabellen zu Suchfunktionen.xlsx` die folgende kleine Artikelliste an und benennen Sie die Tabelle als ARTIKELLISTE:

	A	B	C
1	**Artikelliste**		
2			
3	**Artikelnummer**	**Artikelbezeichnung**	**Listenpreis**
4	A123	Kugelschreiber	0,99 €
5	A125	Bleistift	0,59 €
6	A126	Füller	12,59 €
7	A130	Tintenpatronen blau	2,99 €
8	A134	Tintenpatronen rot	3,49 €

Erstellen Sie anschließend eine „Suchmaske" in derselben Arbeitsmappe, indem Sie noch eine Tabelle einfügen und diese ARTIKELSUCHE nennen:

	A	B	C	D	E	F
1	**Artikelsuche**					
2						
3	Eingabe Artikelnummer:		Es handelt sich um:		Preis:	
4						
5	Eingabe Artikelbezeichnung:		Die Artikelnummer lautet:		Preis:	

In die beiden farbigen Zellen soll später entweder eine Artikelnummer (oben) **oder** eine Artikelbezeichnung eingegeben werden. Der XVERWEIS soll dann die Zellen in den Spalten D und F entsprechend ausfüllen. Um dies umsetzen zu können, müssen Sie erstmal die Funktion XVERWEIS kennenlernen:

XVERWEIS(**Suchkriterium**; Suchmatrix; Rückgabematrix; [wenn_nicht_gefunden]; [Vergleichsmodus]; [Suchmodus])

Suchkriterium kann z. B. eine Zahl, ein Buchstabe oder eine Zeichenfolge sein, die gesucht werden soll. In unserem Beispiel ist es in Zelle D3 die in B3 eingegebene Artikelnummer.

Suchmatrix ist die Suchtabelle (Matrix), welche die aufzuspürenden Daten enthält, hier die Zellen A4:A8 mit den Artikelnummern aus der Artikelliste.

Rückgabematrix ist der Bereich (Matrix), der zurückgegeben wird, hier ebenfalls in der Artikelliste die Spalte mit den Artikelbezeichnungen, also B4:B8.

[wenn_nicht_gefunden] kann angegeben werden, wenn nicht die Standardmeldung „#N/A" ausgegeben werden soll, hier also z. B. „nicht gefunden".

[Vergleichsmodus] sollte angegeben werden, um die Art des Vergleichs festzulegen. Bei einer 0 wird eine genaue Übereinstimmung gesucht. Findet *EXCEL* diese nicht, wird der Fehler „#N/V" ausgegeben.

Geben Sie –1 ein, wird ebenfalls nach einer genauen Übereinstimmung gesucht. Allerdings wird im Falle eines Nichtfindens hier der nächstkleinere Fund zurückgegeben.

Bei einer 1 wird das nächstgrößere Element ausgegeben, wenn es keinen direkt Treffer gab.

Die 2 wählen Sie, wenn Sie Platzhaltersuchen zulassen möchten:

*) Das Sternchen wird durch beliebig viele gefundene Zeichen ersetzt. Sucht man also z. B. „M*ier“, dann würden „Meier“, „Maier“, aber auch „Murmeltier“ oder „Malzbier“ gefunden.

?) Das Fragezeichen ersetzt ein einzelnes beliebiges Zeichen. Eine Suche nach „M?ier“ würde also „Meier“ und auch „Mayer“ als Ergebnis finden.

~) Da Sie nach „*“ oder „?“ normalerweise nicht suchen können, weil diese Platzhalter sind, gibt es auch noch die Tilde. Eine Suche nach der Frage „Super~?“ findet also „Super?“, aber nicht den Ausruf „Super!“.

[Suchmodus] ist die Art der verwendeten Suche. Mit einer 1 beginnt die Suche beim ersten Element der Matrix. Dies würde auch geschehen, wenn Sie gar keinen Suchmodus angeben.

Mit der –1 führen Sie die Suche vom Ende der Matrix aus durch, beginnen also mit dem letzten Element.

Bei der 2 muss die Suchmatrix zuvor aufsteigend sortiert sein (wie beim SVERWEIS). Ist die Sortierung nicht vorhanden, werden unsinnige Werte als Ergebnis ausgegeben.

Bei –2 muss die Suchmatrix absteigend sortiert sein.

Um in der oben dargestellten Praxissituation nun nach Eingabe einer Artikelnummer in B3 die Artikelbezeichnung auszugeben, benötigen Sie in der Zelle D3 folgende Formel:

=XVERWEIS(B3;Artikelliste!A4:A8;Artikelliste!B4:B8;“Artikelnummer unbekannt!“;0;1)

Für den Fall, dass Sie eine Artikelbezeichnung in B4 eingeben, würde die folgende Formel in D4 die dazugehörige Artikelnummer heraussuchen:

=XVERWEIS(B5;Artikelliste!B4:B8;Artikelliste!A4:A8;“unbekannte Bezeichnung!“;0;1)

Die Listenpreise können Sie nur entweder auch mit dem XVERWEIS oder alternativ auch mit dem SVERWEIS ausgeben, denn diese Spalte steht immer rechts vom Suchwert.

Das Ergebnis sollte z. B. so aussehen:

	A	B	C	D	E	F
1	**Artikelsuche**					
2						
3	Eingabe Artikelnummer:	A123	Es handelt sich um:	Kugelschreiber	Preis:	0,99 €
4						
5	Eingabe Artikelbezeichnung:	Tintenpatronen rot	Die Artikelnummer lautet:	A134	Preis:	3,49 €

Verbessern Sie die kleine Tabelle noch dadurch, dass z. B. nur dann auch ein Ergebnis angezeigt wird, wenn auch wirklich eine Suchanfrage gestellt wurde (Tipp: WENN-Funktion verwenden). Experimentieren Sie auch mal mit verschiedenen Vergleichs- und Suchmodi!

Kontrollfragen:

1. Verschaffen Sie sich über die Onlinehilfe Informationen über die Funktionen SVERWEIS und WVERWEIS. Formulieren Sie mit eigenen Worten den wesentlichen Unterschied.
2. Informieren Sie sich in der Onlinehilfe über die beiden verschiedenen Ausprägungen der Funktion INDEX.
3. Schlagen Sie Seite 108 auf und geben Sie bezogen auf die dort abgebildete Suchtabelle Ersatzteileliste (2) an, welche Werte die folgenden Funktionen liefern:
   =VERGLEICH(4713;Artikelnr.;0) =VERGLEICH(“Clar*“;Typname;0)
   =INDEX(Ersatzteileliste;3;4) =INDEX(Ersatzteileliste;2;6)
4. Sie sollten ein „Noten-Umrechnungsprogramm“ mit dem XVERWEIS erstellen können, das aus Textnoten („Sehr gut“, „Gut“ usw.) Zahlennoten (1, 2 usw.) machen kann und umgekehrt. Überlegen Sie, welche Vorteile der XVERWEIS bei solchen Problemen bietet.

3.4 Diagramme in EXCEL erstellen

Praxissituation:

In der Heinrich KG sollen die Vertreterumsätze grafisch dargestellt werden. Zu diesem Zweck erstellt die zuständige Sachbearbeiterin eine neue Arbeitsmappe, die sie `Diagramme.xlsx` nennt, und erfasst als Ausgangspunkt die folgenden Daten:

	A	B	C	D
1	Heinrich KG - Büromöbel und Zubehör			
2				
3	Vertreterumsätze im ersten Quartal 20..			
4				
5	Name	Januar	Februar	März
6	Meier	145000	147000	155000
7	Dübel	96500	99000	101000
8	Lehmann	215000	211000	199000
9	Schleicher	188500	199400	184500
10	Laubenpieper	298000	317000	333000

Ausgangstabelle für die Diagrammerstellung

3.4.1 Diagramme mit dem Diagramm-Assistenten erstellen

Zur Diagrammerstellung in *EXCEL* bedienen Sie sich am besten der Hilfe des leistungsfähigen Diagramm-Assistenten. Zur Erstellung Ihres ersten *EXCEL*-Diagramms führen Sie folgende Schritte aus:

1. Markieren Sie die Zellen, deren Inhalte im Diagramm erscheinen sollen, hier A5 bis D10.
2. Wechseln Sie in die Einfügen-Multifunktionsleiste:

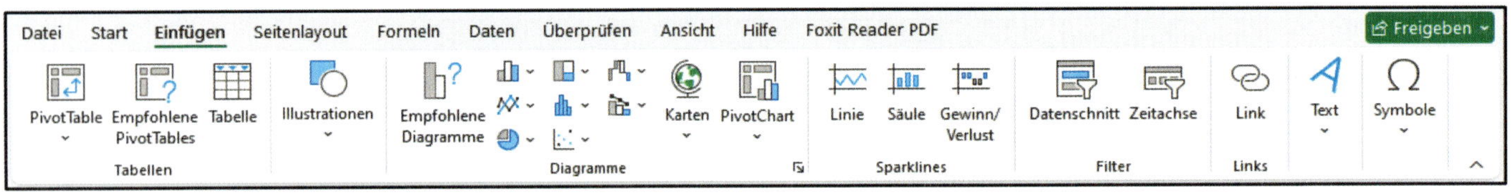

3. Wählen Sie „Säulendiagramm einfügen" und dann „Gruppierte Säulen" in „2D-Säule" aus:

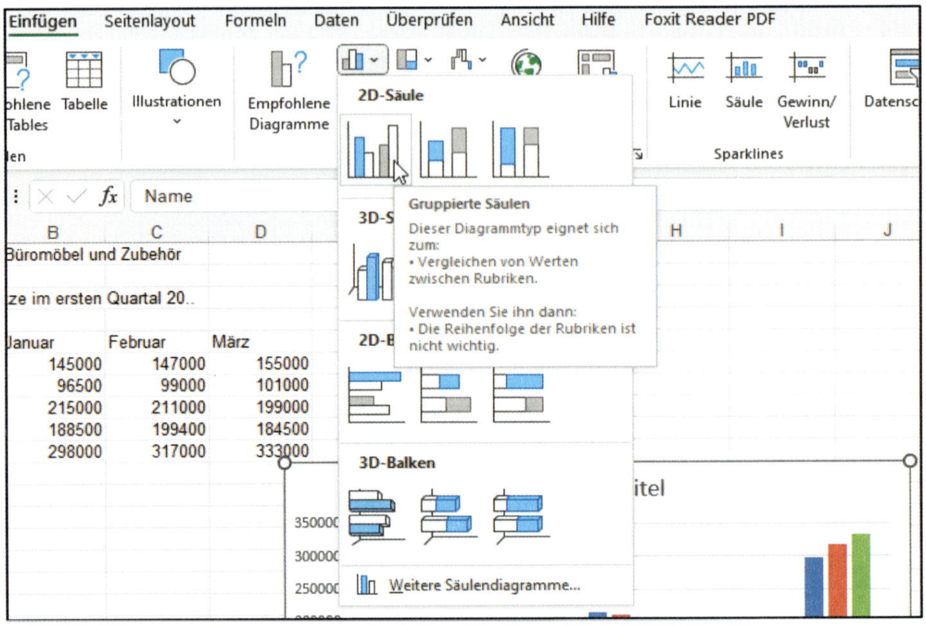

Im Hintergrund stellt *EXCEL* schon das jeweils unter dem Mauszeiger liegende Diagramm dar, sodass man einen Eindruck davon hat, wie es wirken wird.

4. *EXCEL* erstellt das Diagramm endgültig, wenn Sie mit der Maus klicken:

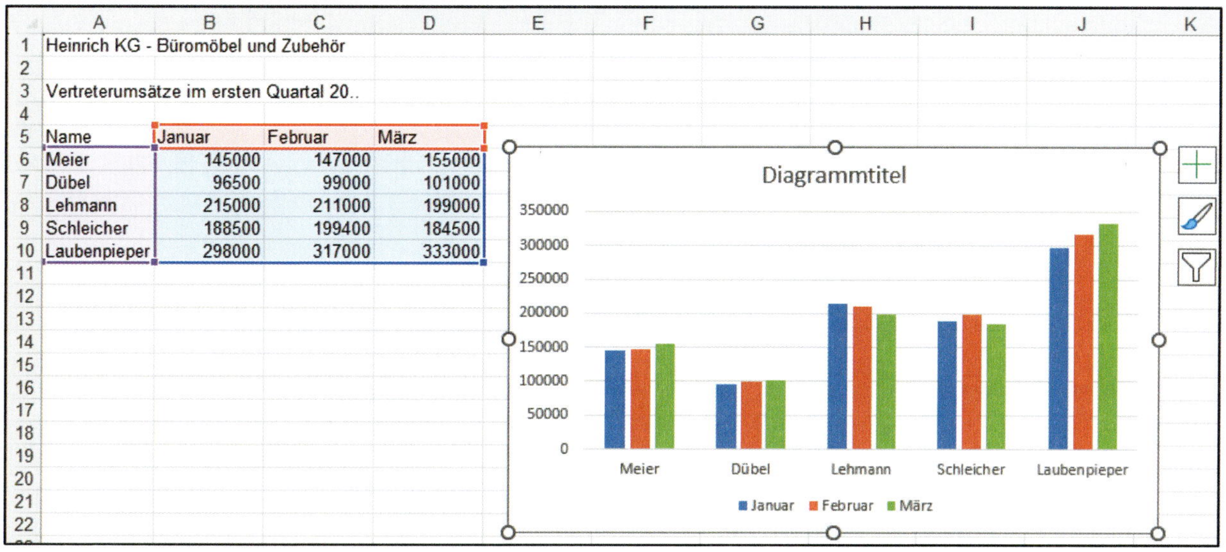

5. Neben dem eingefügten Diagramm finden Sie drei Symbole, mit deren Hilfe, Sie schnell Anpassungen vornehmen können:

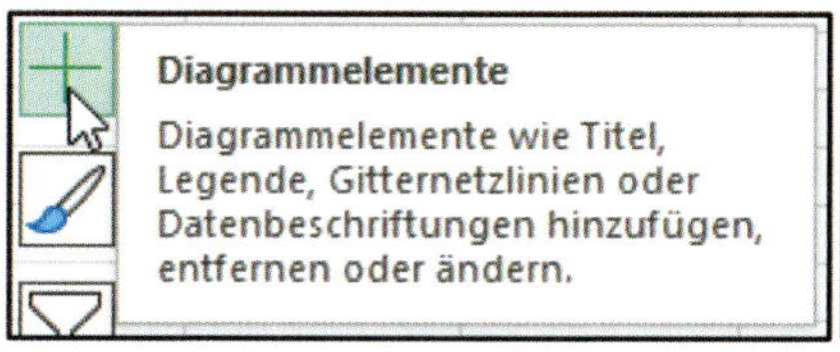

6. Über die verschiedenen Diagramm-Multifunktionsleisten stehen Ihnen zahlreiche Änderungsmöglichkeiten zur Verfügung, die im Folgenden vorgestellt werden sollen, soweit sie nicht selbsterklärend sind:

Entwurf-Multifunktionsleiste

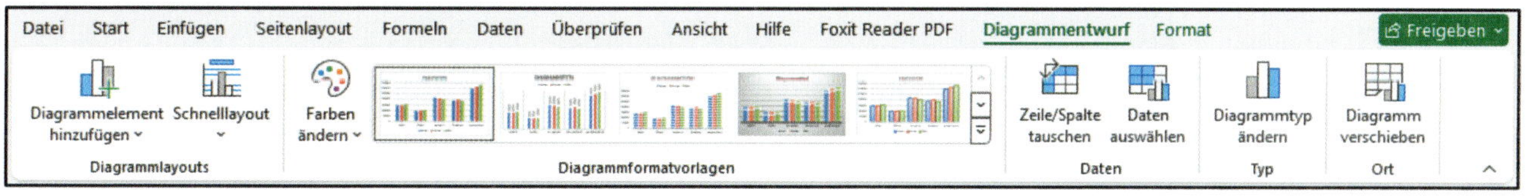

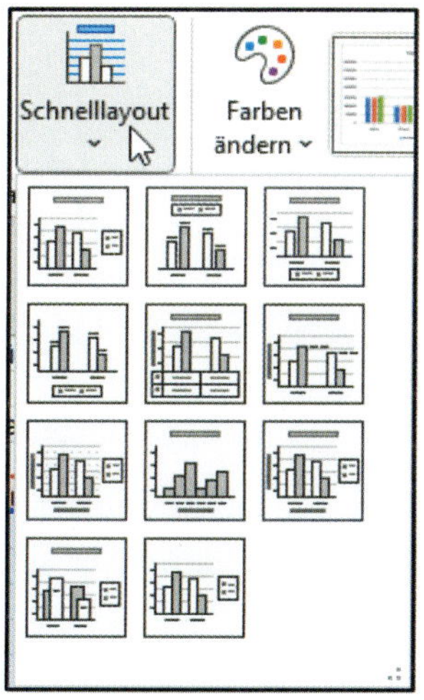

- Das „Schnelllayout" (siehe rechts) ermöglicht es Ihnen sehr schnell professionell gestaltete Diagramme zu erstellen, die vorgefertigten Layouts entsprechen.
- Unter „Farben ändern" finden Sie eine ganze Reihe von Farbkombinationen für die Diagramme, sodass Sie schnell auf den Verwendungszweck angepasste Layouts realisieren können (Stichwort: „Corporate Design").
- Mit den „Diagrammformatvorlagen" können Sie schnell die Farben anpassen, wenn Sie mit der Standardauswahl nicht zufrieden sind.

- Mit „Zeile/Spalte tauschen“ können Sie die x- und y-Achse vertauschen, was zu unterschiedlichen Schwerpunktsetzungen des Diagramms führen wird. Links sehen Sie das „normale Balkendiagramm“ und rechts das mit den vertauschten Achsen:

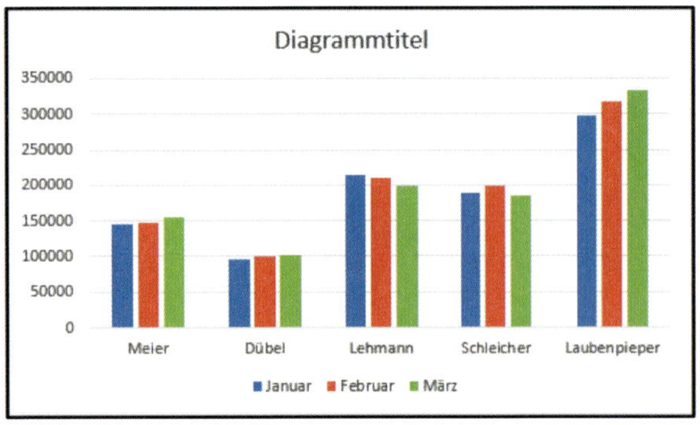

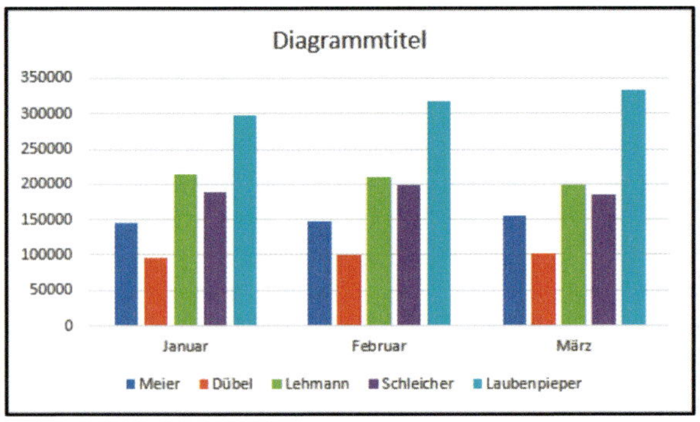

- „Daten auswählen“ dient zur nachträglichen Datenauswahl, wenn Sie z. B. bemerken, dass Sie in Schritt 1 nicht die korrekten Zellen markiert haben. Hier können Sie bequem beliebige Änderungen vornehmen.
- Mit „Diagrammtyp ändern“ können Sie einfach – wer hätte das gedacht – den Diagrammtyp ändern und spezielle Einstellungen abspeichern, sodass Sie auch aufwendig gestaltete Layouts immer wieder verwenden können. Die Änderung des Diagrammtyps wird in Kapitel 3.4.3.2 (Seite 121) behandelt.
- Zu guter Letzt besteht auch noch die Möglichkeit mit „Diagramm verschieben“, das Diagramm in eine vorhandene Tabelle oder als eigene Tabelle einzufügen. Letzteres ist dann praktisch, wenn man die grafische Aufbereitung von Zahlen für eine Präsentation benötigt.

  Wenn Sie das Diagramm zwar in der Tabelle belassen wollen, in der Sie es erstellt haben, aber die Position oder Größe ungünstig ist, dann können Sie es einfach verschieben bzw. in der Größe ändern:

  - Zum Verschieben klicken Sie einfach in einen freien Bereich des Diagramm-Hintergrundes und ziehen es mit der Maus. Sie sehen dann direkt, wie die Diagrammseite sich verändert. Wenn die korrekte Position erreicht ist, lassen Sie einfach die Maus los.

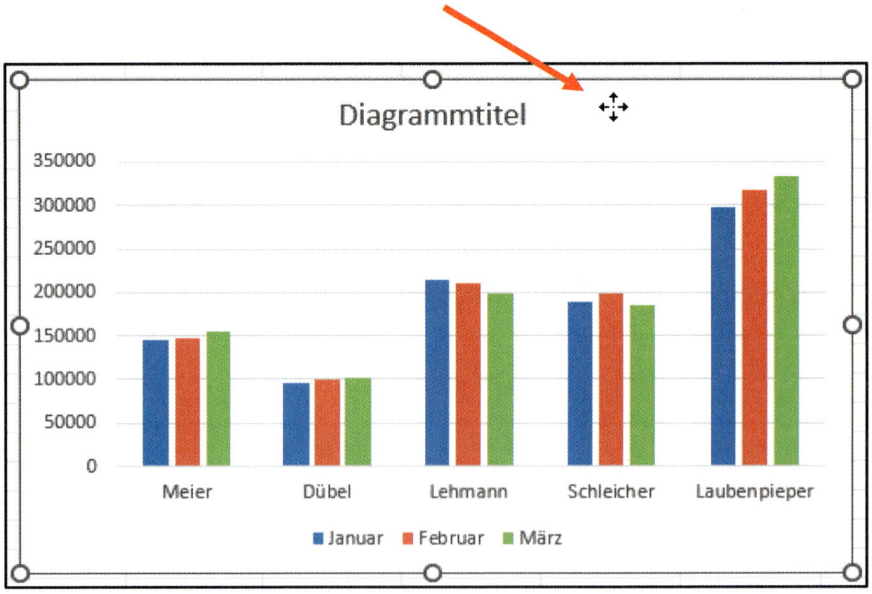

  - Die Größe ändern Sie einfach durch die entsprechenden Ziehpunkte, die Sie – wenn sie das Diagramm angeklickt haben – an allen Ecken (für proportionale Vergrößerungen und Verkleinerungen) sowie den Seiten (verzerrende Größenveränderungen) finden, z. B.: ⚲ oder ⚲.

- Achsentitel usw. ändern/erstellen Sie bequem über die drei bereits oben erwähnten Symbole, die neben dem Diagramm eingeblendet werden, wenn Sie auf die Diagrammfläche klicken:
  - Diagrammtitel:
    `Vertreterumsätze I/20..`
  - Achsenbeschriftung Rubriken (X):
    `Vertreter`
  - Achsenbeschriftung Größen (Y):
    `Umsatz`

Um den Diagrammtitel zuzuweisen, klicken Sie auf den bereits vorhandenen „Diagrammtitel“, um diesen anzupassen, indem Sie einen Doppelklick auf „Diagrammtitel“ ausführen und den oben genannten Diagrammtitel einfügen:

Anschließend passen Sie die Achsenbeschriftungen gemäß den nebenstehenden Vorgaben an. Das Vorgehen ist dabei recht ähnlich zur Titeländerung. Allerdings müssen Sie zunächst über das „+-Symbol“ neben dem Diagramm die beiden Achsen einfügen, indem Sie einfach anhaken, dass Sie „Achsentitel“ verwenden möchten.

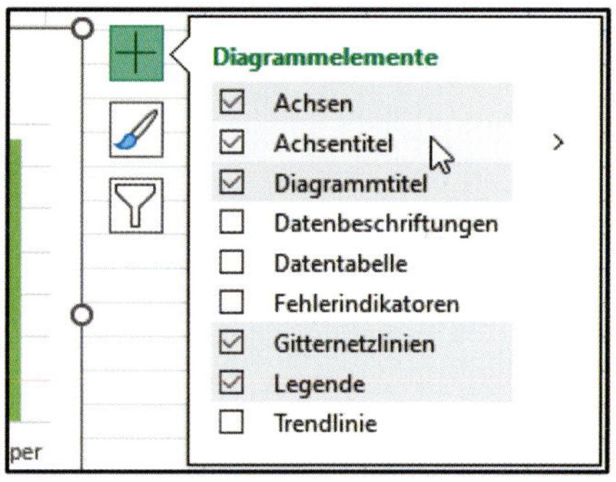

Nachdem Sie die Achsenbeschriftungen vorgenommen haben, sehen Sie nun (hoffentlich) folgendes Diagramm:

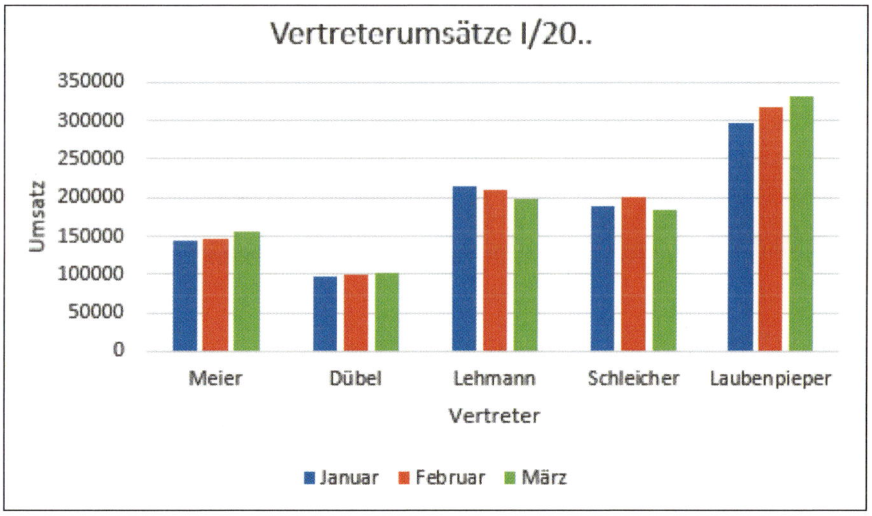

Format-Multifunktionsleiste

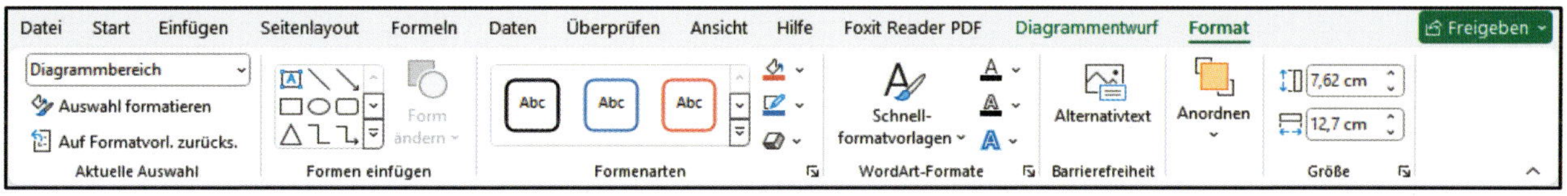

Die Format-Multifunktionsleiste dient dem „optischen Feinschliff“ eines Diagramms und wird am besten ebenfalls erkundet, indem Sie Ihr Diagramm individuell „verschönern“. Wenn Sie zuvor gespeichert haben und nicht aus Versehen nach irgendwelchen Änderungen erneut auf das Speichern-Symbol klicken, besteht auch nicht die Gefahr, dass Sie etwas „kaputt“ machen können.

Wie Sie gemerkt haben, ist die Diagrammerstellung in *EXCEL* ein mächtiges Werkzeug, mit dem Sie aber dank der Multifunktionsleisten recht einfach aussagefähige Diagramme erzeugen können. Da bei Diagrammen auch eine gehörige Portion Kreativität ins Spiel kommt, gilt hier im besonderen Maße: Übung (und Probieren) macht den Meister!

Ergänzende Hinweise:

- Leerzeilen bzw. Leerspalten innerhalb des markierten Tabellenbereiches führen zu leeren Bereichen im Diagramm. Deswegen sollten Sie anfangs nur zusammenhängende Datenbereiche für Diagramme verwenden.
- Diagramme sind mit den zugrunde liegenden Daten dynamisch verknüpft. Das heißt, dass geänderte Ausgangsdaten zu einer veränderten Diagrammdarstellung führen. Eine größere Ausgangszahl führt z. B. automatisch zu einer größeren Säule im Säulendiagramm.
- Der schnellste Weg zur Diagrammerstellung ist, den Datenbereich zu markieren bzw. den Mauszeiger in einen Datenbereich zu setzen und die Taste F11 zu drücken. Es wird sofort ein neues Standarddiagramm **in einem eigenen Diagrammblatt** mit der Bezeichnung DIAGRAMM1 erstellt.

3.4.2 Grundsätzliche Bestandteile eines Diagramms

Ein *EXCEL*-Diagramm enthält in der Regel folgende Bestandteile:

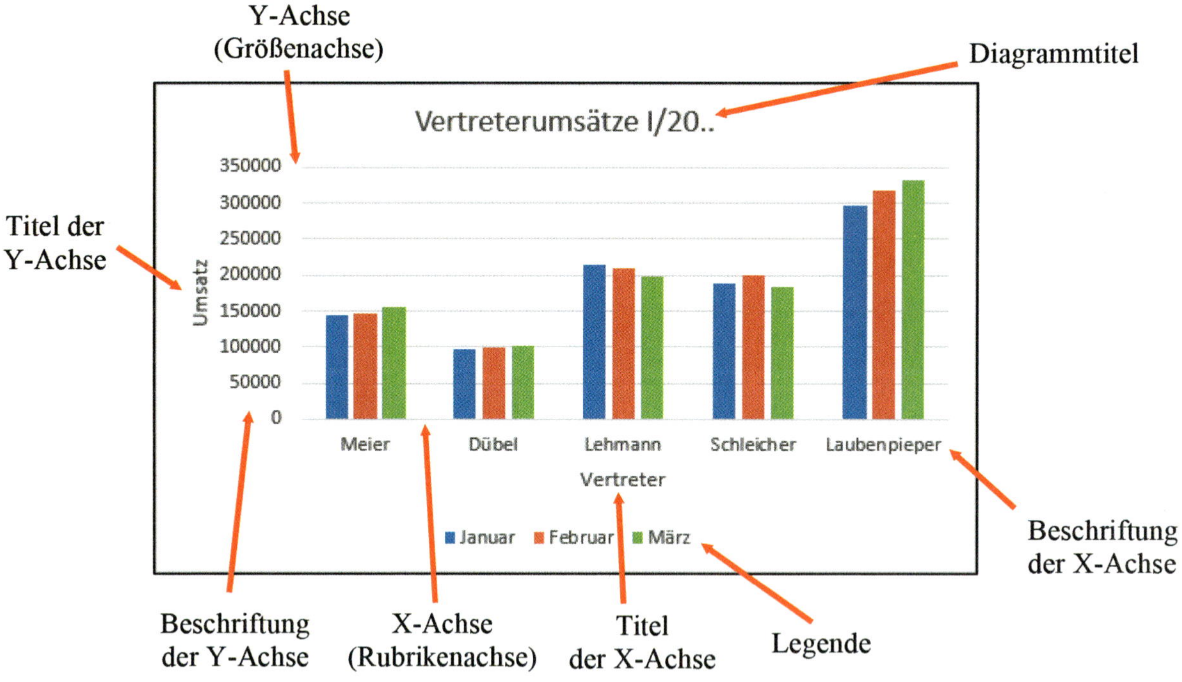

3.4.3 Diagramme formatieren

Sie können Ihr Diagramm jederzeit nachträglich verändern, indem Sie einfach auf das Element klicken, das bearbeitet werden soll. Die entsprechende Multifunktionsleiste wird dann eingeblendet. Wie bereits oben dargestellt, können Sie hier durch einfache Klicks das Aussehen der Diagramme grundlegend verändern. Viele Änderungen nehmen Sie auch direkt im Diagramm vor, analog zur Eingabe von Diagrammtiteln und Beschriftungen.

Den Diagramm-Bearbeitungsmodus können Sie wieder beenden, indem Sie einfach außerhalb des Diagramms eine Zelle der Tabelle anklicken.

3.4.3.1 Die X- oder Y-Achse verändern

Im ersten Diagramm sollen die Achsen durch Formatierung nachbearbeitet werden.

Gehen Sie wie folgt vor:

Vorgehensweise	
1. X-Achse anklicken: Sie wird durch einen Rahmen markiert.	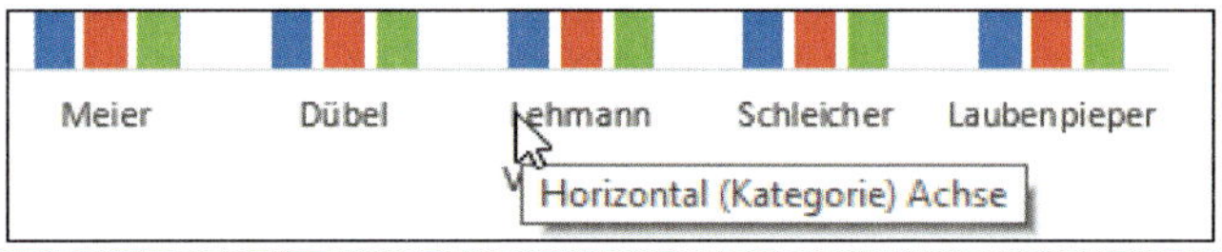
2. Mit rechter Maustaste auf der X-Achse klicken, um das Kontextmenü aufzurufen.	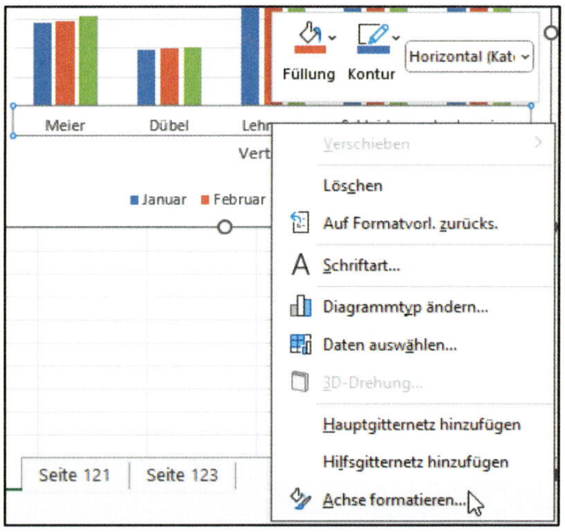
3. **Achse formatieren...** wählen.	Anklicken!
4. Symbol für Grösse und Eigenschaften anklicken.	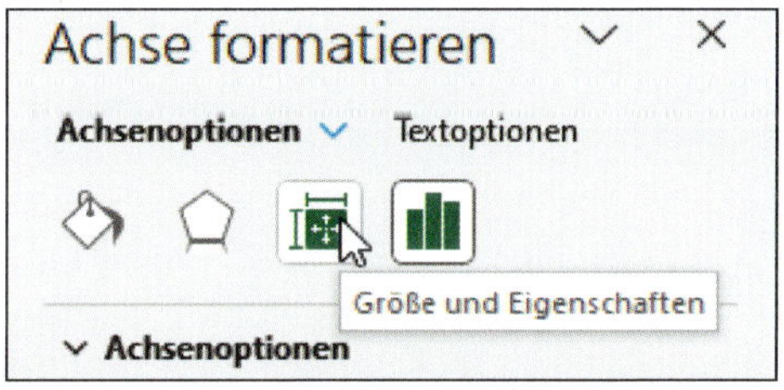
5. Geben Sie einen „benutzerdefinierten Winkel" für die Textrichtung ein (Die Auswirkung sehen Sie direkt in Ihrem Diagramm) oder wählen Sie die Textrichtung.	
6. Wenn Sie keine weiteren Formatierungen mehr vornehmen möchten, können Sie das Einstellungsfenster schließen. Wenn aber noch andere Änderungen vorgenommen werden sollen, verzichten Sie zunächst auf diesen Schritt.	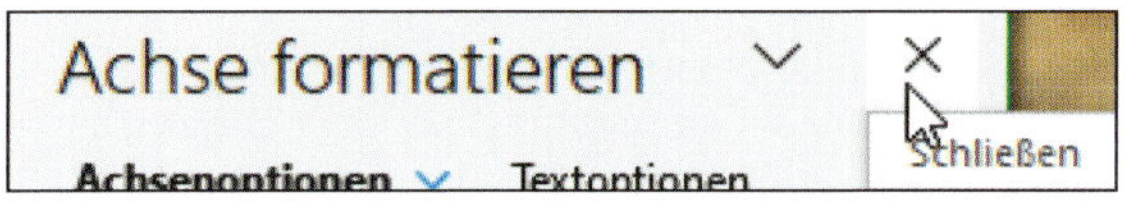

Vollziehen Sie die gleichen Schritte für die Y-Achse. Wenn Sie den auf S. 119 beschriebenen sechsten Schritt noch nicht ausgeführt haben, dann entfallen die Schritte 2 und 3!

<table>
<tr><th>Vorgehensweise</th><th></th></tr>
<tr><td>1. Y-Achse aktivieren.</td><td>Anklicken!</td></tr>
<tr><td>2. Mit rechter Maustaste auf der Y-Achse klicken, um das Kontextmenü aufzurufen.</td><td>Wie oben!</td></tr>
<tr><td>3. Achse formatieren... wählen.</td><td>Wie oben!</td></tr>
<tr><td>4. Symbol für Achsenoptionen anklicken und dort das Untermenü „Achsenoptionen“ aufklappen.</td><td>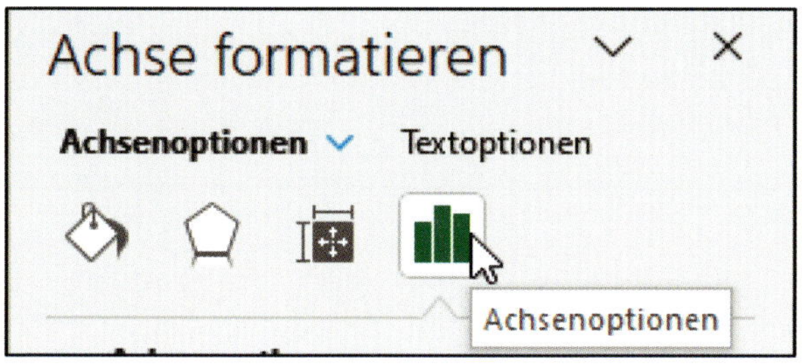
</td></tr>
<tr><td>5. Nehmen Sie die nebenstehenden Einstellungen vor!</td><td>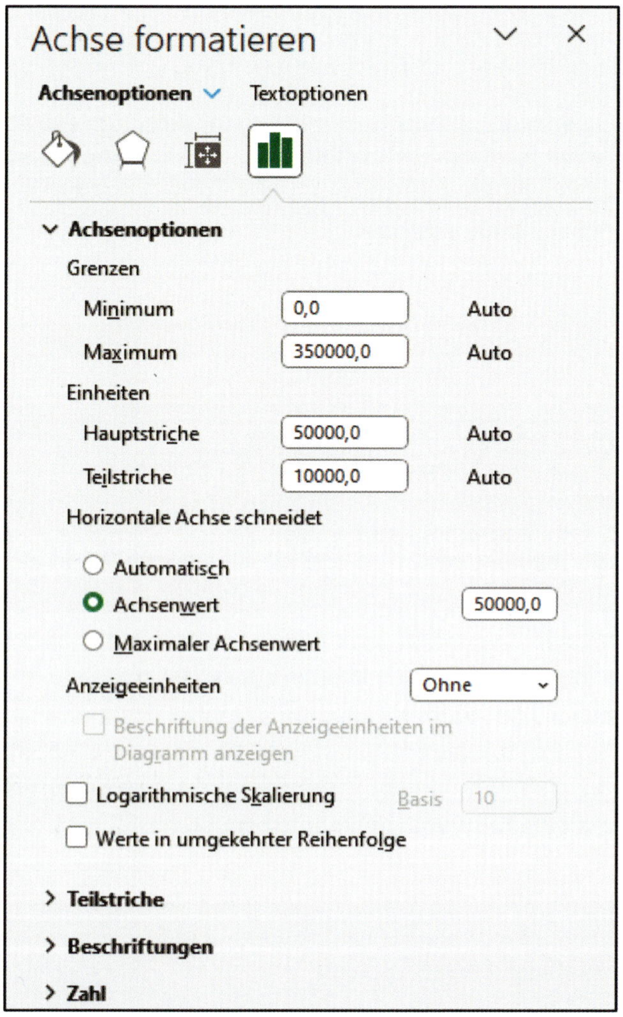
</td></tr>
<tr><td>6. Schließen Sie das Einstellungsfenster!</td><td>Wie oben!</td></tr>
</table>

Das Ergebnis sollte jetzt so aussehen:

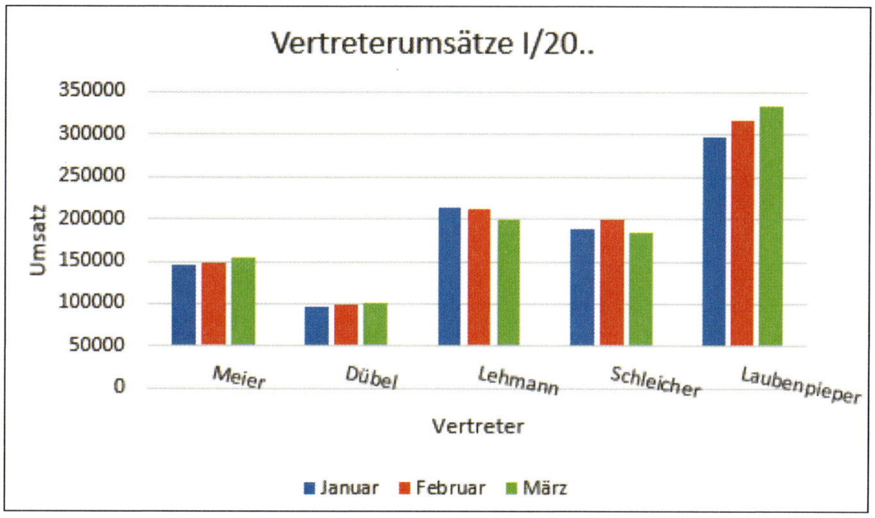

3.4.3.2 Den Diagrammtyp verändern

EXCEL bietet zur Darstellung Ihrer Daten verschiedene Diagrammtypen an. Je nach Art der darzustellenden Daten sollten Sie einen passenden Diagrammtyp wählen. Im vorliegenden Beispiel bietet sich z. B. auch ein Balkendiagramm zum Vergleich der Vertreterumsätze an.

Klicken Sie daher zunächst auf das Diagramm, sodass die Diagramm-Multifunktionsleisten aufrufbar sind. Hier benötigen Sie speziell die Entwurf-Multifunktionsleiste:

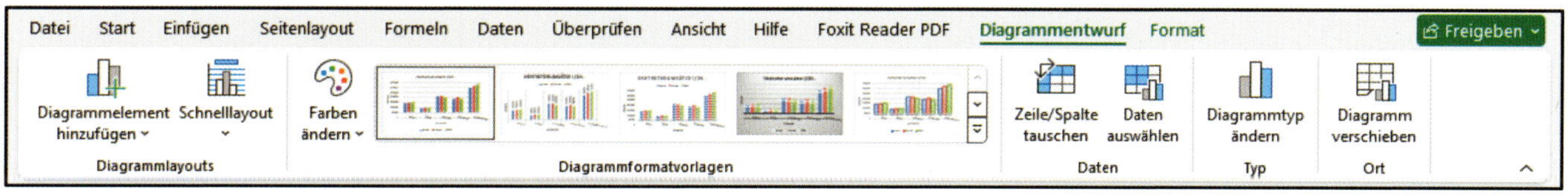

Ein Klick auf „Diagrammtyp ändern“ öffnet ein Auswahlfenster, in dem Sie eine sehr große Anzahl verschiedener Diagrammtypen abrufen können. Da wir ein Balkendiagramm benötigen wählen Sie das auch entsprechend aus, genauer gesagt „Gruppierte Balken“:

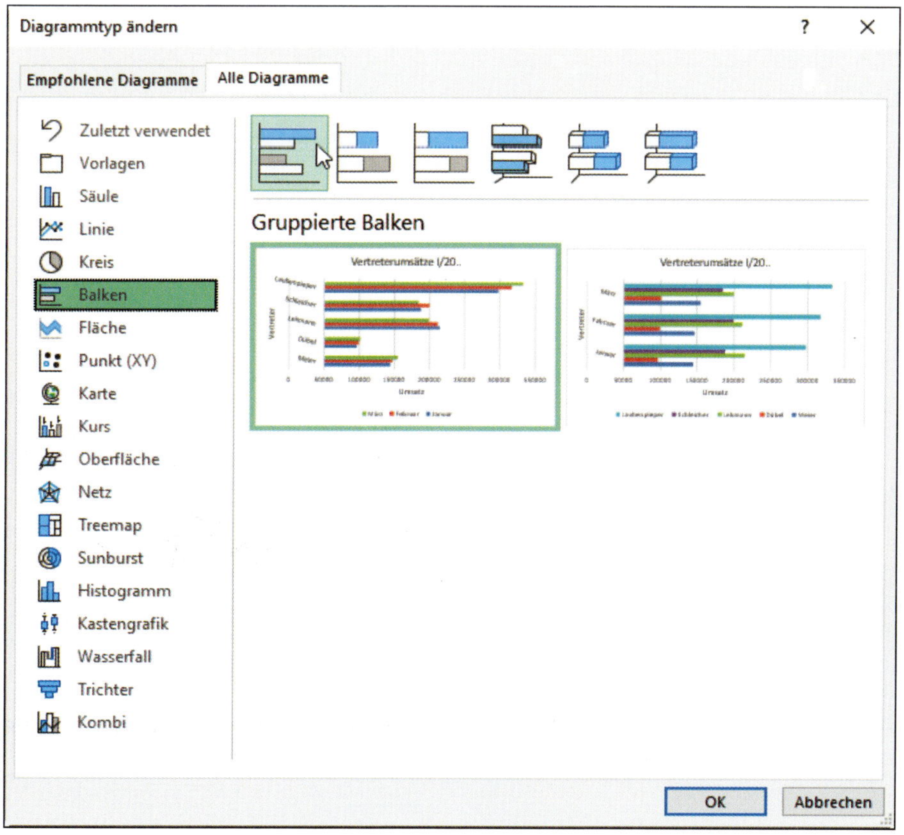

Das Diagramm wird nun unmittelbar als Balkendiagramm dargestellt. Neben der Darstellung des Diagramms passt *EXCEL* auch die Multifunktionsleisten entsprechend an.

Multifunktionsleiste:

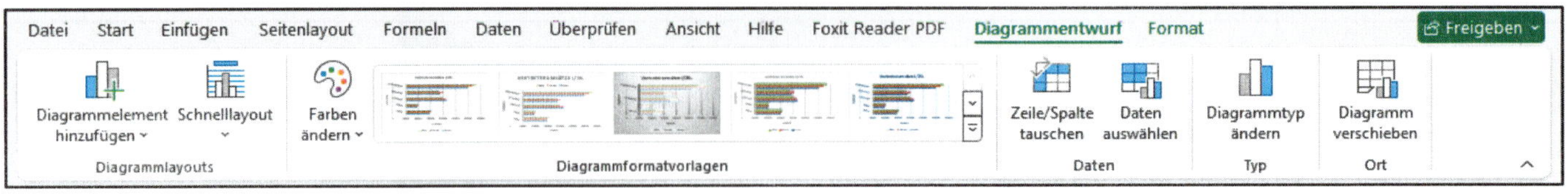

Diagramm:

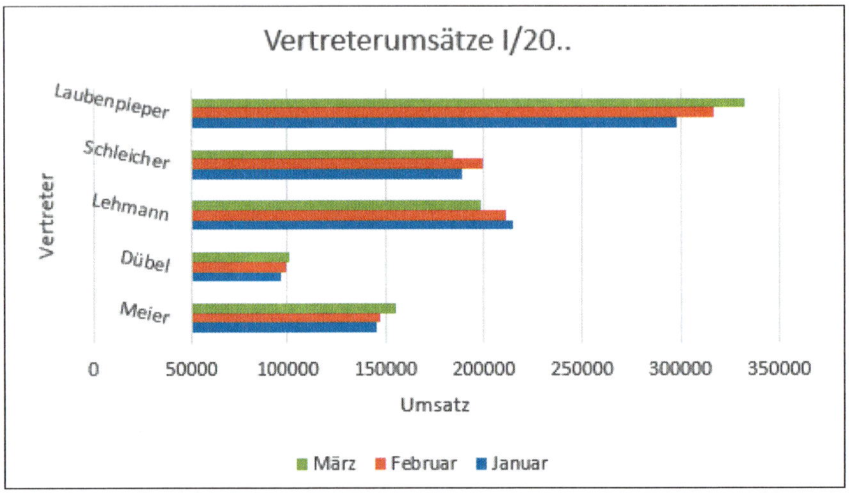

3.4.3.3 Verstreut liegende Datenreihen in einem Diagramm darstellen

In einem neuen Diagramm soll abschließend der Gesamtumsatz der Vertreter im ersten Quartal dargestellt werden. Dazu kopieren Sie zuerst die Ausgangsdaten, die sich in den Zellen A1 bis E10 befinden, in die Tabelle2 der Arbeitsmappe `Diagramme.xlsx`.

Das fertige Diagramm soll später das folgende Bild bieten:

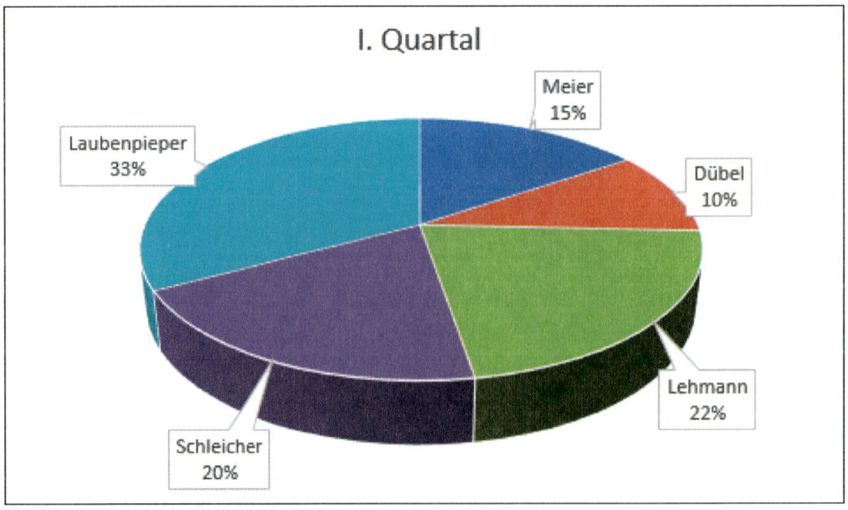

Das fertige Diagramm (ohne besondere Formatierung) in Tabelle2

Ausgangspunkt für das Diagramm sind die summierten Umsatzzahlen, die Sie in Spalte E berechnen lassen:

	A	B	C	D	E
1	Heinrich KG - Büromöbel und Zubehör				
2					
3	Vertreterumsätze im ersten Quartal 20..				
4					
5	Name	Januar	Februar	März	I. Quartal
6	Meier	145000	147000	155000	447000
7	Dübel	96500	99000	101000	296500
8	Lehmann	215000	211000	199000	625000
9	Schleicher	188500	199400	184500	572400
10	Laubenpieper	298000	317000	333000	948000

In Spalte E modifizierte Ausgangsdaten der TABELLE2

Zunächst müssen die Daten, die im Diagramm Verwendung finden sollen, markiert werden. Es handelt sich um die Namen in Spalte A und die summierten Umsätze in Spalte E.

Um nicht zusammenhängende Bereiche zu markieren, müssen Sie nach dem Markieren der ersten Datenreihe die Strg-Taste drücken, um weitere Reihen auszuwählen (siehe Seite 25). Markieren Sie also von A5 bis A10 und von E5 bis E10:

	A	B	C	D	E
1	Heinrich KG - Büromöbel und Zubehör				
2					
3	Vertreterumsätze im ersten Quartal 20..				
4					
5	Name	Januar	Februar	März	I. Quartal
6	Meier	145000	147000	155000	447000
7	Dübel	96500	99000	101000	296500
8	Lehmann	215000	211000	199000	625000
9	Schleicher	188500	199400	184500	572400
10	Laubenpieper	298000	317000	333000	948000

Wechseln Sie zur Einfügen-Multifunktionsleiste und wählen Sie als Diagrammtyp ein 3-D-Kreisdiagramm.

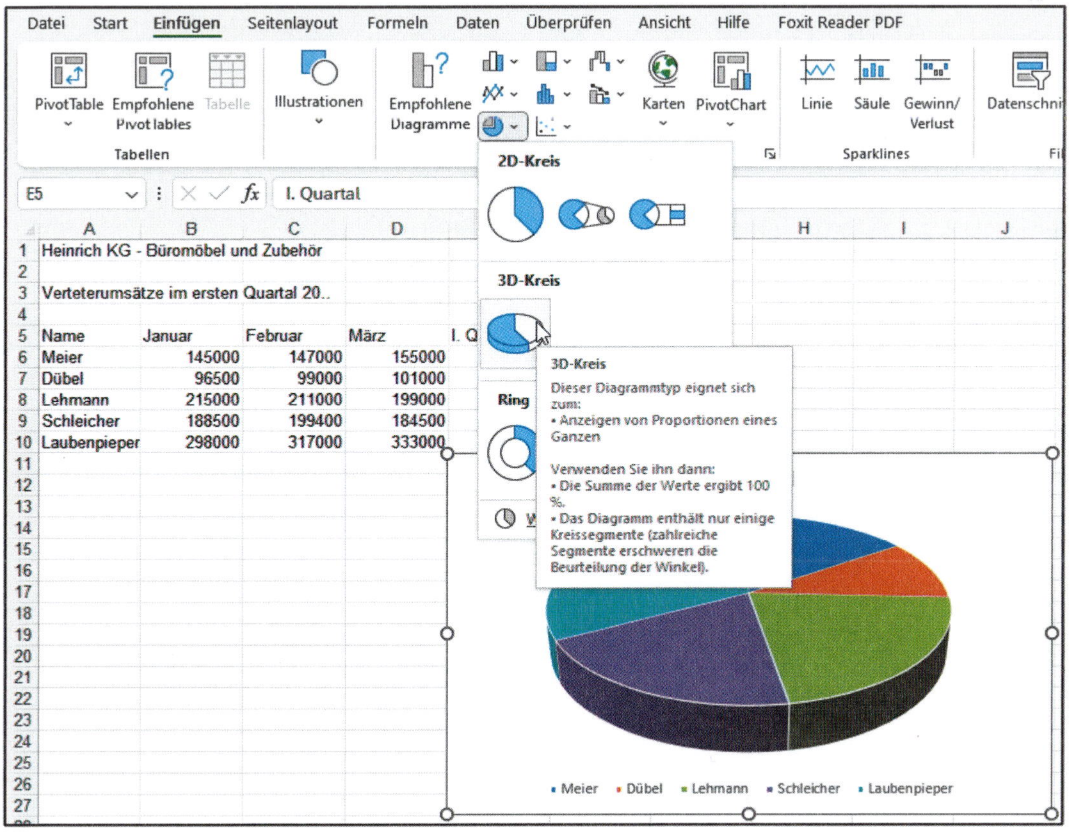

Das Ergebnis ist bereits ein recht ansehnliches Diagramm, das schon während der Auswahl im Hintergrund angezeigt wird, aber dennoch einer Nachbearbeitung bedarf, weil es eine zu geringe Aussagekraft besitzt.

Über das Symbol für DIAGRAMMELEMENTE schalten Sie nun die Legende aus:

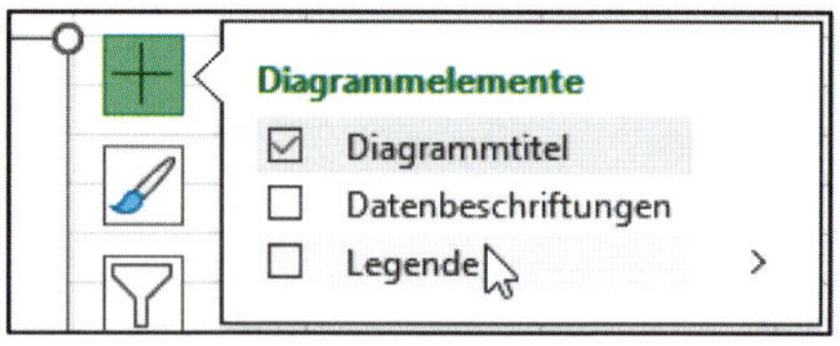

Hier können Sie auch die Datenbeschriftungen anpassen, indem Sie auf den Erweiterungspfeil neben dem Wort „Datenbeschriftungen" klicken und dort „Datenlegenden" auswählen. – Den Erweiterungspfeil sehen Sie dann, wenn Sie die Maus über „Datenbeschriftungen" bewegen, ohne mit den Maustasten zu klicken.

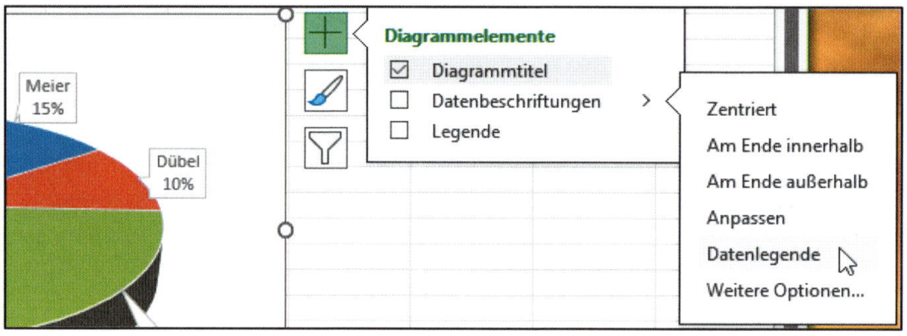

Das Diagramm sieht jetzt so aus, wie das eingangs schon dargestellt wurde.

Wenn Sie die klassische Darstellung (aus älteren *EXCEL*-Versionen) erstellen wollen, dann geht auch das. Sie müssen allerdings dann einige zusätzliche Einstellungen vornehmen. Speichern Sie aber zunächst den aktuellen Stand des Diagramms ab.

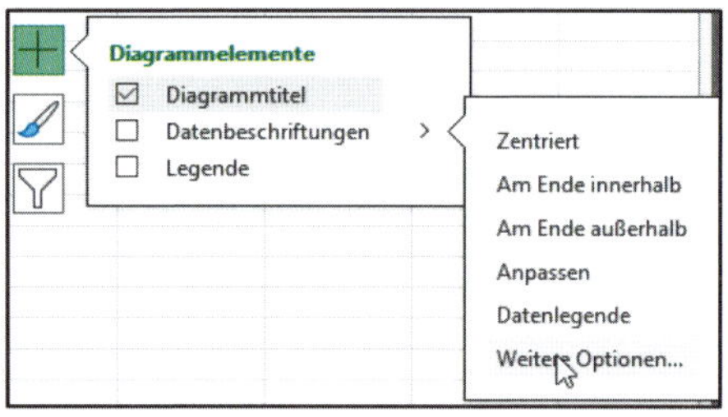

Wechseln Sie anschließend erneut über das Symbol für DIAGRAMMELEMENTE und wechseln Sie dort in die „Weiteren Optionen...", nachdem Sie zuvor die „Datenbeschriftungen" wieder ausgeschaltet haben (Klick auf das Häkchen). Danach wählen Sie unter BESCHRIFTUNGSOPTIONEN ein Format, bei dem die Namen und die prozentualen Anteile mit angezeigt werden. Stellen Sie dort die nebenstehenden Einstellungen her.

Danach ist das Diagramm in seinen Grundzügen bereits fertiggestellt. Schließen Sie über das entsprechende Symbol nun das Formatierungsfenster.

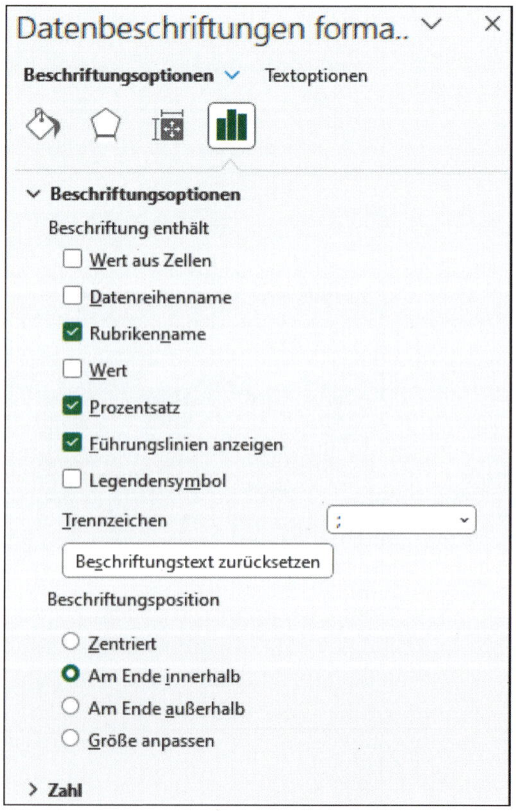

Sie sollten jetzt abschließend das folgende Bild auf Ihrem Bildschirm sehen:

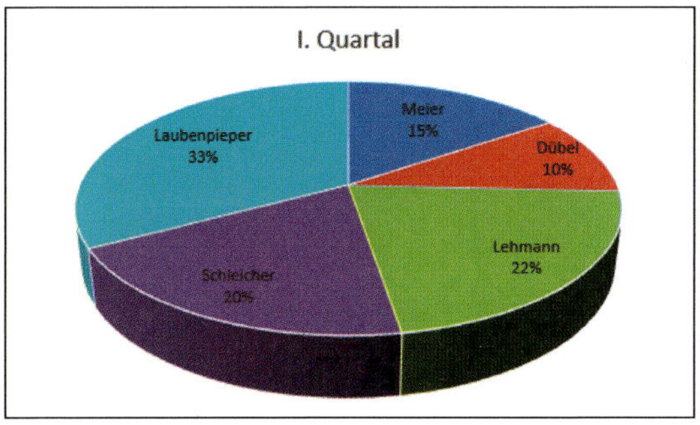

An diesem Beispiel sehen Sie, dass mit geringem Aufwand recht ähnliche Ergebnisse erzielt werden können, die sich aber in Details deutlich unterscheiden. Welches Diagramm Sie letztlich erstellen, hängt davon ab, für welchen Zweck es eingesetzt werden soll oder ob es Vorgaben gibt (z.B. durch die Aufgabenstellung einer Klausur oder das Corporate Design im Unternehmen).

3.4.3.4 Datenreihen und -punkte mit Mustern versehen

Praxissituation:

Für eine interne Besprechung in der Abteilung Verkauf, in der es um einen Vergleich der Absatzzahlen für einzelne Produkte mit denen eines Wettbewerbers gehen soll, werden Sie gebeten eine einfache Grafik vorzubereiten. Zu diesem Zweck liegen Ihnen zwei Zahlen über die Absatzzahlen für einen Konferenzstuhl vor, einmal die aus dem eigenen Haus und die des Wettbewerbers, der Gebr. Waldmann GmbH.

Legen Sie zunächst eine neue Arbeitsmappe `Datenreihen.xlsx` an, in der Sie die folgende Tabelle eingeben:

	A	B	C	D
1	Vergleich der Absatzzahlen für Konferenzstühle			
2	Heinrich KG vs. Gebr. Waldmann GmbH			
3				
4	**Verkaufszahlen für Konferenzstuhl Visit**			
5				
6		Stückzahl		
7	Heinrich KG	1234		
8	Waldmann GmbH	940		

Ein schnell erstelltes Diagramm würde zwar die beiden Verkaufszahlen ebenfalls verdeutlichen, aber ein besonderer Blick soll ja auf die eigenen Zahlen gerichtet sein. Zu diesem Zweck kann man Datenreihen auch mit Mustern oder sogar eigenen Bildern versehen.

Legen Sie zunächst ein einfaches Diagramm an:

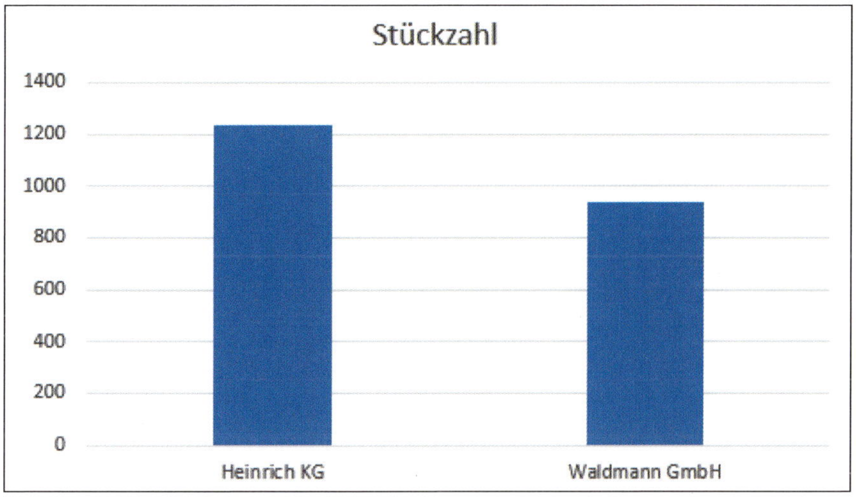

Im nächsten Schritt sollen die beiden Datenreihen so formatiert werden, dass die Säule des eigenen Produkts durch das Logo der Heinrich KG und die Säule der Waldmann GmbH durch eine Holzmaserung dargestellt wird:

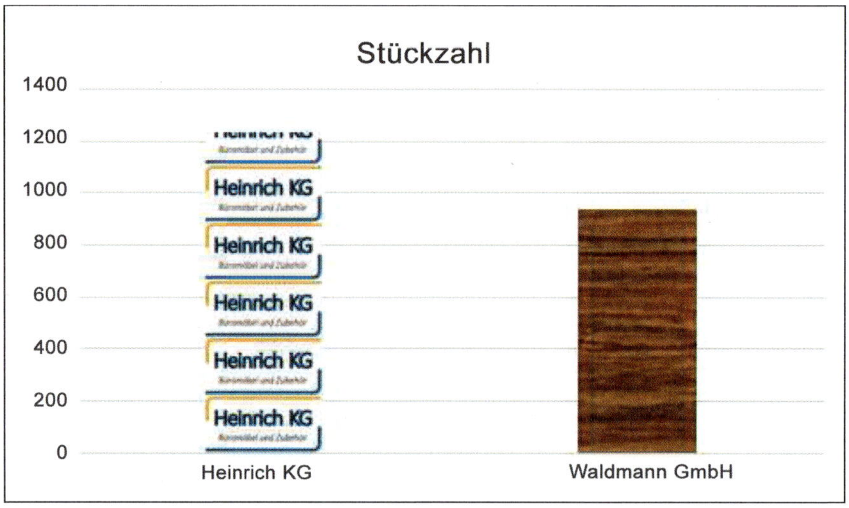

Um dies zu erreichen, sind nur wenige Einstellungen notwendig. Klicken Sie zunächst zweimal auf die Säule mit dem Wert der Heinrich KG. Sie dürfen hier aber keinen Doppelklick machen, sondern müssen die beiden Klicks langsam und nacheinander durchführen. Nach dem ersten Klick sind beide Säulen markiert (erkennbar an den Punkten). Würden Sie jetzt einen Rechtsklick ausführen, würde *EXCEL* Ihnen anbieten, dass Sie die *Datenreihen* formatieren können. Nach dem zweiten Klick ist nur noch die linke Säule markiert. Klicken Sie jetzt mit der rechten Maustaste und wählen Sie „Datenpunkt formatieren" aus.

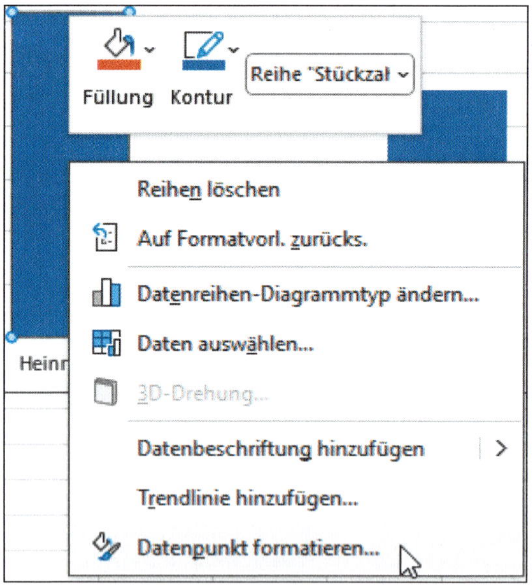

Im anschließend sichtbaren Teilfenster „Datenpunkt formatieren“ wählen Sie unter „Füllung“ aus, dass Sie eine Bild-Datei (hier das Logo der Heinrich KG) verwenden wollen und dass Sie diese Datei „stapeln“ möchten. Probieren Sie die verschiedenen Einstellmöglichkeiten einmal aus. Wenn Ihnen das Logo nicht vorliegt, können Sie auch jedes andere Bild nutzen, was zur Verfügung steht!

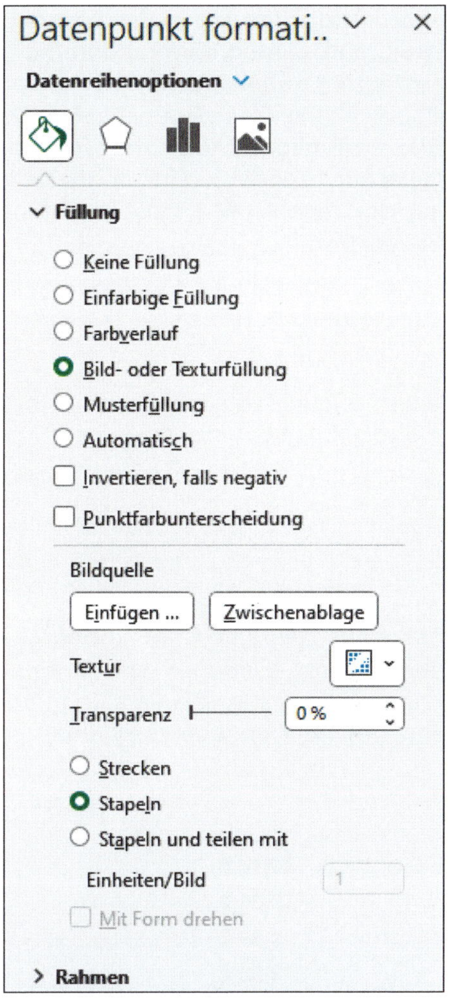

Jetzt müssen Sie nur noch die Datenpunkte des Wettbewerbers formatieren, indem Sie hier kein Bild, sondern eine Textur auswählen, also z. B. eine Holzmaserung:

3.4.3.5 Trendlinien verwenden

Praxissituation:

Sie sollen eine Übersicht über die Einkaufspreise für Spanplatten in den letzten Monaten erstellen. Dazu hat Ihnen Herr Bast eine Liste mit den entsprechenden Preisen pro Quadratmeter des letzten Jahres zur Verfügung gestellt. Diese sehen Sie rechts.

Preise für Spanplatten

Jahr 20..			
Januar	9,43 €	Juli	9,68 €
Februar	9,40 €	August	9,70 €
März	9,46 €	September	9,50 €
April	9,50 €	Oktober	9,98 €
Mai	9,75 €	November	10,00 €
Juni	9,62 €	Dezember	9,70 €

Legen Sie eine neue Arbeitsmappe `Trendlinien(Spanplatten-Preise).xlsx` an. Darin geben Sie die unten abgebildete Tabelle ein und erstellen anschließend ein einfaches Säulendiagramm.

	A	B
1	***Preise für Spanplatt***	
2		
3	**Jahr 20..**	
4	Januar	9,43 €
5	Februar	9,40 €
6	März	9,46 €
7	April	9,50 €
8	Mai	9,75 €
9	Juni	9,62 €
10	Juli	9,68 €
11	August	9,70 €
12	September	9,50 €
13	Oktober	9,98 €
14	November	10,00 €
15	Dezember	9,70 €

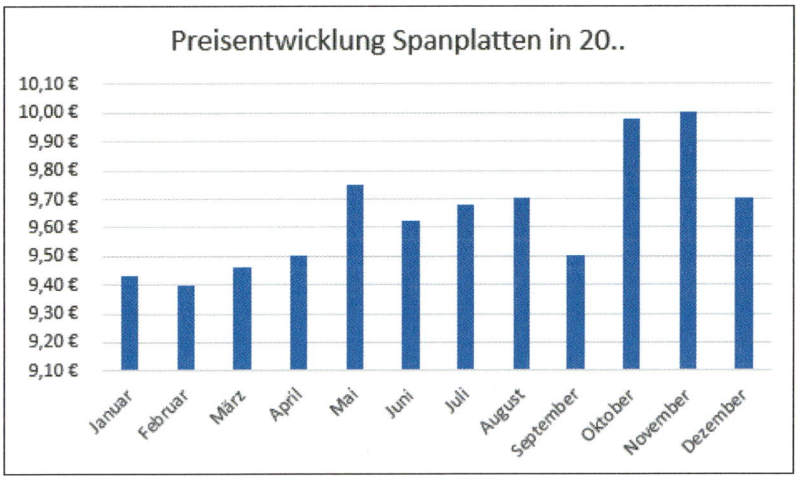

Interessant wäre, wenn Sie diesem Säulendiagramm direkt entnehmen könnten, ob die Preise insgesamt gestiegen, gefallen oder eher gleichgeblieben sind, also, welcher Trend in der Preisentwicklung vorliegt. Hier ermöglicht *EXCEL* mit wenigen Klicks eine sogenannte Trendlinie einzufügen. Klicken Sie einfach mit der rechten Maustaste auf eine der Säulen im Diagramm.

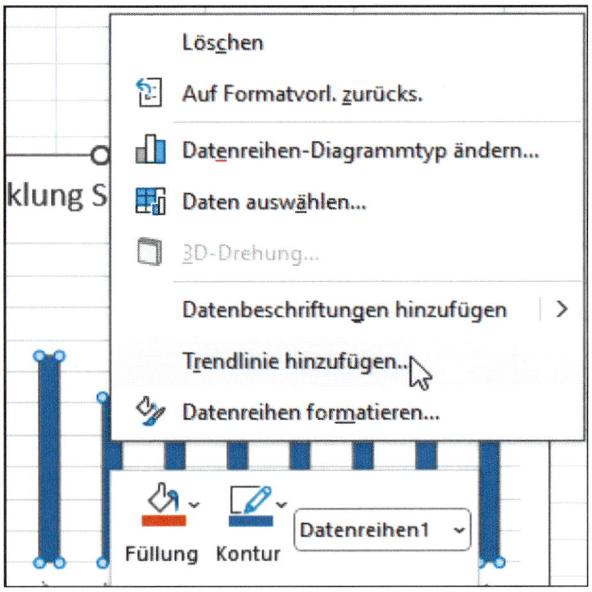

Sie sehen dann ein Kontextmenü, bei dem Sie einfach eine Trendlinie auswählen können. *EXCEL* wird diese anschließend als Linie in Ihr Diagramm einzeichnen, sodass man gut ablesen kann, wie stark die Preise sich in der dargestellten Periode verändert haben. Das Ergebnis sollte so aussehen, wenn Sie eine lineare Trendlinie auswählen:

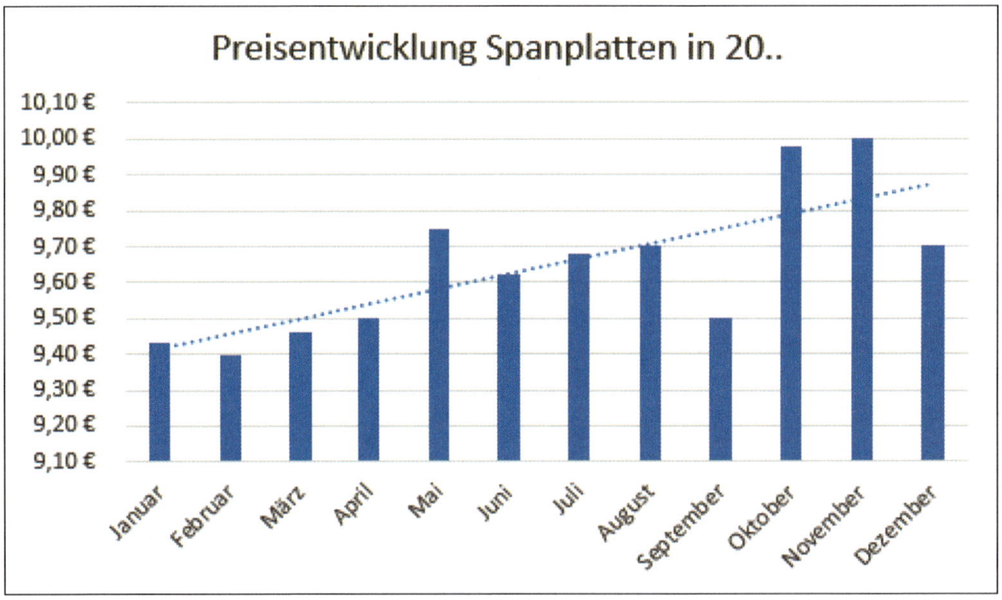

Kontrollfragen:

1. Was bewirkt nach dem Markieren eines Datenbereichs das Drücken der Taste F11?
2. Sie wollen ein Diagrammelement, z. B. eine Überschrift, formatieren. Wie gehen Sie vor?
3. Sie wollen aus verstreut liegenden Datenreihen ein Diagramm erstellen. Wie markieren Sie die Datenreihen?
4. Was geschieht mit den Multifunktionsleisten, wenn Sie den Diagrammtyp ändern?
5. Welchem Zweck dient eine Trendlinie und wie fügt man diese in ein Diagramm ein?

3.5 Übungen zum Lernfeld 4

Hinweis: Alle Übungstabellen zum Lernfeld 4 sollen in thematisch zugeordneten Arbeitsmappen angelegt werden. Diese folgen dem folgenden Benennungsmuster: `Übungen zum Lernfeld 4 (Thema).xlsx` „Thema" wird dabei durch „Funktionen", „Suchfunktionen" bzw. „Diagramme" ersetzt.

Die einzelnen Tabellenblätter nehmen jeweils eine Aufgabe auf, können aber auch weitere Tabellenblätter benötigen, wenn z. B. Hilfstabellen erforderlich sind, und werden sinnvoll benannt (also z. B. ÜBUNG 1 (GEHALTSLISTE), ÜBUNG 2A (REPARATUR) USW.).

3.5.1 Übungsaufgaben zum Thema „Funktionen"

3.5.1.1 Übung 1 (Gehaltsliste)

Die nachfolgende Gehaltsliste der Heinrich KG soll mithilfe von statistischen Funktionen ausgewertet werden. Ermitteln Sie die Rangfolge, die Anzahl der Mitarbeiter, die monatliche Gehaltssumme, das geringste, das höchste und das Durchschnittsgehalt. Ihre Lösung sollte folgendermaßen aussehen:

	A	B	C	D
1	Heinrich KG - Büromöbel und Zubehör			
2				
3		Gehaltsliste		
4				
5		Name	Monatsgehalt	Rangfolge
6		Abel	1.611,00 €	4
7		Bergmann	980,00 €	6
8		Deiters	2.325,00 €	2
9		Mengelkamp	1.932,00 €	3
10		Offermann	1.380,00 €	5
11		Pleitges	3.450,00 €	1
12		Summe	11.678,00 €	
13				
14		Anzahl der Mitarbeiter:		6
15		Kleinstes Gehalt:		980,00 €
16		Höchstes Gehalt:		3.450,00 €
17		Durchschnittsgehalt:		1.946,33 €

3.5.1.2 Übung 2 (Reparatur)

a) Die Ihnen bereits bekannte Schraub & Söhne OHG führt Reparaturen an den an die Heinrich KG gelieferten Geräten zu folgenden Bedingungen aus: Berechnet werden der tatsächliche Material- und Zeitaufwand, zusätzlich eine Fahrtkostenpauschale für Fahrten innerhalb des Stadtgebietes von 7,50 €, sonst 12,50 €. Erstellen Sie die folgende Tabelle, die auch für weitere Reparaturrechnungen benutzt werden soll. Tragen Sie anschließend probeweise „Außengebiet" ein.

Achtung! Das Rechnungsdatum soll automatisch dem aktuellen Datum entsprechen. Wenn Sie diese Aufgabe z. B. am 20. November 2026 bearbeiten, dann steht dort 20. 11. 2026!

	A	B	C	D	E	F
1						
2			Reparaturrechnung vom		20.09.2025	
3						
4		Materialaufwand				49,50 €
5		Stunden	2,5	à	30,00 €	75,00 €
6		Fahrtkostenpauschale		Stadtgebiet		7,50 €
7						132,00 €
8		+ 19 % Umsatzsteuer				25,08 €
9		zu zahlen				157,08 €
10						
11						
12			Reparaturrechnung vom		20.09.2025	
13						
14		Materialaufwand				49,50 €
15		Stunden	2,5	à	30,00 €	75,00 €
16		Fahrtkostenpauschale		Außengebiet		12,50 €
17						137,00 €
18		+ 19 % Umsatzsteuer				26,03 €
19		zu zahlen				163,03 €

17 Merkur-Nr. 0825

b) Übungsteil a) wird wie folgt ergänzt:
Zusätzlich ist eine Kleinmaterialpauschale zu entrichten, die vom Materialaufwand abhängt:
Bis 50,00 € sind 2 % vom Materialwert zu berechnen, von 50,01 € bis 100,00 € 2,5 % und darüber 3 %.

	A	B	C	D	E	F
1						
2			Reparaturrechnung vom		20.09.2025	
3						
4		Materialaufwand				49,50 €
5		Stunden	2,5	à	30,00 €	75,00 €
6		Fahrtkostenpauschale		Stadtgebiet		7,50 €
7		Kleinmaterial (pauschal)				0,99 €
8						132,99 €
9		+ 19 % Umsatzsteuer				25,27 €
10		zu zahlen				158,26 €

3.5.1.3 Übung 3 (Weiterbildung)

a) Frau Heinrich, die Komplementärin der Heinrich KG möchte alle Mitarbeiter an einer überbetrieblichen Weiterbildungsmaßnahme teilnehmen lassen, die folgende Bedingungen gleichzeitig erfüllen:

- mindestens 3 Jahre Tätigkeit im Betrieb nach der Abschlussprüfung,
- letzte Beurteilung mindestens mit 3 (Schulnoten),
- keine unentschuldigten Verspätungen.

Fertigen Sie folgende Tabelle an (Spalte F wird berechnet!):

	A	B	C	D	E	F
1						
2		Name	Anzahl_Jahre	Note	Verspätungen	Fortbildung?
3		Abel	4	3	ja	NEIN
4		Bergmann	6	4	nein	NEIN
5		Deiters	5	4	nein	NEIN
6		Mengelkamp	3	2	nein	JA
7		Offermann	4	3	nein	JA
8		Pleitges	2	1	nein	NEIN

b) Was müssen Sie in Bezug auf die Lösung zu a) ändern, wenn es ausreicht, dass nur eine der drei Bedingungen notwendig ist? – Auch hier sind die Werte in Spalte F natürlich durch Formeln entstanden!

	A	B	C	D	E	F
1						
2		Name	Anzahl_Jahre	Note	Verspätungen	Fortbildung?
3		Abel	4	3	ja	JA
4		Bergmann	6	4	nein	JA
5		Deiters	5	4	nein	JA
6		Mengelkamp	3	2	nein	JA
7		Offermann	4	3	nein	JA
8		Pleitges	2	1	nein	JA

c) Wenn Sie die Aufgabenteile a) und b) problemlos lösen konnten, können Sie sich auch an diese Aufgabe wagen. Mit welcher Änderung der Formeln in Spalte F lässt sich das nachfolgende Ergebnis erreichen? – Tipp: Sie benötigen eine Verschachtelung und es geht um ein Ausschlusskriterium!

	A	B	C	D	E	F
1						
2		Name	Anzahl_Jahre	Note	Verspätungen	Fortbildung?
3		Abel	4	3	ja	NEIN
4		Bergmann	6	4	nein	JA
5		Deiters	5	4	nein	JA
6		Mengelkamp	3	2	nein	JA
7		Offermann	4	3	nein	JA
8		Pleitges	2	1	nein	JA

Hier nur weiterlesen, wenn Sie keine Idee haben, warum bei „Abel“ jetzt keine Fortbildung mehr möglich ist! Die „Verspätungen“ scheinen hier also das Ausschlusskriterium zu sein. Ist jemand häufig verspätet, darf er keine Fortbildungen machen. In der Formel würde dies so umgesetzt:

```
=WENN(UND(E3="ja";ODER(C3>=4;D3<=3));"NEIN";"JA")
```

3.5.2 Übungsaufgaben zum Thema „Suchfunktionen“

3.5.2.1 Übung 1 (Rechnung)

Es soll ein Rechnungsformular erstellt werden, das mit geschickter Verwendung der Suchfunktionen eine möglichst effiziente Rechnungserstellung ermöglicht. Zum Ende Ihrer Bemühungen sollte Ihr Rechnungsformular etwa folgendes Aussehen haben:

	A	B	C	D	E	F	G
1	**Heinrich KG · Rahlstedter Straße 144 · 22143 Hamburg**						
2							
3							
4	Heinrich KG · Rahlstedter Str. 144 · 22143 Hamburg						
5	Windisch GmbH						
6	Postfach 97						
7	44287 Dortmund						
8							
9							
10							
11							
12							
13							
14							
15							
16							
17			**RECHNUNG Nr.**	**1136/99**	**vom**	**20.09.2025**	
18							
19				Kundennummer:		7105	
20					(bei Zahlung bitte angeben)		
21							
22							
23	Menge	Artikelnr	Artikelbezeichnung		Einzelpreis	Gesamtpreis	
24	2	A-1302170-S	Regalsystem aus Massivholz		1.101,00 €	2.202,00 €	
25	3	B-2103137-L	Schreibtischlampe aus Metall		68,00 €	204,00 €	
26	10	A-1507155-V	Bürostuhl mit Ring-Armlehnen		78,00 €	780,00 €	
27						3.186,00 €	
28				10,00%	Rabatt	318,60 €	
29						2.867,40 €	
30				Frachtzone	2	18,00 €	
31						2.885,40 €	
32				19,00%	Umsatzsteuer	548,23 €	
33					zu zahlen	3.433,63 €	
34							
35							
36							
37							
38							
39							
40							
41							
42							
43							
44							
45							
46	*Zahlungsbedingungen:*		**Zahlbar sofort ohne Abzug!**				
47							
48	*Bankverbindungen:*		Konto DE07 2005 0550 1120 2399 08 (Hamburger Sparkasse)				
49			Konto DE61 2001 0020 0064 0697 54 (Postbank Hamburg)				

Vorgaben

1. Legen Sie eine neue Arbeitsmappe in *EXCEL* namens `Übungen zum Lernfeld 4 (Suchfunktionen).xlsx` an.
2. Kopieren Sie die bereits erstellte Tabelle1 aus der Arbeitsmappe `Artikel.xlsx` in diese Mappe. – Erstellt haben Sie diese Tabelle in den „Übungen zum Lernfeld 3“ auf Seite 71.
3. Markieren Sie die gesamte Tabelle und vergeben Sie den Namen Artikel.
4. Gehen Sie zum nächsten Tabellenblatt und legen Sie die Kundentabelle an.

	A	B	C	D	E	F
1	Kunden-Nr	Name der Firma	Straße	Postleitzahl	Stadt	Rabattsatz
2	7101	Schneidewind OHG	Kellnerstr. 47	44227	Dortmund	12,00%
3	7102	Knurrhahn & Söhne	Weseler Str. 56	58513	Lüdenscheid	0,00%
4	8103	Hans Guckindieluft	Schaustr. 77	44309	Dortmund	5,00%
5	7104	Zubehör GmbH	Hilfsweg 33	58515	Lüdenscheid	15,00%
6	7105	Windisch GmbH	Postfach 97	44287	Dortmund	10,00%
7	7106	ComZu KG	Druckerweg 12	58509	Lüdenscheid	12,00%
8	8107	Herta Wurstmann	Fleischergasse	45896	Gelsenkirchen	5,00%
9	7108	Streitmann GmbH	Hafenstr. 66	58119	Hagen	0,00%
10	7109	Webstuhl OHG	Postfach 45	58091	Hagen	8,00%
11	8110	Kurt Hacker	Kölner Str. 45	58507	Lüdenscheid	5,00%
12	7111	Gebr. Langsam	Körnerstr. 98	58135	Hagen	12,50%

5. Markieren Sie auch diese Tabelle und vergeben Sie den Namen Kunden.
6. Erstellen Sie in einem weiteren Tabellenblatt, das Sie Fracht nennen, die folgenden Tabellen zur Frachtermittlung:

	A	B	C	D	E	F
1	Frachtkosten					
2						
3	**Postleitzahl**	**Zone**			**Zone**	**Fracht**
4	-1,00E+30	"Fehler"			1	12,50 €
5	1000	4			2	18,00 €
6	30000	3			3	25,00 €
7	40000	2			4	40,00 €
8	48000	3				
9	50000	2				
10	57000	1				
11	60000	3				
12	70000	4				

7. Markieren Sie die erste Tabelle (A4:B12) und weisen Sie ihr den Namen Frachtzonen zu.
8. Für die zweite Tabelle vergeben Sie im Bereich F4:F7 den Namen Fracht.
9. Schauen Sie sich jetzt noch einmal das vorgegebene Rechnungsmuster an. Woher stammen die Daten jeweils?

   Versuchen Sie nun auf der Basis der Vorgabedaten mithilfe von Suchfunktionen eine möglichst komfortable eigene Lösung zu erarbeiten. An dem Muster auf Seite 131 können Sie sich orientieren. – Falls Sie bei der Lösung Schwierigkeiten haben, die Sie nicht beheben können, können Sie auf der folgenden Seite einen möglichen Lösungsweg nachvollziehen. Tun Sie sich aber selbst den Gefallen und sehen Sie dort erst nach, wenn Sie – evtl. zusammen mit Ihrem Platznachbarn – nicht auf eine eigenständige Lösung gekommen sind, denn in einem Test, einer Klassenarbeit (Klausur) oder Ihrer Abschlussprüfung haben Sie auch nicht die Möglichkeit einen Lösungsweg „abzutippen“!

Hilfen zur Erstellung

a) Der Absender (Zeilen 1 und 4) sowie der Rechnungsfuß (Zeilen 46 bis 49) sind fester Bestandteil der Rechnung und müssen eingegeben werden. Die mittig stehenden Punkte zwischen den Adressbestandteilen können Sie bei einer DIN-Tastatur sehr leicht eingeben. Drücken und halten Sie die [Alt]-Taste. Während Sie diese Taste gedrückt halten, tippen Sie auf dem Zehnerblock die Zahl 250. Wenn Sie nun die [Alt]-Taste loslassen, erscheint der mittig stehende Punkt „·“. Wenn Sie dieses Zeichen nicht schreiben können, nehmen Sie stattdessen einfach das Minuszeichen.

b) Das „Firmenlogo“ können Sie als Grafik über die Einfügen-Multifunktionsleiste einbinden, wenn es Ihnen von Ihrer Lehrerin/Ihrem Lehrer zur Verfügung gestellt wurde. Wenn Sie das Logo der Heinrich KG nicht vorliegen haben, dann können Sie auch ein beliebiges Clipart einfügen.

c) Die Anschrift des Kunden steht in der Kundentabelle. Lassen Sie *EXCEL* mit der Funktion SVERWEIS die Firmenbezeichnung in A5 eintragen. Das Suchkriterium ist die Kundennummer!

d) A6 (Postfach/Straße) siehe c).

e) A7 (Postleitzahl und Stadt): Zwei Felder der Kundentabelle müssen hier verbunden und außerdem durch ein Leerzeichen getrennt werden. Die Verbindung geschieht durch das kaufmännische und-Zeichen (&). Sie „leimen“ damit praktisch verschiedene Funktionen aneinander. Notwendig sind hier die beiden SVERWEISe, mit denen PLZ und Ort aus der Kundentabelle ermittelt werden und die Ausgabe eines Leerzeichens dazwischen. Dies würde in einer einzelnen Zelle über =" " erfolgen.

Sie haben also die drei Einzelfunktionen:

```
=SVERWEIS(F19;Kunden;4;FALSCH)
=" "
=SVERWEIS(F19;Kunden;5;FALSCH)
```

Diese „leimen“ Sie wie folgt zusammen, sodass in Zelle A7 eingegeben werden muss:

```
=SVERWEIS(F19;Kunden;4;FALSCH)&" "&SVERWEIS(F19;Kunden;5;FALSCH)
```

Wenn Sie mit dem Funktions-Assistenten arbeiten, müssen Sie nach jeder Teilfunktion in die Eingabezeile – hinter den bereits dort stehenden Teil – klicken und das „&“ manuell eingeben, ebenso das " ". Den zweiten SVERWEIS geben Sie dann wieder wie gewohnt ein.

f) F17: Das aktuelle Datum wird bekanntlich durch die Funktion HEUTE() erzeugt.

g) Mengen und Nummern der zu berechnenden Artikel müssen eingegeben werden.

h) Die Artikelbezeichnungen und die Einzelpreise hingegen müssen mit SVERWEIS aus der Artikeltabelle übernommen werden. Suchkriterium ist jeweils die Artikelnummer.

i) Der Gesamtpreis und die Summe sollten Ihnen keine Schwierigkeiten bereiten.

j) Der Rabattsatz kann mit SVERWEIS aus der Kundentabelle übertragen werden.

k) *EXCEL* berechnet den Rabatt in € und den verminderten Gesamtbetrag.

l) Schwieriger wird es bei der Ermittlung der Frachtzone, die von der Entfernung vom Lieferort (Kriterium ist die Postleitzahl) abhängen soll. Zunächst müssen Sie über die Kundennummer in der Kundentabelle die Postleitzahl suchen lassen, die wiederum Suchkriterium für das Auffinden der Zone in der Frachtzonentabelle ist. Auch hier empfiehlt sich wieder der Einsatz des Funktions-Assistenten, da Sie dann immer nur eine Funktion vor Augen haben und nicht durch die Verschachtelung verwirrt werden.

```
=SVERWEIS(SVERWEIS(F19;Kunden;4;FALSCH);Frachtzonen;2)
```

m) Den Frachtbetrag erhalten wir über die Indexfunktion:

```
=INDEX(Fracht;E30)
```

n) Die Berechnung der Umsatzsteuer und des Endbetrages werden Sie leicht schaffen.

3.5.2.2 Übung 2 (Gehaltsabrechnung)

Für eine automatisierte Gehaltsabrechnung soll ein entsprechendes Formular in *EXCEL* erstellt werden. Dies könnte wie folgt aussehen:

	A	B	C	D
1	**Lohn- und Gehaltsabrechnung**			
2				
3		Personalnummer		401
4		Name		Adamo
5		Vorname		Salvatore
6		Tarifgruppe		3
7		Eintritt in die Tarifgruppe		02.07.2001
8		Zugehörigkeit Tarifgruppe in Jahren		25
9		Krankenkasse		ASK
10		Steuerklasse		eins
11				
12				
13	**Tarifliches Entgelt:**			2.429,00 €
14	VL des Arbeitgebers			40,00 €
15	**Bruttoentgelt**			2.469,00 €
16	Steuerfreibetrag			- €
17	Steuerpfl. Entgelt			2.469,00 €

In den farblich hervorgehobenen Zellen sollen Formeln stehen, die aus den folgenden Hilfstabellen mithilfe der Ihnen bekannten Funktionen die notwendigen Angaben holen, sobald eine der Personalnummern in der Zelle D3 eingegeben wird.

Beachten Sie dabei Folgendes:

- Die Dauer zur Zugehörigkeit zur Tarifgruppe ist entscheidend für die Ermittlung des tariflichen Bruttogehaltes.
- Wenn jemand länger als 7 Jahre in einer Tarifgruppe ist, dann bekommt er den Höchstsatz, also den Wert, der bei 7 Jahren eingetragen ist.
- Beschäftigte der Tarifgruppe „AT“ werden außertariflich bezahlt, erhalten also kein Gehalt aus der Tariftabelle, sondern das, welches in den Personaldaten vermerkt ist.
- Die oben eingetragenen Werte für die Personalnummer 401 dienen nur zur Kontrolle, sollten also auch bei Ihnen auf dem Bildschirm erscheinen, wenn Sie die Lösung korrekt vorgenommen haben. Die Zugehörigkeit zur Tarifgruppe in Jahren wird natürlich evtl. abweichen, denn die Musterlösung ist am 20.09.2025 entstanden. Erstellen Sie eine Lösung im September 2026, dann würde dort bereits stehen, dass Herr Adamo schon 26 Jahre in dieser Tarifgruppe ist.
- Testen Sie Ihre erstellte Tabelle ausgiebig, um sicherzugehen, dass auch alle Fälle funktionieren und überlegen Sie auch selbst, welche Werte Sie heraussuchen würden, wenn Sie die Gehaltsabrechnung ohne eine Tabellenkalkulation erstellen sollen.

Hilfstabelle PERSONALTABELLE:

	A	B	C	D	E	F	G	H	I	J
1	**P-Nr.**	**Name**	**Vorname**	**Tarifgruppe**	**Tarifgruppe seit**	**außertariflich**	**Steuerklasse**	**Steuerfreibetrag**	**Krankenkasse**	**VL-AG-Anteil**
2	100	Ostendorf	Johann	AT	01.07.2001	6.000,00 €	eins	1.470,00 €	BKK ESBK	0,00 €
3	101	York	Bettina	4	01.12.2016		zwei	0,00 €	AKK	34,00 €
4	200	Ebstein	Katja	6	01.12.2017		vier	0,00 €	AKK	40,00 €
5	201	Illic	Bata	4	01.09.2014		vier	0,00 €	BKK ESBK	40,00 €
6	300	Anders	Christian	AT	01.04.2006	4.370,00 €	drei	470,00 €	BKK ESBK	0,00 €
7	302	Hänning	Gitte	4	01.08.2018		eins	0,00 €	AKK	26,59 €
8	400	Markus	Jürgen	6	01.08.1992		drei	0,00 €	ASK	0,00 €
9	401	Adamo	Salvatore	3	02.07.2001		eins	0,00 €	ASK	40,00 €
10	402	Cordalis	Costa	4	23.01.2020		drei	0,00 €	ASK	0,00 €
11	403	Holm	Michael	5	19.12.2017		eins	0,00 €	ASK	34,00 €
12	500	Roberts	Christian	AT	01.10.1992	4.420,00 €	eins	0,00 €	BKK ESBK	0,00 €
13	501	Rosenberg	Marianne	3	01.02.2015		zwei	0,00 €	BKK ESBK	0,00 €

Hilfstabelle Tariftabelle:

	A	B	C	D	E	F	G	H
1	Tariftabelle 2025							
2								
3		1	2	3	4	5	6	<-- Tarifgruppe
4	1	1.726,00 €	1.830,00 €	1.964,00 €	2.139,00 €	2.730,00 €	3.793,00 €	
5	2	1.726,00 €	1.830,00 €	1.964,00 €	2.139,00 €	2.730,00 €	3.793,00 €	
6	3	1.954,00 €	2.072,00 €	2.066,00 €	2.262,00 €	2.900,00 €	4.074,00 €	
7	4	1.954,00 €	2.072,00 €	2.066,00 €	2.262,00 €	3.069,00 €	4.359,00 €	
8	5	2.109,00 €	2.247,00 €	2.221,00 €	2.387,00 €	3.444,00 €	4.359,00 €	
9	6	2.109,00 €	2.247,00 €	2.221,00 €	2.689,00 €	3.444,00 €	4.359,00 €	
10	7	2.109,00 €	2.247,00 €	2.429,00 €	2.689,00 €	3.444,00 €	4.359,00 €	
11	/\							
12	Zugehörigkeit zur Tarifgruppe in Jahren							

3.5.2.3 Übung 3 (Vorwahlerkennung)

Die Heinrich KG hat zahlreiche neue Lieferanten und Kunden im Ausland. Wenn diese anrufen, sehen Sie im Display Ihres Telefons oft nur die Rufnummer, sodass dort z. B. 0034 123456789 oder 00380 987654132 angezeigt wird. Umgekehrt suchen Sie oft die Landesvorwahlen, wenn Sie dort anrufen wollen. In Kürze soll das zwar Ihre Telefonanlage selbstständig erledigen, aber bis dahin wollen Sie sich eine Lösung über *EXCEL* erstellen.

Dazu erstellen Sie eine Arbeitsmappe, in der Sie auf einer Tabelle eine kleine Eingabemaske entwerfen und in einer zweiten Tabelle ein Vorwahlenverzeichnis anlegen. Da die Vorwahlen mit führenden Nullen gespeichert werden sollen, müssen Sie diese als Texte eingeben (indem Sie ein ' davor eingeben).

Diese beiden Tabellen könnten so aussehen:

	A	B	C
1	Vorwahl-/Ländersuche		
2			
3	Eingabe Vorwahl:	00380	
4			
5		Land:	Ukraine
6		ISO-Code:	UKR
7			
8	Eingabe Land:	Belgien	
9			
10		Vorwahl:	0032
11		ISO-Code:	BEL

(Eingabemaske)

	A	B	C
1	Vorwahlenverzeichnis		
2			
3	Land	ISO-Code	Vorwahl
4	Belgien	BEL	0032
5	Niederlande	NDL	0031
6	Österreich	AUT	0043
7	Polen	POL	0048
8	Schweiz	CHE	0041
9	Spanien	ESP	0034
10	Ukraine	UKR	00380
11	USA	USA	001

(Vorwahlenverzeichnis)

3.5.3 Übungsaufgaben zum Thema „Diagramme"

3.5.3.1 Übung 1 (Diagrammerstellung)

In der Bernhard Müller OHG, einem Lieferanten der Heinrich KG, soll die Entwicklung der Mitarbeiterzahlen grafisch dargestellt werden. Erfassen Sie dafür zuerst die folgenden Ausgangsdaten:

	A	B	C	D	E	F	G	H
1	Entwicklung der Mitarbeiterzahlen							
2								
3	Mitarbeiter	Jahr 1	Jahr 2	Jahr 3	Jahr 4	Jahr 5	Jahr 6	Jahr 7
4	Werk 1	413	515	598	534	509	487	444
5	Werk 2	233	239	214	198	177	156	143
6	Werk 3	199	203	223	224	210	227	256

Versuchen Sie die nachfolgenden Teilaufgaben möglichst exakt umzusetzen. Sie müssen hier ein wenig mit den diversen Einstellmöglichkeiten der Diagramm-Assistenten „spielen", indem Sie z.B. Datentabellen einfügen, Legenden ausblenden, Diagrammüberschriften einfügen usw.

a) Erstellen Sie dann folgendes Diagramm (Diagrammtyp Liniendiagramm):

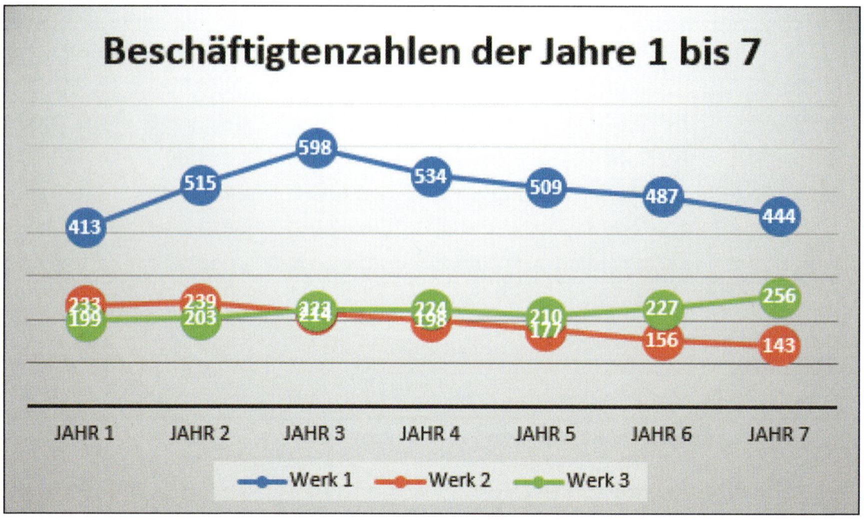

b) Das zweite Diagramm (Diagrammtyp 3-D-Liniendiagramm) soll folgendes Aussehen haben:

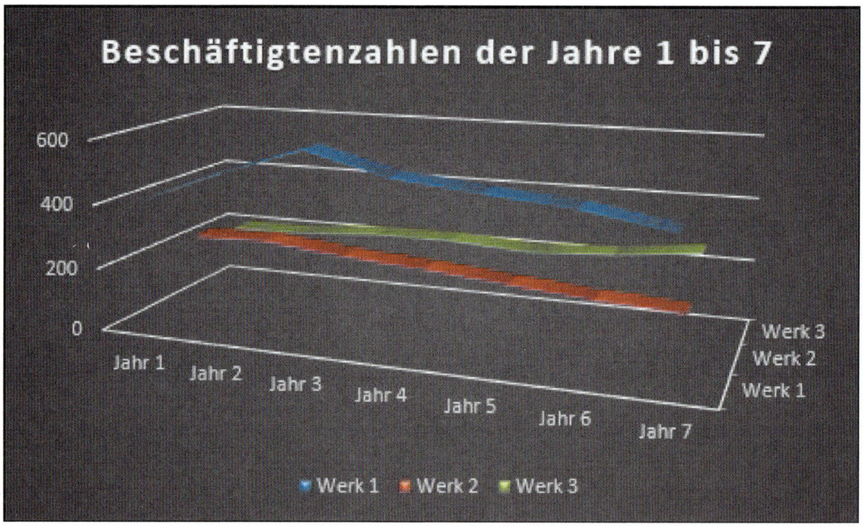

c) Das nächste Diagramm soll die Ausgangsdaten als gestapeltes Flächendiagramm darstellen:

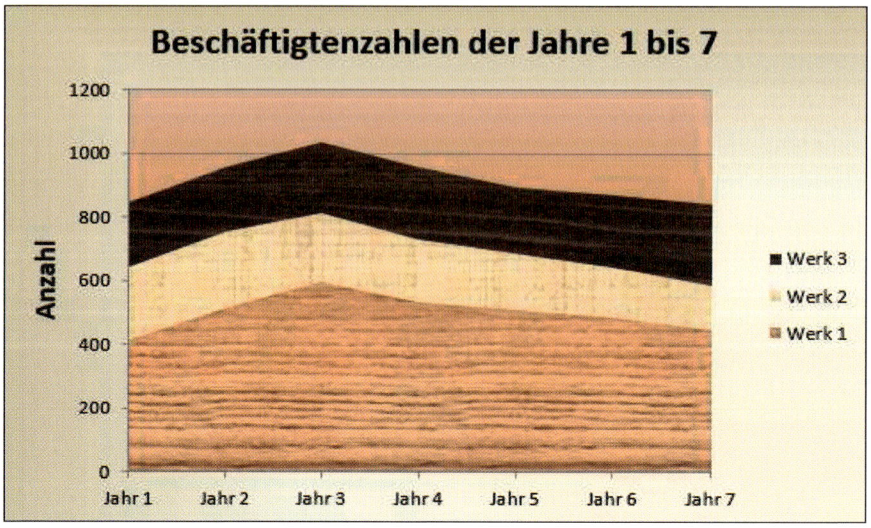

d) Abschließend lassen Sie die Zahlen in Form eines 3-D-Flächendiagramms anzeigen:

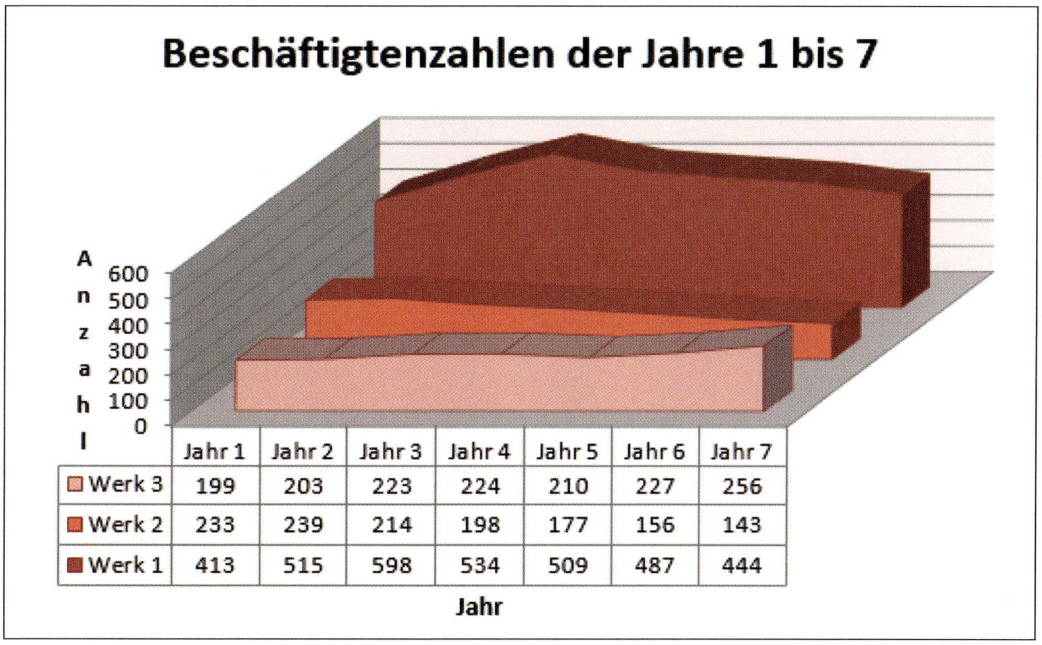

3.5.3.2 Übung 2 (Diagrammerstellung)

In der Heinrich KG wird eine Ausschussstatistik geführt. Geben Sie die unten abgebildete Statistik ein. Verwenden Sie an den geeigneten Stellen Formeln zur Errechnung der Zahlen.

	A	B	C	D	E	F	G	H	I	J	K
1	**Heinrich KG - Büromöbel und Zubehör**										
2											
3	*Produktion im 4. Quartal 20..*						*Ausschussstatistik*				
4											
5	***Artikel***	***Oktober***	***November***	***Dezember***	***Produktion***		***Artikel***	***Oktober***	***November***	***Dezember***	***Ausschuss***
6	B-2103137-L	1200	1251	1247	3698		B-2103137-L	12	4	5	21
7	B-2103138-O	897	901	925	2723		B-2103138-O	2	0	3	5
8	B-2103126-P	1100	1305	1355	3760		B-2103126-P	22	2	12	36
9	A-1507155-V	231	221	300	752		A-1507155-V	2	1	1	4
10	B-2009154-E	888	896	854	2638		B-2009154-E	12	8	9	29
11		4316	4574	4681	13571			50	15	30	95

a) Fertigen Sie ein Säulendiagramm für die Produktionswerte Oktober bis November an. Formatieren Sie nach Ihren Vorstellungen.

b) Erstellen Sie danach ein Balkendiagramm für diese Produktionswerte.

c) Als Nächstes sollen die Ausschusszahlen für das vierte Quartal als Kreisdiagramm dargestellt werden, in dem neben den Artikelnummern auch deren Prozentanteile erscheinen.

d) Abschließend erstellen Sie das unten abgebildete Verbunddiagramm für die Produktions- und Ausschussstückzahlen im 4. Quartal 20..

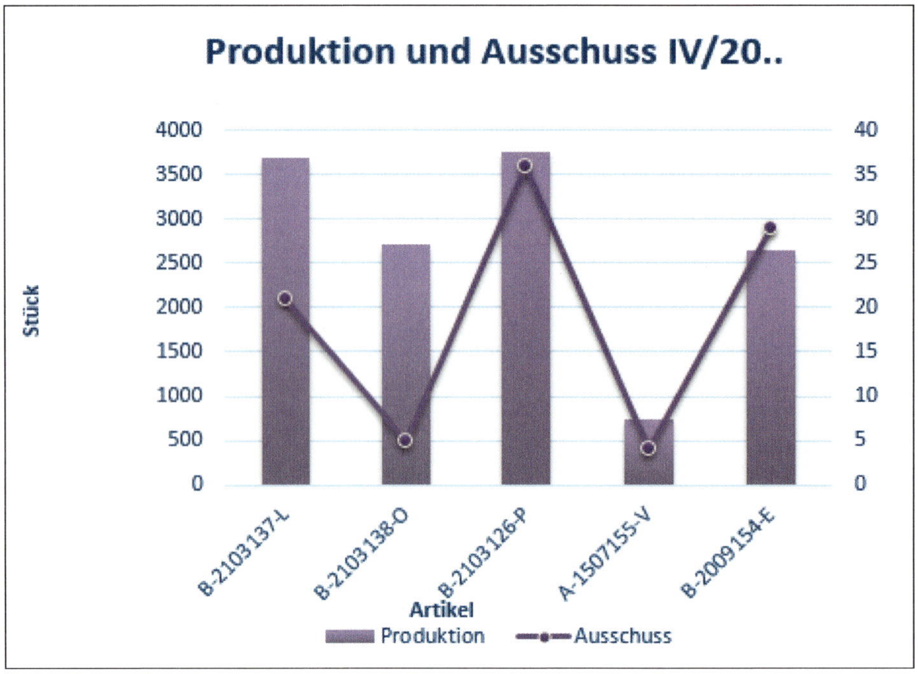

Lösungshilfe: Problematisch ist bei den zugrunde liegenden Zahlen, dass die Produktions- und die Ausschusszahlen in ihrer Größe sehr unterschiedlich sind. Gegenüber den Produktionszahlen würden die Ausschusszahlen winzig erscheinen. Die Lösung ist, ein Kombi-Diagramm (in alten *EXCEL*-Versionen hieß es Verbunddiagramm) mit zwei Skalen zu erstellen!

3.5.4 Kompetenzübergreifende Übungsaufgaben

3.5.4.1 Übung 1 (optimale Bestellmenge bestimmen)

Praxissituation:

Die Heinrich KG benötigt jährlich 2.160 hochwertige Glasplatten mit einem Bezugspreis von je 125,00 € netto. Die Lagerkosten betragen pro Jahr 25,00 € pro Stück. Dies entspricht einem Lagerkostensatz von 20 % des Bezugspreises. Dem Lager werden täglich die gleiche Stückzahl Glasplatten entnommen. Um die jederzeitige Verfügbarkeit sicherzustellen, wird ein eiserner Bestand von 12 Glasplatten gehalten. Von den 2.160 Glasplatten werden täglich 6 Stück verbraucht. Bei jedem Kauf fallen fixe Bestellkosten von 24,00 € an. Das Jahr wird kaufmännisch mit 360 Tagen berechnet.

Die Leiterin des kaufmännischen Bereichs der Heinrich KG, Tina Oswald, bittet die Auszubildende Conny Spieß, die optimale Bestellmenge mithilfe einer *EXCEL*-Tabelle zu ermitteln, indem sie die Bestellmenge, die Bestellkosten, den durchschnittlichen Lagerbestand, die durchschnittlichen Lagerkosten und die Gesamtkosten berechnet. Diese Werte sind jeweils für 1, 5, 10, ... und 60 Bestellungen auszuweisen.

Frau Oswald möchte außerdem, dass die minimalen Gesamtkosten automatisch in roter Schriftfarbe angezeigt und die optimale Bestellmenge und die Anzahl der Bestellungen in einem separaten Bereich der Tabelle dargestellt werden.

a) Erstellen Sie die Tabelle zur Ermittlung der optimalen Bestellmenge – vgl. die auf S. 139 stehende Tabelle!

b) Berücksichtigen Sie, dass das Tabellenblatt den „Ansprüchen" von Frau Oswald genügt!

   Nutzen Sie dazu die Möglichkeit, den „Zellwerten" durch eine „bedingte Formatierung" eine bestimmte Schriftfarbe zuzuweisen. Zur separaten Darstellung der optimalen Bestellmenge und der Anzahl der Bestellungen sind die Matrixfunktionen VERGLEICH und INDEX hilfreich!

c) Veranschaulichen Sie die durchschnittlichen Lager-, Bestell- und Gesamtkosten in einer Grafik! – Nutzen Sie dazu nur die Daten ab zehn Bestellungen pro Jahr!

	A	B	C	D	E	F	G
1	Ermittlung der optimalen Bestellmenge						
2							
3	Jährliche Bestellmenge	2.160 Stück					
4	Bezugspreis	125,00 €			Anzahl der Bestellungen		35
5	Kosten pro Bestellung	24,00 €			Optimale Bestellmenge		62
6	Lagerkostensatz	20%					
7	Eiserner Bestand	12 Stück					
8							
9	Anzahl der Bestellungen pro Jahr	Bestellmenge	Kosten pro Bestellung	Bestellkosten insgesamt	durchschnittlicher Lagerbestand	durchschnittliche Lagerkosten	Gesamtkosten
10	1	2.160	24,00 €	24,00 €	1092,0	27.300,00 €	27.324,00 €
11	5	432	24,00 €	120,00 €	228,0	5.700,00 €	5.820,00 €
12	10	216	24,00 €	240,00 €	120,0	3.000,00 €	3.240,00 €
13	15	144	24,00 €	360,00 €	84,0	2.100,00 €	2.460,00 €
14	20	108	24,00 €	480,00 €	66,0	1.650,00 €	2.130,00 €
15	25	87	24,00 €	600,00 €	55,5	1.387,50 €	1.987,50 €
16	30	72	24,00 €	720,00 €	48,0	1.200,00 €	1.920,00 €
17	35	62	24,00 €	840,00 €	43,0	1.075,00 €	**1.915,00 €**
18	40	54	24,00 €	960,00 €	39,0	975,00 €	1.935,00 €
19	45	48	24,00 €	1.080,00 €	36,0	900,00 €	1.980,00 €
20	50	44	24,00 €	1.200,00 €	34,0	850,00 €	2.050,00 €
21	55	40	24,00 €	1.320,00 €	32,0	800,00 €	2.120,00 €
22	60	36	24,00 €	1.440,00 €	30,0	750,00 €	2.190,00 €

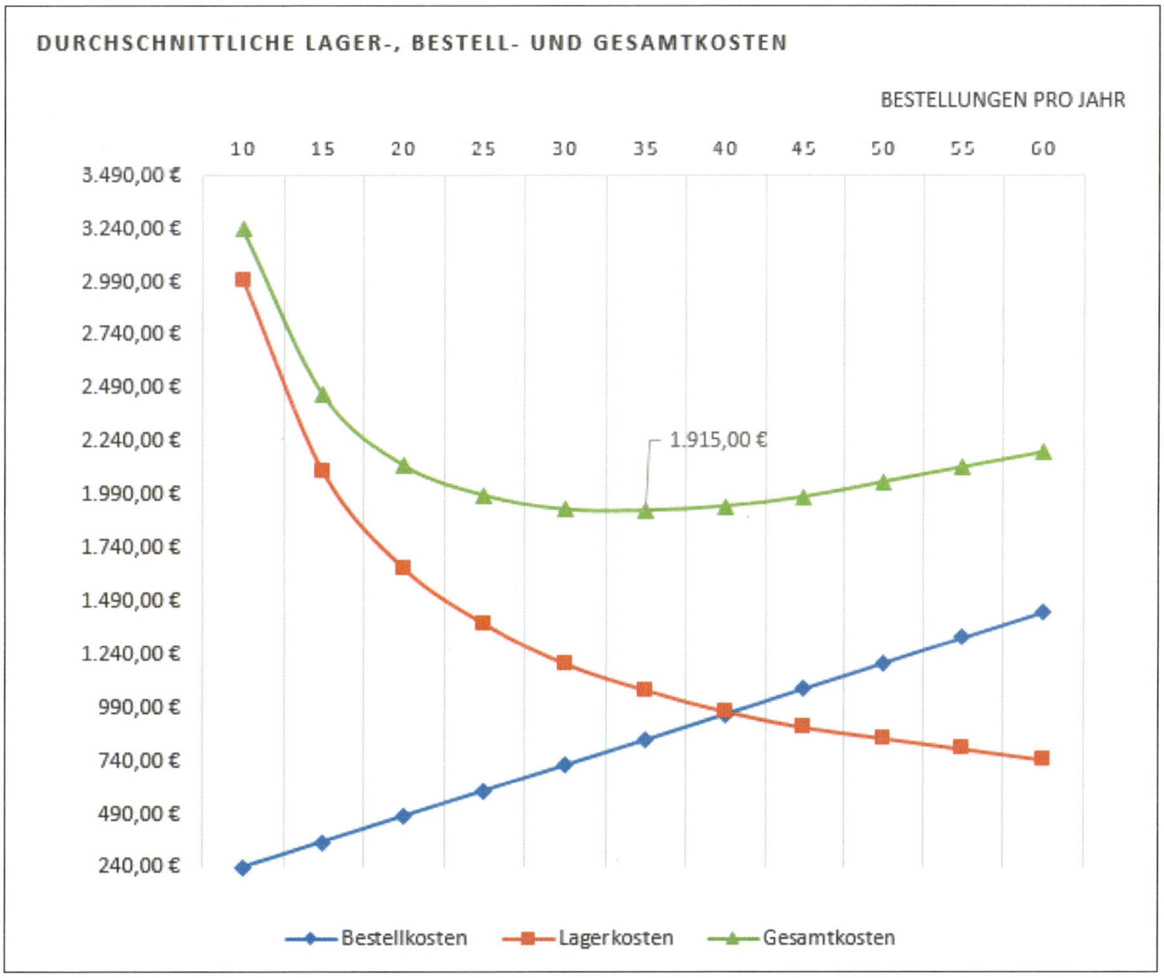

3.5.4.2 Übung 2 (ABC-Lieferanten-Analyse durchführen)

Praxissituation:

Die ABC-Analyse ermöglicht dem Beschaffungsbereich in der Heinrich KG die Konzentration auf Lieferanten, die von unterschiedlicher wirtschaftlicher Bedeutung sind. Die Aufteilung in die Gruppen „A-Lieferant", „B-Lieferant" und „C-Lieferant" erfolgt auf Basis des Umsatzes. Auch werden Grenzwerte für die Gruppen definiert, wobei „A-Lieferanten" die besten und „C-Lieferanten" die für die Heinrich KG ungünstigsten Daten repräsentieren. Ziel ist die Lieferantenstraffung vor dem Hintergrund der Verbesserung der Einkaufskonditionen und der Verringerung des Arbeitsaufwandes. Maßstab ist der Jahresumsatz, der mit dem Lieferanten getätigt wird. Der Umsatz wird in absteigender Reihenfolge geordnet und die entsprechenden Lieferanten dieser Reihenfolge zugeordnet. Danach werden – ausgehend vom höchsten Jahresumsatz – die einzelnen Anteile kumuliert. Zur Einteilung in Gruppen wird für A-Lieferanten als erste Grenze <= 85 % des Gesamtumsatzes gesetzt. Die nächste Grenze liegt bei <= 95 % (B-Lieferanten), die restlichen Lieferanten sind C-Lieferanten.

a) Erstellen Sie mit *EXCEL* die unten stehende ABC-Lieferanten-Analyse!
   Hilfreich sind die Arbeitsblatt-Funktionen: RANG.GLEICH, INDEX, VERGLEICH, WENN und UND.

b) Erzeugen Sie unter Verwendung der kumulierten Prozentwerte in der Spalte G das unten stehende Liniendiagramm!

	A	B	C	D	E	F	G	H
1	***ABC-Lieferanten-Analyse***							
2								
5	**Lieferanten**	**Umsatz pro Jahr**	**Rangfolge Umsatz**	**Umsatz nach Wert sortiert**	**Lieferanten nach Umsatzwert sortiert**	**Anteil Umsatzwert in %**	**Anteil in % kumuliert**	**Einteilung in Gruppen**
6	4401	1.056.300,00 €	8	15.090.000,00 €	4404	37,04	37,04	A-Lieferant
7	4402	2.012.000,00 €	5	10.060.000,00 €	4406	24,69	61,73	A-Lieferant
8	4403	1.861.100,00 €	6	5.281.500,00 €	4409	12,96	74,69	A-Lieferant
9	4404	15.090.000,00 €	1	2.716.200,00 €	4407	6,67	81,36	A-Lieferant
10	4405	1.659.900,00 €	7	2.012.000,00 €	4402	4,94	86,30	B-Lieferant
11	4406	10.060.000,00 €	2	1.861.100,00 €	4403	4,57	90,86	B-Lieferant
12	4407	2.716.200,00 €	4	1.659.900,00 €	4405	4,07	94,94	B-Lieferant
13	4408	503.100,00 €	9	1.056.300,00 €	4401	2,59	97,53	C-Lieferant
14	4409	5.281.500,00 €	3	503.100,00 €	4408	1,23	98,77	C-Lieferant
15	4499	502.900,00 €	10	502.900,00 €	4499	1,23	100,00	C-Lieferant
16		40.743.000,00 €		40.743.000,00 €		100,00		

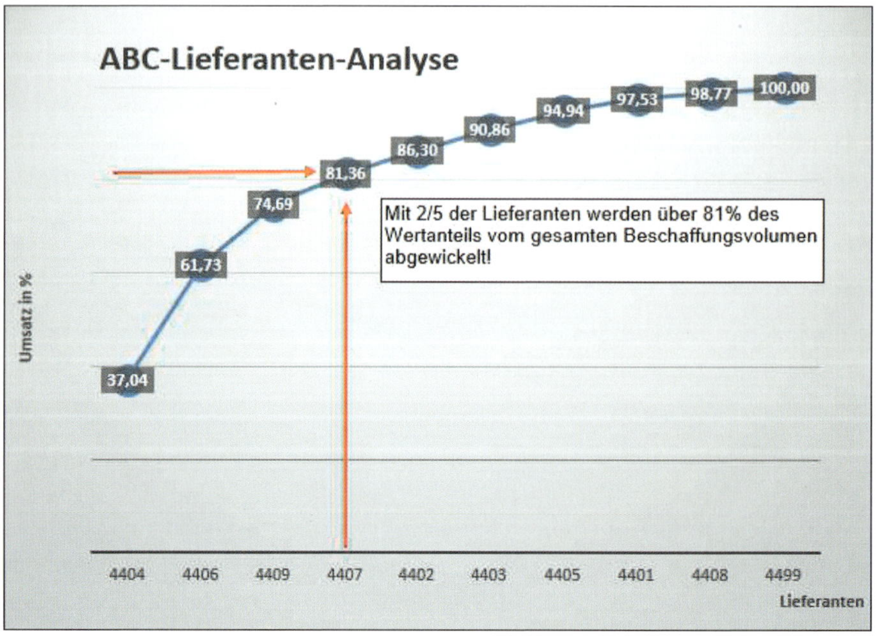

Tipp: Die beiden Pfeile sowie der weiß unterlegte Text sind manuell in dieses Diagramm eingefügt worden. Sie können dies recht einfach über „Formen“ (unter „Illustrationen“) und „Textfeld“ (unter „Text“) realisieren. Beides finden Sie in der Multifunktionsleiste „Einfügen“:

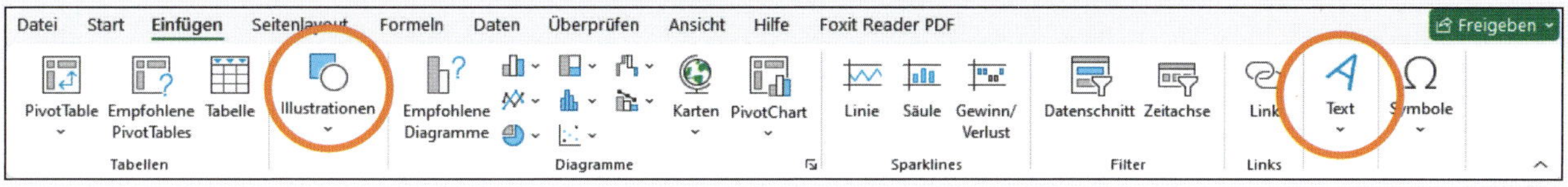

3.5.4.3 Übung 3 (quantitativen Angebotsvergleich durchführen)

Praxissituation:

Nachdem Marc Globell, Sachbearbeiter im Einkauf bei der Heinrich KG, Anfragen nach dem Schubladenschloss „Fletcher“ abgesandt hat, erhält er drei Angebote:

Müller e. K. – Schubladenschloss „Fletcher“, Listenpreis: 13,95 €; Lieferer-Rabatt: 7,50 %; Lieferer-Skonto: 2,00 %; Bezugskosten: 0,20 € pro Stück

Innovation AG – Schubladenschloss „Fletcher“, Listenpreis: 15,30 €; Lieferer-Rabatt: 15,00 %; Lieferer-Skonto 3,00 %; Bezugskosten: 0,15 € pro Stück

Bracht OHG – Schubladenschloss „Fletcher“, Listenpreis: 14,35 €; Lieferer-Rabatt: 10,00 %; Lieferer-Skonto 2,00 %; Bezugskosten: keine.

a) Berechnen Sie mit *EXCEL* über Formeln den jeweiligen Bezugspreis!

b) Sorgen Sie dafür, dass der Bezugspreis des günstigsten Anbieters in der Zeile 15 (Zellen E15, J15 oder O15) formelgestützt auf 100 % gesetzt und der prozentuale Wert der „Überteuerung“ bei den beiden anderen Anbietern von selbst angezeigt wird!

c) Sorgen Sie dafür, dass in die Zellen B3, G3 und L3 automatisch der jeweils ermittelte Bezugspreis übernommen wird!

d) Stellen Sie über den Einsatz der Funktionen WVERWEIS und KKLEINSTE sicher, dass nach der manuellen Eingabe des „Rangs“ im Zelle D18 der Name des entsprechenden Lieferanten in der Zelle D19 und der zugehörige Bezugspreis in Zelle D20 erscheint!

	A	B	C	D	E	F	G	H	I	J	K	L	M	N	O	P
1	Angebotsvergleich Kasten- und Schubladenschloss "Fletcher"															
2																
3																
4																
5		Müller e. K.					Innovation AG					Bracht OHG				
6				%	in Euro				%	in Euro				%	in Euro	
7		Listenpreis					Listenpreis					Listenpreis				
8		- L.-Rabatt					- L.-Rabatt					- L.-Rabatt				
9		= Zieleinkaufsreis					= Zieleinkaufsreis					= Zieleinkaufsreis				
10		- L.-Skonto					- L.-Skonto					- L.-Skonto				
11		= Bareinkaufspreis					= Bareinkaufspreis					= Bareinkaufspreis				
12		+ Bezugskosten					+ Bezugskosten					+ Bezugskosten				
13		= Bezugspreis					= Bezugspreis					= Bezugspreis				
14																
15																
16																
17																
18		Rang:														
19		Name:														
20		Bezugspreis:														
21																

Wenn Sie alles richtig gemacht haben, dann sollte die Tabelle anschließend so aussehen:

Angebotsvergleich Kasten- und Schubladenschloss "Fletcher"

	Müller e. K.	%	in Euro	Innovation AG	%	in Euro	Bracht OHG	%	in Euro
3	12,85			12,76			12,66		
7	Listenpreis		13,95	Listenpreis		15,30	Listenpreis		14,35
8	- L.-Rabatt	7,50	1,05	- L.-Rabatt	15,00	2,30	- L.-Rabatt	10,00	1,44
9	= Zieleinkaufsreis		12,90	= Zieleinkaufsreis		13,01	= Zieleinkaufsreis		12,92
10	- L.-Skonto	2,00	0,26	- L.-Skonto	3,00	0,39	- L.-Skonto	2,00	0,26
11	= Bareinkaufspreis		12,65	= Bareinkaufspreis		12,61	= Bareinkaufspreis		12,66
12	+ Bezugskosten		0,20	+ Bezugskosten		0,15	+ Bezugskosten		0,00
13	= Bezugspreis		12,85	= Bezugspreis		12,76	= Bezugspreis		12,66
15			101,49%			100,85%			100,00%

Rang:	2
Name:	Innovation AG
Bezugspreis:	12,76 €

3.5.4.4 Übung 4 (Lieferanten mithilfe einer Nutzwertanalyse auswählen)

Praxissituation:

Mit den gleichen Daten soll Marc Globell nun eine Nutzwertanalyse vornehmen.

Müller e. K. – Schubladenschloss „Fletcher", Listenpreis: 13,95 €; Lieferer-Rabatt: 7,50 %; Lieferer-Skonto: 2,00 %; Bezugskosten: 0,20 € pro Stück

Innovation AG – Schubladenschloss „Fletcher", Listenpreis: 15,30 €; Lieferer-Rabatt: 15,00 %; Lieferer-Skonto 3,00 %; Bezugskosten: 0,15 € pro Stück

Bracht OHG – Schubladenschloss „Fletcher", Listenpreis: 14,35 €; Lieferer-Rabatt: 10,00 %; Lieferer-Skonto 2,00 %; Bezugskosten: keine.

Erstellen Sie mit *EXCEL* das unten stehende „Formular" zur **Lieferantenauswahl!**

In der **quantitativen Analyse** soll, unter Verwendung von Zellbezügen und Formeln, als ein zentrales Kriterium zur Auswahl des Lieferanten der jeweilige Bezugspreis „automatisch" ermittelt werden.

Die **qualitative Analyse** soll – neben dem Bezugspreis – weitere Anforderungskriterien an die Lieferanten erfassen, gewichten und beurteilen.

Hinweise zur Nutzwertanalyse:

Die erfassten Anforderungskriterien wurden hier beispielhaft ausgewählt!

Die Anforderungen an die Lieferanten wurden hier durch die Vergabe von Punkten gewichtet:

0 = nicht wichtig; 1 = weniger wichtig; 2 = wichtig; 3 = sehr wichtig.

Inwieweit die einzelnen Lieferanten den Anforderungskriterien gerecht werden, wurde hier durch die Vergabe von Noten beurteilt:

0 = mangelhaft; 1 = ausreichend; 2 = befriedigend; 3 = gut; 4 = sehr gut.

Die Beurteilung wurde gewichtet (Gewichtungspunktzahl multipliziert mit der Beurteilungsnote) und die Punktzahlen der einzelnen Kriterien addiert. So ergibt sich eine Gesamtpunktzahl.

Die finale Entscheidung bei der Lieferantenauswahl trifft der „Einkäufer" unter Berücksichtigung der Ergebnisse der quantitativen und qualitativen Analyse!

A. Quantitative Analyse - Kalkulation des Bezugspreises

	Müller e. K.		Innovation AG		Bracht OHG	
	%	Euro	%	Euro	%	Euro
Listeneinkaufspreis		13,95		15,30		14,35
– Liefererrabatt	7,50	1,05	15,00	2,30	10,00	1,44
= Zieleinkaufspreis		12,90		13,01		12,92
– Liefererskonto	2,00	0,26	3,00	0,39	2,00	0,26
= Bareinkaufspreis		12,65		12,61		12,66
+ Bezugskosten	0,20	0,20	0,15	0,15	0,00	0,00
= Bezugspreis		12,85		12,76		12,66

Die Bracht OHG hat den kleinsten Bezugspreis!

B. Qualitative Analyse - Nutzwertanalyse

Anforderungen an den Lieferanten	Gewichtung der Anforderungen	Müller e. K.		Innovation AG		Bracht OHG	
		Note	Punkte	Note	Punkte	Note	Punkte
Bezugspreis	3	2	6	3	9	4	12
Termintreue	3	3	9	4	12	2	6
Neuprodukte	2	2	4	4	8	1	2
Lieferzeit	1	3	3	3	3	4	4
Garantie	1	1	1	2	2	3	3
Kulanz	2	3	6	4	8	2	4
Marktstellung	1	2	2	3	3	3	3
		Punkte	31	Punkte	45	Punkte	34

Die Innovation AG schneidet bei der qualitativen Analyse am besten ab!

3.5.4.5 Übung 5 (Frachtkosten kontrollieren)

Praxissituation:

Die Heinrich KG hat zur Kontrolle der gezahlten Frachtkosten eine *EXCEL*-Arbeitsmappe mit dem Namen „`Frachtkosten.xlsx`" erstellt. Diese Datei besteht aus den vier nachfolgend abgebildeten Tabellenblättern. Stellen Sie unter Einsatz geeigneter Suchfunktionen und Formeln sicher, dass die „Gegenrechnung" der Frachtkosten nach Eingabe der Lieferantennummer (Zelle A3) und der Menge (Zelle E9) im Tabellenblatt „Kontrolle der Frachtkosten" automatisch erfolgt!

Auszug aus der Lieferantenliste der Heinrich KG

Lieferanten-Nr.	Firmenbezeichnung	Straße	PLZ	Ort
44001	Bernhard Müller OHG	Lindenbergstraße 4	86807	Buchloe
44002	Lenz KG	Industriestraße 19	90441	Nürnberg
44003	Naturholz AG	Schäfflerbachstraße 26	86003	Augsburg
44004	Holz- & Spanplattenfabrik Bresges GmbH	Duvenstraße 98	41199	Mönchengladbach
44005	Schraubenspezialist Müller e. K.	Bahnhofstraße 44 b	38700	Braunlage

Lieferanten der Heinrich KG in Tabelle1

Frachtkostentabelle

Inklusive Entladung
pauschal je angefangene 1.000 Stück

	bis 2.000 Stück	ab 2.001 bis 4.000 Stück	ab 4.001 bis 6000 Stück	ab 6.001 Stück
Frachtzone	0	2001	4001	6001
1	78,00 €	60,00 €	55,00 €	50,00 €
2	84,00 €	65,00 €	60,00 €	55,00 €
3	92,00 €	70,00 €	65,00 €	60,00 €
4	102,00 €	80,00 €	75,00 €	70,00 €

Frachtzonen

PLZ-Gebiet			Zone
45000	bis	45999	2
46000	bis	46999	2
47000	bis	47999	3
48000	bis	48999	3
49000	bis	49999	3
50000	bis	50999	4
51000	bis	51999	4
52000	bis	52999	4
53000	bis	53999	4

Frachtkostentabelle in Tabelle2 und Frachtzonen in Tabelle3

	A	B	C	D	E	F
1	**Kontrolle der Frachtkostenberechnung von ...**					
2						
3	**44001**					
4						
5	Bernhard Müller OHG					
6	Lindenbergstraße 4					
7	86807 Buchloe					
8						
9		Menge			**3.100**	Stück
10		Frachtzone			4	
11						
12		Frachtkosten je angefangene 1.000 Stück			80,00 €	
13		Frachtkosten, netto, insgesamt			320,00 €	
14		Mehrwertsteuer	19,00 %		60,80 €	
15		Frachtkosten, brutto			380,80 €	

Kontrolle der Frachtkosten in Tabelle4

Achtung! In der Kontrolltabelle (Tabelle4) werden die farblich hervorgehobenen Zellen (A3 und E9) manuell gefüllt. *EXCEL* sucht sich dann über die Lieferantennummer (A3) automatisch die Adresse aus der Lieferantentabelle (Tabelle1) und berechnet die Frachtkosten. Beachten Sie auch die Hilfen zur Erstellung einer Zelle mit mehreren Inhalten (Postleitzahl und Ort) zur Übung 1 (Rechnung) auf Seite 131!

3.5.4.6 Übung 6 (offene Rechnungen im Einkauf kontrollieren)

Praxissituation:

Jana Jansen, Auszubildende der Heinrich KG, soll für Herrn Kurt Kunze, Gruppenleiter Einkauf – Werkstoffe, eine Aufstellung der eingehenden Rechnungen erstellen, in der *EXCEL* automatisch darauf aufmerksam macht, wann Rechnungen fällig sind. In der Spalte „fällig" soll das Wort „fällig" erscheinen, wenn der Zahlungstermin überschritten ist. Dieser Hinweis soll wieder verschwinden, wenn in der Spalte „bezahlt am" ein entsprechendes Zahlungsdatum eingetragen wurde. Sie bekommt den folgenden Tabellenentwurf vorgelegt.

	A	B	C	D	E	F	G
1	**Rechnungseingang**						
2					**Aktuelles Datum:**		**20.09.2025**
3							
4	**Lfd. Nr.**	**Firmenbezeichnung**	**Betrag**	**Zahlungsziel Tage**	**Rechnungs-datum**	**fällig**	**bezahlt am**
5	1	Bernhard Müller OHG	4.534,75 €	10	17.09.2025		
6	2	Lenz KG	1.206,78 €	40	28.12.2024		04.02.2025
7	3	Naturholz AG	763,00 €	30	30.01.2024		05.02.2024
8	4	Holz- & Spanplattenfabrik Bresges GmbH	345,90 €	14	01.09.2025	fällig	
9	5	Schraubenspezialist Müller e. K.	1.100,25 €	10	12.12.2024		14.01.2024
10	6	Holzschutz-, Lack- und Leimwerke AG	894,00 €	30	29.08.2025		
11	7	Blitz-Spedition GmbH	980,50 €	8	11.09.2025	fällig	

a) Übernehmen Sie die Texte, Werte und Formatierungen aus der oben stehenden Tabelle in ein Tabellenblatt, dem Sie den Namen „Rechnungseingang" geben! Lediglich die Zellen F5 bis F11 enthalten Formeln (siehe Übungsteil b) und das „Aktuelle Datum" ebenso (siehe Übungsteil h).

Achtung! Die Daten in den Spalten „Rechnungsdatum" und „bezahlt am" sind so gewählt, dass zum Stichtag, an dem die Bearbeitung für das vorliegende Buch erfolgt, also am 20.09.2025, sinnvolle Ergebnisse in der Spalte „fällig" herauskamen. Passen Sie die Daten so an, dass auch bei Ihnen teilweise Rechnungen als „fällig" angezeigt werden und andere noch nicht. Sie können, um Ihre Formeln zu testen, aber auch anstelle der Funktion für das Datum in der Zelle F2 einfach das oben abgedruckte Datum eingeben, also den 20.09.2025, denn dann muss das Ergebnis Ihrer Formeln zu einer identischen Tabelle führen.

b) Erstellen Sie in der Zelle F5 eine Formel, die bei fälligen Rechnungen das Wort „fällig“ einträgt und bei der das Wort nicht erscheint, wenn in der Spalte G ein Datum eingetragen wird!

Hinweis: Die Lösung ist mit verschachtelten WENN-Funktionen oder mit einer zusätzlichen UND-Funktion möglich.

c) Füllen Sie die erstellte Formel nach unten aus!

d) Erstellen Sie unter der Tabelle eine weitere, die dem Zweck dienen soll, die Rechnungsdaten nach den einzelnen Bestandteilen Jahr, Monat und Tag aufzulösen. Dies kann sinnvoll sein, um z. B. schnell die Anzahl aller Rechnungen eines Jahres oder eines bestimmten Monats zu ermitteln.

	A	B	C	D	E
14	**Rechnungsdaten in Jahr, Monat und Tag aufteilen**				
15					
16	**Lfd. Nr.**	**Firmenbezeichnung**	**Rechnungs-jahr**	**Rechnungs-monat**	**Rechnungs-tag**
17	1	Bernhard Müller OHG	2025	9	17
18	2	Lenz KG	2024	12	28
19	3	Naturholz AG	2024	1	30
20	4	Holz- & Spanplattenfabrik Bresges GmbH	2025	9	1
21	5	Schraubenspezialist Müller e. K.	2024	12	12
22	6	Holzschutz-, Lack- und Leimwerke AG	2025	8	29
23	7	Blitz-Spedition GmbH	2025	9	11

Tipp: Die Funktionen, die Sie benötigen, heißen sinnigerweise JAHR, MONAT und TAG und folgen der gleichen Syntax. Sie müssen, wenn Sie z. B. das Jahr aus einem Datum herauslösen wollen, nur dieses Datum in die Funktion JAHR einbinden, hier würde also in der Zelle C17 stehen: =JAHR(E5) (In E5 steht das Rechnungsdatum der ersten Rechnung!).

Auch Uhrzeiten könnten Sie so aufspalten. Hier benötigen Sie dann entsprechend die Funktionen STUNDE, MINUTE und SEKUNDE.

e) Kopieren Sie das Tabellenblatt „Rechnungseingang“ in ein zweites Tabellenblatt, das Sie mit „Rechnungseingang Neu“ benennen! Löschen Sie dort die in Aufgabenteil d) erstellte Tabelle zum Aufsplitten der Rechnungsdaten.

f) Fixieren Sie im Tabellenblatt „Rechnungseingang Neu“ das Fenster in der Zeile 5 (siehe auch Seite 50) und erstellen Sie einen Filter (Daten-Filtern) zum Filtern nicht bezahlter Rechnungen!

Tipp: Klicken Sie einfach irgendwo in die Tabelle (z. B. Zelle D7) und dann in der Multifunktionsleiste „Daten“ auf den mit „Filtern“ beschrifteten Trichter.

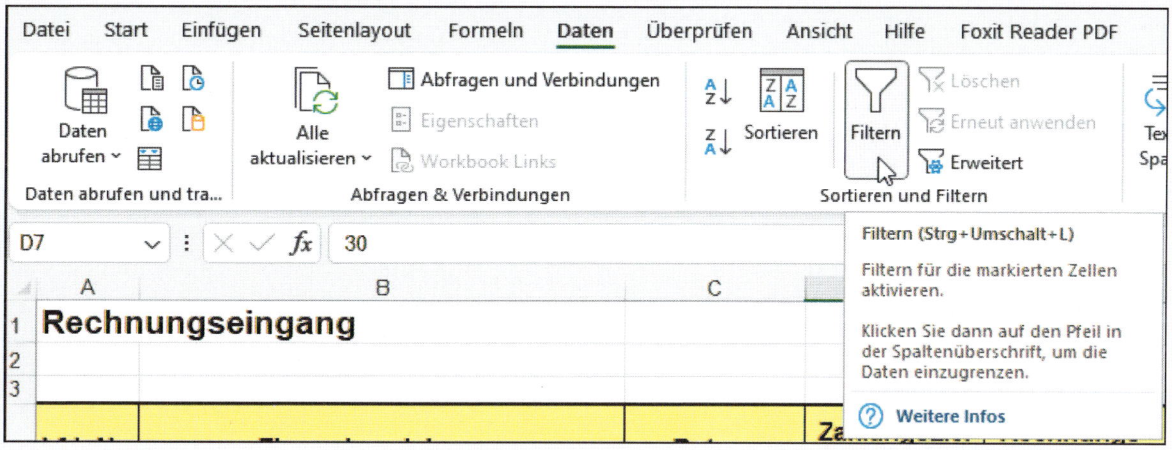

Danach werden in Zeile 4 kleine Auswahlpfeile eingeblendet, über die Sie die Filterung steuern können:

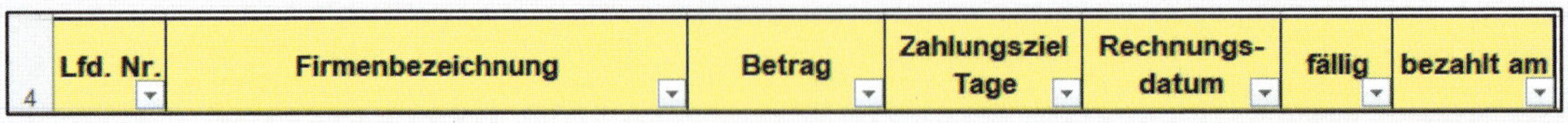

Wenn Sie jetzt auf den Pfeil unter „bezahlt am" klicken, stellen Sie ein, dass Sie nur „leere" Zellen sehen wollen, also die Eintragungen, in denen kein Datum bei „bezahlt am" steht.

Das Ergebnis ist eine Tabelle, in der nur die noch nicht bezahlten Rechnungen angezeigt werden.

Am Trichter sehen Sie, dass jetzt ein Filter vorhanden ist (hier: alle unbezahlten Rechnungen). Sie können auch einfach einen vorhandenen Filter wieder entfernen oder anpassen, indem Sie die entsprechenden Menüoptionen auswählen. – Probieren Sie es aus.

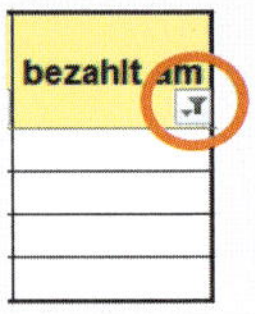

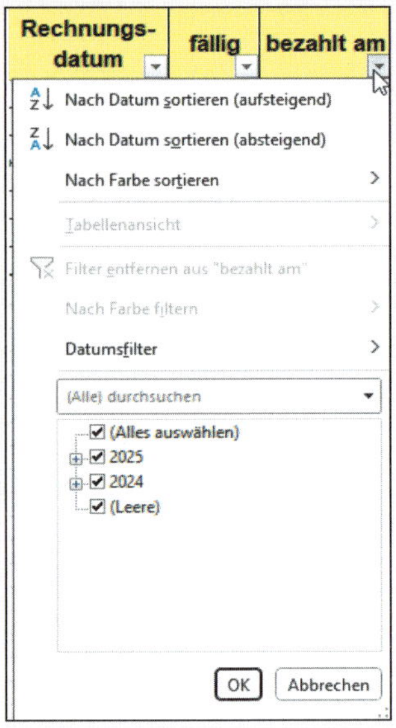

g) Filtern Sie nun in der Spalte E alle Rechnungen des Vorjahres heraus (Rechnungsdatum liegt vor dem 01.01. dieses Jahres)!

Tipp: Sie brauchen jetzt nur auf den Auswahlpfeil der Spalte E klicken und dort den entsprechenden Filter anlegen. Vergessen Sie aber nicht, dass der Filter für die noch offenen Rechnungen vorher entfernt wird, denn Rechnungen des letzten Jahres sind hoffentlich inzwischen alle bezahlt und somit würden Sie keine finden, denn auch die Kombination von Filtern ist möglich.

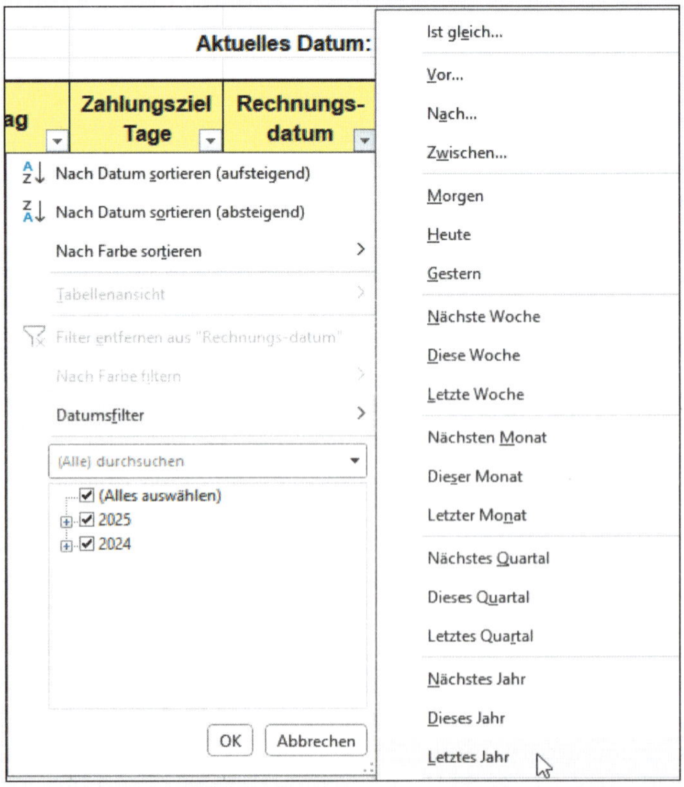

h) Sorgen Sie dafür, dass das Datum in der Zelle F2 durch eine geeignete Funktion täglich aktualisiert wird!

3.5.4.7 Übung 7 (über Eigen- und Fremdlagerung entscheiden)

Praxissituation:

Die Auszubildende Svenja Schneider hat die Aufgabe, einen Kostenvergleich zwischen einem Eigen- und einem Fremdlager durchzuführen. Die Fixkosten für das Eigenlager betragen monatlich 6.250,00 € sowie 1,20 % des Umsatzes. Für das Fremdlager fallen monatlich 4,65 % des Umsatzes an.

a) Erstellen Sie mit *EXCEL* eine Tabelle nach den unten stehenden Vorgaben (Texte, Zahlen, Formatierungen)!

b) Berechnen Sie mithilfe einer kopierfähigen Formel die Unterhaltskosten des Eigenlagers!

c) Berechnen Sie mithilfe einer kopierfähigen Formel die Gesamtkosten des Eigenlagers!

d) Berechnen Sie mithilfe einer kopierfähigen Formel die Kosten des Fremdlagers!

e) Formatieren Sie alle Zahlen ganzzahlig mit Tausenderpunkten!

f) Stellen Sie den Kostenverlauf von Eigen- und Fremdlager in einem geeigneten Diagramm dar!

g) Versehen Sie das Diagramm mit sinnvollen Beschriftungen!

Die Lösung könnte wie folgt aussehen:

	A	B	C	D
1	Kosten für Eigen- und Fremdlager			
2				
3	Miete in Euro pro Monat:			6.250,00
4	Unterhaltskosten in % vom Umsatz:			1,20
5	Kosten für Fremdlager in % vom Umsatz:			4,65
6				
7	Umsatz	Eigenlager		Fremdlager
8		Unterhaltskosten	Gesamtkosten	Gesamtkosten
9	120.000	1.440	7.690	5.580
10	135.000	1.620	7.870	6.278
11	150.000	1.800	8.050	6.975
12	166.000	1.080	8.230	7.673
13	180.000	2.160	8.410	8.370
14	195.000	2.340	8.590	9.068
15	210.000	2.520	8.770	9.765
16	225.000	2.700	8.950	10.463
17	240.000	2.880	9.130	11.160
18	255.000	3.060	9.310	11.858
19	270.000	3.240	9.490	12.555

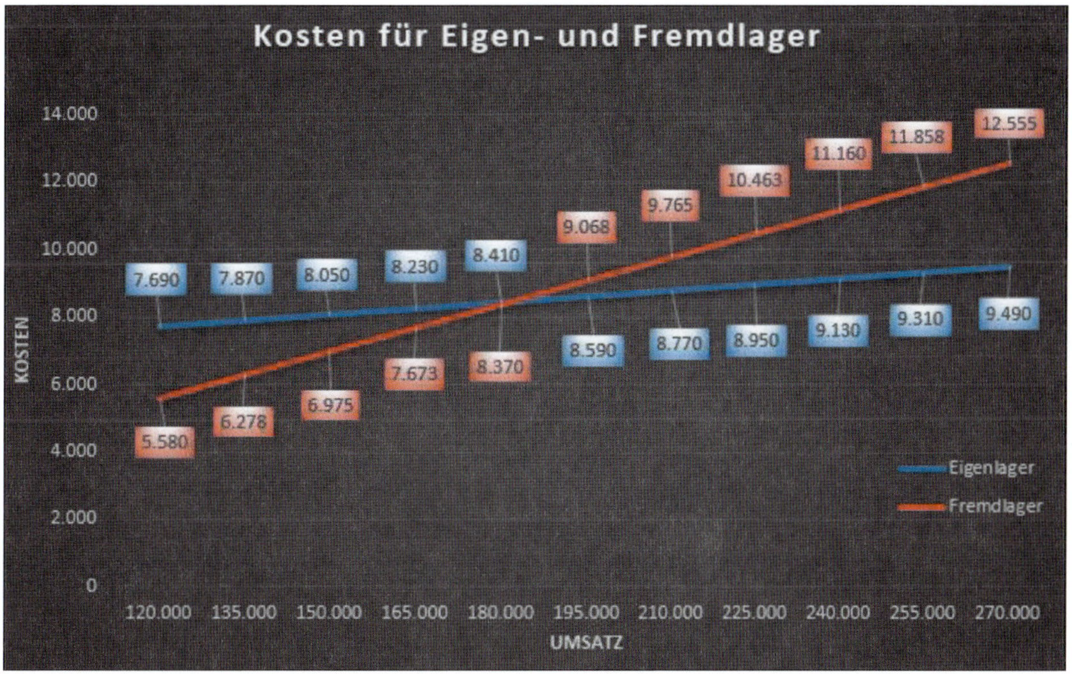

3.5.4.8 Übung 8 (Bonus-Berechnung und -Darstellung)

Praxissituation:

Die Heinrich KG gewährt Kunden, die einen Jahresumsatz von mindestens 500.000,00 € erreichen, einen Bonus. Da sich die Umsatzzahlen und damit auch die Bonusgutschriften regelmäßig ändern, möchte die Sachbearbeiterin Olga Ober die Berechnung, ob ein Kunde einen Bonus erhält oder nicht, von *EXCEL* vornehmen lassen. Ergänzend sollen die Boni der einzelnen Kunden auf einem (separaten) Tabellenblatt grafisch dargestellt werden.

Der Auszubildende Martin Menge soll Frau Ober, unter Nutzung der nachstehenden Tabelle, bei der selbstständigen Erarbeitung qualifiziert unterstützen.

	A	B	C	D	E	F	G	H	I
1	Bonus Berechnung - Heinrich KG								
2									
3	Kunde	Umsatz im Vorjahr	Umsatz Quartal I	Umsatz Quartal II	Umsatz Quartal III	Umsatz Quartal IV	Umsatz im aktuellen Jahr	Bonus	Bemerkung
4	Bleibtreu GmbH	2.681.280,00 €	846.720,00 €	705.600,00 €	620.928,00 €	649.152,00 €			
5	Brandes GmbH & Co. KG	4.327.680,00 €	1.411.200,00 €	1.176.000,00 €	1.034.880,00 €	1.081.920,00 €			
6	Gertrud Brandt KG	342.720,00 €	100.800,00 €	84.000,00 €	73.920,00 €	77.280,00 €			
7	Innovation AG	26.526.800,00 €	8.466.000,00 €	7.055.000,00 €	6.208.400,00 €	6.490.600,00 €			
8	Junges Wohnen GmbH	2.323.776,00 €	766.080,00 €	638.400,00 €	561.792,00 €	587.328,00 €			
9	Möblix GmbH	21.071.000,00 €	6.654.000,00 €	5.545.000,00 €	4.879.600,00 €	5.101.400,00 €			
10	Westmoor KG	2.990.400,00 €	1.008.000,00 €	840.000,00 €	739.200,00 €	772.800,00 €			
11	Weyermann & Söhne KG	1.233.792,00 €	362.880,00 €	302.400,00 €	266.112,00 €	278.208,00 €			
12	Winter OHG	1.428.000,00 €	504.000,00 €	420.000,00 €	369.600,00 €	386.400,00 €			
13									
14	Hilfstabelle								
15									
16	Umsatz in Euro ab	Bonus							
17	0,00	0,00%							
18	500.000,00	0,75%							
19	750.000,00	1,50%							
20	1.500.000,00	1,75%							
21	2.000.000,00	2,00%							
22	3.000.000,00	2,25%							
23	5.000.000,00	2,50%							
24	10.000.000,00	3,00%							

Das Diagramm sollte abschließend wie folgt aussehen:

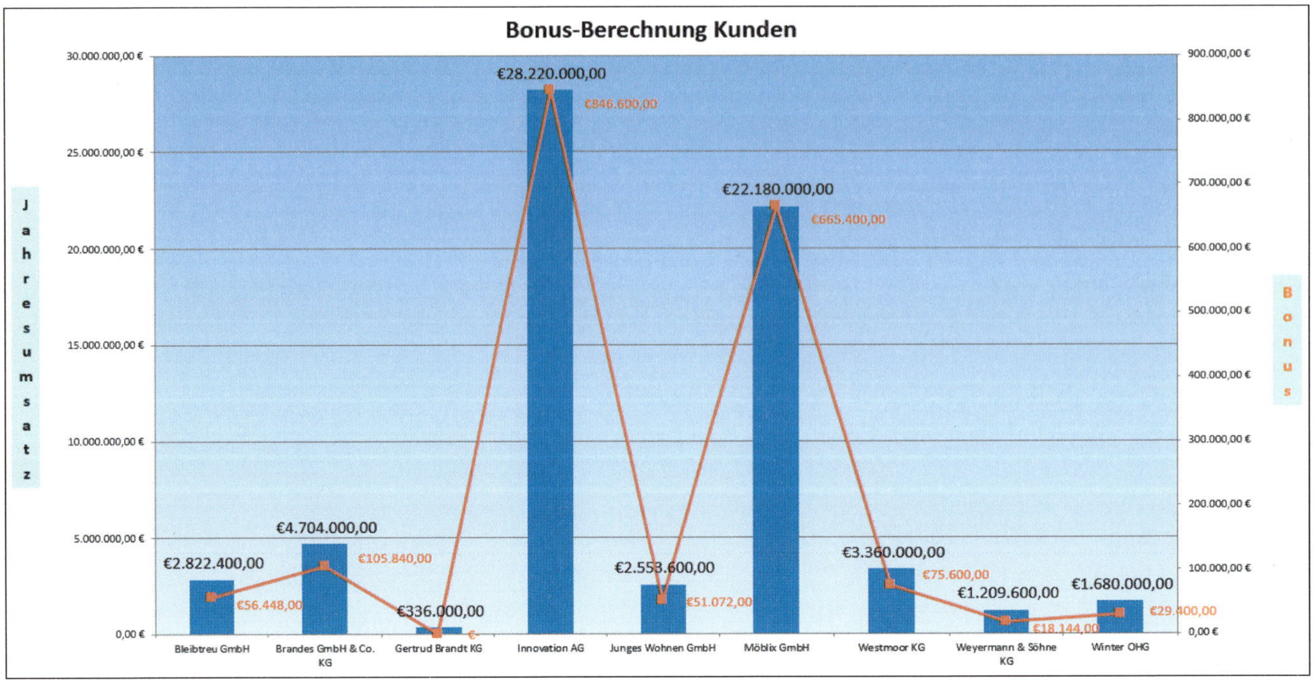

a) Erstellen Sie in *EXCEL* eine neue Arbeitsmappe und benennen Sie in dieser Mappe ein Tabellenblatt mit „Bonus-Berechnung“. Speichern Sie danach die Arbeitsmappe unter dem Dateinamen `Bonus-Berechnung Kunden.xlsx`.

b) Übernehmen Sie die Texte und Werte der oben stehenden Tabelle einschließlich der Formatierungen in das Tabellenblatt „Bonus-Berechnung“!
- Alle zu ermittelnden Werte sind formelgesteuert zu berechnen.
- Bezüge in den Formeln sind durch Zelladressen herzustellen.
- Das Tabellenblatt ist übersichtlich zu gestalten, klar zu gliedern und in den einzelnen Werten sinnvoll zu formatieren.

c) Ermitteln Sie formelgesteuert für jeden Kunden
- den Jahresumsatz;
- den Bonus unter Verwendung der Hilfstabelle, dabei soll bei einem Wert von 0 der Text „kein Bonus“ ausgegeben werden!

d) Veranlassen Sie in der Spalte I (Bemerkung) die Eintragung „Vertreterbesuch“, falls der Jahresumsatz im Vergleich zum Vorjahresumsatz um mindestens 5 % gesunken ist.

e) Kopieren Sie das Tabellenblatt „Bonus-Berechnung“ in ein zweites Blatt, dem Sie den Namen „Formeln“ geben. Wechseln Sie hier in den Modus, in dem die Formeln angezeigt werden und passen Sie die Spaltenbreite sinnvoll an.

f) Erstellen Sie im Tabellenblatt „Bonus-Berechnung“ ein Verbunddiagramm (X-Achse: Kunden; Y1-Achse: Jahresumsatz; Y2-Achse: Bonus). Die Jahresumsätze sollen als Säulen dargestellt werden, die Boni als Linie.

g) Entfernen Sie die Legende, skalieren Sie das Diagramm sinnvoll und versehen Sie die Y1-Achse und die Y2-Achse mit der vorgesehenen Beschriftung.

h) Beschriften Sie die Datenreihen mit den entsprechenden Werten und geben Sie dem Diagramm eine aussagefähige Überschrift.

Wenn Sie alles richtig gemacht haben, sollte die fertige Tabelle jetzt so aussehen:

	A	B	C	D	E	F	G	H	I
1	**Bonus Berechnung - Heinrich KG**								
2									
3	**Kunde**	**Umsatz im Vorjahr**	**Umsatz Quartal I**	**Umsatz Quartal II**	**Umsatz Quartal III**	**Umsatz Quartal IV**	**Umsatz im aktuellen Jahr**	**Bonus**	**Bemerkung**
4	Bleibtreu GmbH	2.681.280,00 €	846.720,00 €	705.600,00 €	620.928,00 €	649.152,00 €	2.822.400,00 €	56.448,00 €	
5	Brandes GmbH & Co. KG	4.327.680,00 €	1.411.200,00 €	1.176.000,00 €	1.034.880,00 €	1.081.920,00 €	4.704.000,00 €	105.840,00 €	
6	Gertrud Brandt KG	342.720,00 €	100.800,00 €	84.000,00 €	73.920,00 €	77.280,00 €	336.000,00 €	kein Bonus	
7	Innovation AG	26.526.800,00 €	8.466.000,00 €	7.055.000,00 €	6.208.400,00 €	6.490.600,00 €	28.220.000,00 €	846.600,00 €	
8	Junges Wohnen GmbH	2.323.776,00 €	766.080,00 €	638.400,00 €	561.792,00 €	587.328,00 €	2.553.600,00 €	51.072,00 €	
9	Möblix GmbH	21.071.000,00 €	6.654.000,00 €	5.545.000,00 €	4.879.600,00 €	5.101.400,00 €	22.180.000,00 €	665.400,00 €	
10	Westmoor KG	2.990.400,00 €	1.008.000,00 €	840.000,00 €	739.200,00 €	772.800,00 €	3.360.000,00 €	75.600,00 €	
11	Weyermann & Söhne KG	1.833.792,00 €	362.880,00 €	302.400,00 €	266.112,00 €	278.208,00 €	1.209.600,00 €	18.144,00 €	Vertreterbesuch
12	Winter OHG	1.428.000,00 €	504.000,00 €	420.000,00 €	369.600,00 €	386.400,00 €	1.680.000,00 €	29.400,00 €	

4 Personalwirtschaftliche Aufgaben wahrnehmen (Lernfeld 8)

Im Unterricht haben Sie inzwischen gelernt, was man unter dem Begriff „Personalwirtschaft“ versteht. Hier soll es jetzt darum gehen, dass Sie dieses Fachwissen mit Ihren *EXCEL*-Kenntnissen kombinieren und nutzbringend umsetzen.

Legen Sie dazu zunächst folgende Tabelle als neue Arbeitsmappe an:

	A	B	C	D	E	F	G
1	Personalnummer	Name	Vorname	Geburtsdatum	m/w	Beschäftigung Anfang	Beschäftigung Ende
2	001	Abel	Ulla	28.02.1981	w	01.01.2003	
3	002	Bertram	Bärbel	24.03.1960	w	01.08.1979	25.08.1995
4	003	Contur	Ali	11.11.1986	m	14.01.2023	
5	004	Doneck	Artur	30.04.1965	m	20.02.1987	31.12.2006
6	005	Ederbach	Julia	05.05.1960	w	07.07.1984	31.12.2006
7	006	Flipper	Clark	06.06.1971	m	01.08.1991	31.03.2022
8	007	Gaukelei	Günter	07.07.1976	m	01.07.2014	
9	008	Habakuk	Jens	08.08.1993	m	01.07.2014	
10	009	Iwanowic	Iwana	24.11.1969	w	01.01.2020	30.03.2020
11	010	Jahn	Hans-Dieter	18.02.1965	m	20.06.1987	
12	011	Kahn	Olivia	05.04.1959	w	01.08.1977	02.02.2019
13	012	Laufs	Charlotte	11.08.1967	w	01.01.1989	
14	013	Moser	Eva	01.09.1999	w	14.04.2021	
15	014	Niemann	Peter	18.01.1991	m	01.07.2017	

4.1 Übung 1 (bedingtes Rechnen mit Datumsangaben)

Erweitern Sie die Tabelle nun um die beiden Spalten „Alter“ und „Beschäftigung in Jahren“. Darin soll das Alter der Beschäftigten in ganzen Jahren ausgegeben werden bzw. die Zugehörigkeit zum Betrieb. Letzteres ist nicht ganz so einfach, da es Mitarbeiter/-innen gibt, die nicht mehr im Unternehmen beschäftigt sind (es gibt einen Eintrag in der Spalte „Beschäftigung Ende“) und solchen, die nach wie vor angestellt sind (ohne Datum in der betreffenden Spalte).

Sie können dafür die *EXCEL*-Funktionen GANZZAHL, BRTEILJAHRE, HEUTE und WENN benutzen. Wenn Sie diese Funktionen nicht (mehr) kennen, dann benutzen Sie die Onlinehilfe, um sich über die Syntax klar zu werden. Teilweise können Sie auch dieses Buch dafür verwenden.

Ergänzende Hinweise:

- Die folgende Darstellung ist am 20. September 2025 entstanden, wird also von Ihrer Lösung abweichen, da Sie ja an einem anderen Datum diese Aufgabe bearbeiten. Wenn Sie kontrollieren wollen, ob Ihre Lösung korrekt ist, dann schreiben Sie in eine freie Zelle (z. B. H1) „20.09.2025“ (ohne die Anführungszeichen). Verwenden Sie nun in den Formeln anstelle der Funktion HEUTE() einen Bezug auf die Zelle H1.
- Ändern Sie die Formeln anschließend wieder so ab, dass das aktuelle Datum verwendet wird.

Ausgehend vom Datum 20. 09. 2025 sollte die Tabelle nun so aussehen, wobei die farbige Hervorhebung lediglich verdeutlichen soll, dass hier Berechnungen mithilfe von Funktionen durchgeführt werden:

	A	B	C	D	E	F	G	H	I
1	Personalnummer	Name	Vorname	Geburtsdatum	m/w	Beschäftigung Anfang	Beschäftigung Ende	Alter	Beschäftigung in Jahren
2	001	Abel	Ulla	28.02.1981	w	01.01.2003		44	22
3	002	Bertram	Bärbel	24.03.1960	w	01.08.1979	25.08.1995	65	16
4	003	Contur	Ali	11.11.1986	m	14.01.2023		38	2
5	004	Doneck	Artur	30.04.1965	m	20.02.1987	31.12.2006	60	19
6	005	Ederbach	Julia	05.05.1960	w	07.07.1984	31.12.2006	65	22
7	006	Flipper	Clark	06.06.1971	m	01.08.1991	31.03.2022	54	30
8	007	Gaukelei	Günter	07.07.1976	m	01.07.2014		49	11
9	008	Habakuk	Jens	08.08.1993	m	01.07.2014		32	11
10	009	Iwanowic	Iwana	24.11.1969	w	01.01.2020	30.03.2020	55	0
11	010	Jahn	Hans-Dieter	18.02.1965	m	20.06.1987		60	38
12	011	Kahn	Olivia	05.04.1959	w	01.08.1977	02.02.2019	66	41
13	012	Laufs	Charlotte	11.08.1967	w	01.01.1989		58	36
14	013	Moser	Eva	01.09.1999	w	14.04.2021		26	4
15	014	Niemann	Peter	18.01.1991	m	01.07.2017		34	8

4.2 Übung 2 (statistische Auswertung – rechnerisch)

Nun sollen die Daten auch statistisch ausgewertet werden. Erstellen Sie dazu in TABELLE2 die folgende Tabelle, wobei Sie die farbig hervorgehobenen Zellen zunächst weglassen:

	A	B	C	D	E	F	G	H	I	J
1	**Auswertung der Personaldaten**				Stand:			20.09.2025		
2										
3	*Personalbestand aktuell:*			8	weiblich:	3		männlich:	5	
4		*Altersstruktur:*								
5		unter 18:		0	weiblich:	0		männlich:	0	
6		18 bis unter 21:		0	weiblich:	0		männlich:	0	
7		21 bis unter 30:		1	weiblich:	1		männlich:	0	
8		30 bis unter 40:		3	weiblich:	0		männlich:	3	
9		40 bis unter 50:		2	weiblich:	1		männlich:	1	
10		50 bis unter 60:		1	weiblich:	1		männlich:	0	
11		ab 60:		1	weiblich:	0		männlich:	1	
12		*Durchschnittsalter:*		42,63	42,67			42,60		Jahre
13		*Beschäftigungsdauer:*		18,57	20,14			17,00		Jahre

Die Werte in den farbig hervorgehobenen Zellen sind rechnerisch ermittelt worden (auch wieder auf Basis des 20. 09. 2025). Hier gilt ebenfalls das bereits weiter oben Gesagte, wenn Sie Ihre Lösung überprüfen möchten.

Für die Lösung benötigen Sie folgende Funktionen: HEUTE, ZÄHLENWENN, ZÄHLENWENNS, MITTELWERTWENN, MITTELWERTWENNS und MITTELWERT.

4.3 Übung 3 (statistische Auswertung – grafisch)

Zum guten Schluss sollten Sie auch noch einmal Ihr Wissen zum Erstellen von Diagrammen in *EXCEL* reaktivieren, indem Sie eine einfache grafische Auswertung von zwei Aspekten erstellen:

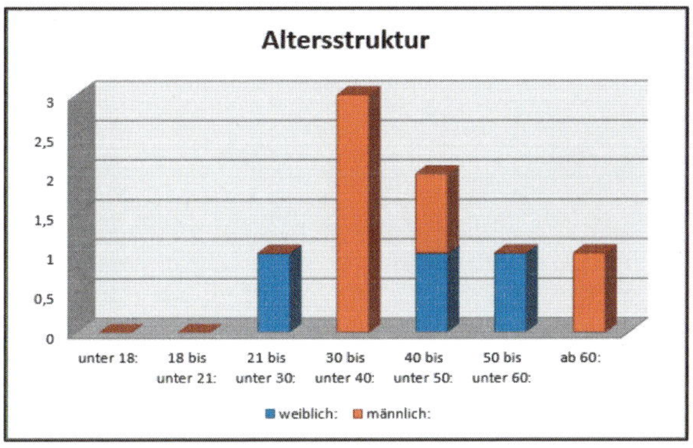

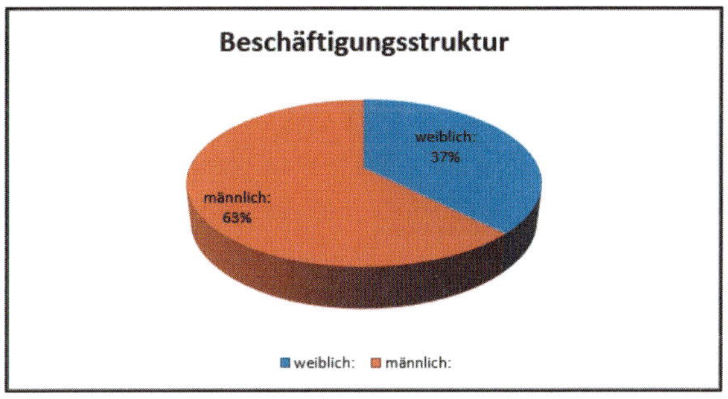

5 Liquidität sichern und Finanzierung vorbereiten (Lernfeld 9)

Kompetenzen, die Sie im Lernfeld 9 erwerben:

- ☑ Sie lernen Funktionen kennen, mit denen Sie Zinszahlen ermitteln und finanzmathematische Operationen ausführen können.
- ☑ Sie wenden diese Funktionen im Zusammenhang an.

5.1 GANZZAHL und TAGE360 in der summarischen Zinsrechnung

Praxissituation:

Der Heinrich KG schuldete ein Kunde im Jahr 2025 folgende Beträge:

Betrag	Fällig am:
3.440,90 €	20. 10. 2025
4.980,30 €	28. 10. 2025
6.320,55 €	05. 11. 2025

Wie hoch war sein Kontostand am 31. Dezember 2025 einschließlich 7 % Verzugszinsen?

Die Berechnung lässt sich am einfachsten nach der Methode der summarischen Zinsrechnung durchführen. Sollte Ihnen diese (noch) nicht geläufig sein, informieren Sie sich bitte in Ihrem Rechnungswesen-Buch. Die Zinsen errechnen sich dabei nach der sogenannten kaufmännischen Zinsformel:

$$\text{Zinsen} = \underbrace{\frac{\text{Kapital} \cdot \text{Tage}}{100}}_{\textbf{Zinszahl}} : \underbrace{\frac{360}{\text{Zinssatz}}}_{\textbf{Zinsteiler}}$$

Die Zinsen lassen sich also vereinfacht errechnen mit der Formel:

$$\text{Zinsen} = \frac{\text{Zinszahl}}{\text{Zinsteiler}}$$

Erstellen Sie zunächst in Tabelle1 der neuen Arbeitsmappe `Zinsrechnung.xlsx` folgende Tabelle:

	A	B	C	D	E	F
1	**Errechnen der Verzugszinsen und des geschuldeten Gesamtbetrages**					
2						
3	Fälligkeitsdatum:	31.12.2025				
4	Zinssatz:	7%				
5						
6						
7						
8	Kapital	fällig	Tage	Zinszahl		Zinsteiler:
9	3.440,90 €	20.10.2025				
10	4.980,30 €	28.10.2025				
11	6.320,55 €	05.11.2025				
12						
13		Zinsen				
14			Kontostand am			

Ausgangstabelle Summarische Zinsrechnung

Benennen Sie die Tabelle in `Summarische Zinsrechnung` um.

Vergeben Sie die folgenden Namen für die entsprechenden Zellen:

Zelle	Name
B3	Fälligkeitsdatum
B4	Zinssatz
F9	Zinsteiler
D12	Zinszahl
C9 bis C11	Tage

Geben Sie zunächst in Zelle D14 eine Formel ein, die automatisch das Fälligkeitsdatum, das in B3 steht, übernimmt.

Den Zinsteiler lassen Sie errechnen. Bedenken Sie bitte, dass Sie den errechneten Zinsteiler durch 100 dividieren müssen, da 10 % nur einen Wert von 10/100 darstellt!

Die Zinstage ermitteln Sie mit der Funktion TAGE360. Sie hat folgende Syntax:

=TAGE360(Ausgangsdatum;Enddatum;Methode)

Das Argument *Methode* muss immer *WAHR* lauten, da dann der Monat, wie bei uns in der kaufmännischen Zinsrechnung üblich, immer mit 30 Tagen angesetzt wird.

In der Zelle C9 definieren Sie also folgende Funktion:

```
fx  =TAGE360(B9;Fälligkeitsdatum;WAHR)
```

Zentrieren Sie nun den Zellinhalt und ziehen Sie ihn über den Ziehpunkt nach unten:

Tage
70
62
55

Centbeträge des Kapitals bleiben nach dieser Rechenmethode bei einer Berechnung des Kapitals in der Regel unberücksichtigt. Dieses Problem bei der Berechnung in *EXCEL* können Sie mit der Funktion GANZZAHL lösen. Diese Funktion rundet eine Zahl zur nächst kleineren Zahl ab. GANZZAHL(4333,9) ergibt also den Wert 4333.

In der Formel zum Errechnen der Zinszahl in Zelle D9 wird dies so berücksichtigt:

```
fx  =GANZZAHL(A9)*@Tage/100
```

Lassen Sie die Zelle zentrieren und nach unten ausfüllen, erhalten Sie folgendes Bild, nachdem Sie das Währungsformat entfernt haben, das *EXCEL* vergeben hat, weil es „dachte", dass Sie das gewünscht haben. Zinszahlen haben aber keine Erweiterung!

Zinszahl
2408
3087,6
3476

Sie werden feststellen, dass die zweite Zinszahl eine nicht zulässige Nachkommastelle besitzt, da Zinszahlen auf ganze Zahlen gerundet werden sollen. Dafür verwenden wir die vorher eingeführte RUNDEN-Funktion, indem wir ohne Nachkommastelle runden lassen. Verändern Sie die Eingabe in Zelle D9 also einfach folgendermaßen:

```
fx  =RUNDEN(GANZZAHL(A9)*@Tage/100;0)
```

Wenn Sie die Formel nun nach unten kopieren, erhalten Sie korrekte Zinszahlen:

Zinszahl
2408
3088
3476

Lassen Sie die Zinszahlen nun summieren und berechnen Sie die restlichen Zellen der Tabelle.

Fügen Sie, falls erforderlich, noch aus der Abbildung zu ersehenden Formatierungen hinzu.

	A	B	C	D	E	F
1	**Errechnen der Verzugszinsen und des geschuldeten Gesamtbetrages**					
2						
3	Fälligkeitsdatum:	31.12.2025				
4	Zinssatz:	7%				
5						
6						
7						
8	Kapital	fällig	Tage	Zinszahl		Zinsteiler:
9	3.440,90 €	20.10.2025	70	2408		**51,4285714**
10	4.980,30 €	28.10.2025	62	3088		
11	6.320,55 €	05.11.2025	55	3476		
12	14.741,75 €			8972		
13	174,46 €	Zinsen				
14	14.916,21 €		Kontostand am	31.12.2025		

Tabelle Summarische Zinsrechnung nach Fertigstellung

5.2 Finanzmathematische Funktionen in EXCEL

Vor allem Berechnungen im Bereich der Finanzmathematik erfordern oft die Eingabe komplizierter Formeln.

Praxissituation:

Für die Heinrich KG soll eine neue Maschine angeschafft werden, die über ein Darlehen der Hausbank finanziert wird. Dafür wird ein Darlehen über 20.000,00 € aufgenommen, das zehn Jahre laufen soll. Die Bank verlangt 8 % Zinsen pro Jahr. Nach Ablauf von 10 Jahren soll das Darlehen inklusive Zinsen abbezahlt sein. Um sich einen Überblick über die Auswirkungen dieser finanziellen Verpflichtung zu verschaffen, wird eine *EXCEL*-Tabelle verwendet.

Um die Leistungsfähigkeit der finanzmathematischen Funktionen zu verdeutlichen, geben Sie bitte folgende Ausgangstabelle in Tabelle2 der Arbeitsmappe `Zinsrechung.xlsx` ein.

	A	B	C	D	E	F	G
1	**Tilgung eines Darlehens**						
2							
3	Darlehnsbetrag:	20.000,00 €					
4	Zinssatz:	8%					
5	Laufzeit in Jahren:	10					
6							
7	Zeitraum	Tilgung (KAPZ)	Tilgung kumuliert	Zinsen (ZINSZ)	Zinsen kumuliert	Annuität (RMZ)	Restschuld am 31. Dez.
8	1						
9	2						
10	3						
11	4						
12	5						
13	6						
14	7						
15	8						
16	9						
17	10						
18							

Ausgangstabelle Darlehen

Benennen Sie die Tabelle in DARLEHEN um. Zur besseren Übersicht bei den Berechnungen vergeben Sie folgende Namen:

Zelle	Name
B3	Darlehensbetrag
B4	Zinssatz
B5	Laufzeit_in_Jahren

Zunächst berechnen Sie mit der Funktion KAPZ die Beträge, mit denen das Darlehen getilgt wird. Die Syntax lautet:

=KAPZ(Zins;Zr;Zzr;Bw;Zw;F)

Zins ist der Zinssatz pro Periode.

Zr gibt die Periode an und muss zwischen 1 und **Zzr** liegen. (**Zr** = **Z**ahlungszeit**r**aum)

Zzr gibt an, über wie viele Perioden die jeweilige Annuität (Rente) gezahlt wird. (**Zzr** = Anzahl der **Z**ahlungs**z**eit**r**äume bzw. Laufzeit in Jahren)

Bw ist der Barwert: der Gesamtbetrag, den eine Reihe zukünftiger Zahlungen zum gegenwärtigen Zeitpunkt wert ist. (**Bw** = **B**ar**w**ert bzw. Darlehensbetrag)

Zw ist der zukünftige Wert (Endwert) oder der Kassenbestand, den Sie nach der letzten Zahlung erreicht haben möchten. Fehlt das Argument **Zw,** wird der Wert 0 (null) angenommen, d. h., der Endwert eines Kredits ist gleich 0. (**Zw** = **Z**ukünftiger **W**ert)

F kann den Wert 0 oder 1 annehmen und gibt an, wann die Zahlungen fällig sind. (**F** = **F**älligkeit)

Die Definition der Funktion für die Zelle B8 lautet also:

```
fx  =KAPZ(Zinssatz;A8;Laufzeit_in_Jahren;Darlehensbetrag)
```

oder im Funktions-Assistenten:

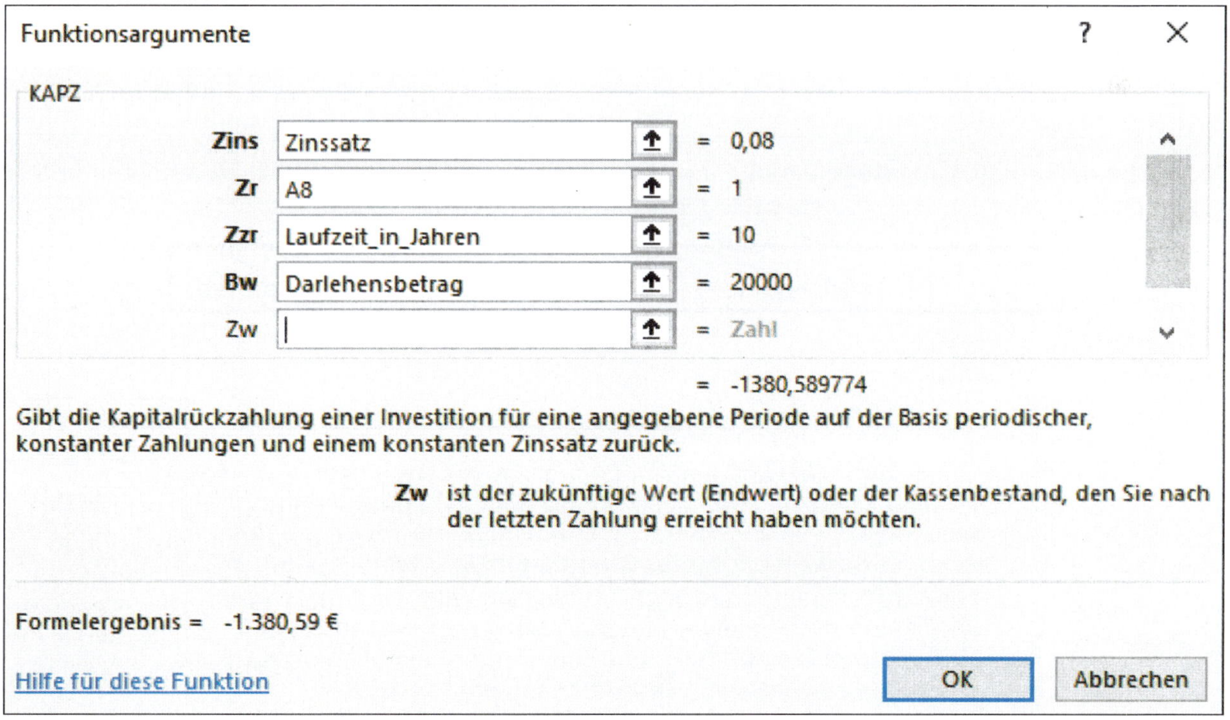

Füllen Sie die Funktion nach unten aus, so erhalten Sie die nebenstehenden Ergebnisse. Die Währungsformate sind zu setzen und die Summe in Zeile 18 müssen Sie selbst in der bekannten Weise ermitteln.

7	Zeitraum	Tilgung (KAPZ)
8	1	-1.380,59 €
9	2	-1.491,04 €
10	3	-1.610,32 €
11	4	-1.739,15 €
12	5	-1.878,28 €
13	6	-2.028,54 €
14	7	-2.190,82 €
15	8	-2.366,09 €
16	9	-2.555,38 €
17	10	-2.759,81 €
18		-20.000,00 €

Dann werden die pro Jahr zu zahlenden Zinsen ermittelt. Dazu verwenden Sie die Funktion ZINSZ, die die folgende Syntax hat:

ZINSZ(Zins;Zr;Zzr;Bw;Zw;F)

Zins ist der Zinssatz pro Periode (Zahlungszeitraum).

Rmz ist der Betrag (Annuität), der in jeder Periode gezahlt wird. Dieser Betrag bleibt während der Laufzeit konstant. Üblicherweise umfasst **Rmz** das Kapital und die Zinsen, nicht jedoch sonstige Gebühren oder Steuern. (**Rmz** = **R**egel**m**äßige **Z**ahlung). Wenn **Rmz** nicht verwendet wird, müssen Sie das Argument **Zw** angeben.

Zr, Zzr, Bw, Zw, F siehe oben.

In die Zelle D8 geben Sie also ein (manuell oder mit dem Funktions-Assistenten):

```
fx =ZINSZ(Zinssatz;A8;Laufzeit_in_Jahren;Darlehensbetrag)
```

Lassen Sie nach unten ausfüllen, setzen Sie die notwendigen Formatierungen und ergänzen Sie die Berechnung der Summe in Zeile 18, erhalten Sie das nebenstehende Bild.

Zinsen (ZINSZ)
-1.600,00 €
-1.489,55 €
-1.370,27 €
-1.241,44 €
-1.102,31 €
-952,05 €
-789,77 €
-614,50 €
-425,21 €
-220,78 €
-9.805,90 €

Auch hier resultieren die „grünen Ecken“ wieder aus einer „Fehleinschätzung“ der Tabellenkalkulation und können ignoriert werden.

Als Nächstes berechnen wir die Annuität, d. h. die Zahlungen, die zu leisten sind. Zwar könnten Sie einfach Tilgung und Zinsen zusammenzählen, doch soll hier zur Übung die in *EXCEL* vorhandene Funktion **RMZ** („**r**egel**m**äßige **Z**ahlung“) verwendet werden. Die Syntax lautet:

RMZ(Zins;Zzr;Bw;Zw;F)

Für die Spalte F ergibt sich also folgende Eingabe, die nach unten auszufüllen, zu summieren und formatieren ist:

```
fx =RMZ(Zinssatz;Laufzeit_in_Jahren;Darlehensbetrag)
```

Annuität (RMZ)
-2.980,59 €
-2.980,59 €
-2.980,59 €
-2.980,59 €
-2.980,59 €
-2.980,59 €
-2.980,59 €
-2.980,59 €
-2.980,59 €
-2.980,59 €
-29.805,90 €

Jedes Jahr sind also insgesamt 2.980,59 € an die Bank zu zahlen.

Für die Ermittlung der kumulierten Tilgungsbeträge addieren Sie jeweils auf. In der Zelle C9 werden dafür die Tilgungen des ersten und zweiten Zeitraums addiert, also =B8+B9. Ab der Zelle C10 rechnen Sie zu dem kumulierten Wert der Vorperiode die Tilgung der aktuellen Periode hinzu, also z. B. =C9+B10. Diese Formel können Sie dann nach unten ausfüllen lassen, sodass Sie das nebenstehende Bild erhalten (rechts).

Tilgung kumuliert
-2.871,63 €
-4.481,95 €
-6.221,09 €
-8.099,37 €
-10.127,91 €
-12.318,73 €
-14.684,82 €
-17.240,19 €
-20.000,00 €

Diese Formeln können Sie zur Berechnung der kumulierten Zinsen einfach in die Spalte E kopieren. Das führt zu den folgenden Ergebnissen:

Zinsen kumuliert
-3.089,55 €
-4.459,82 €
-5.701,27 €
-6.803,58 €
-7.755,63 €
-8.545,40 €
-9.159,90 €
-9.585,11 €
-9.805,90 €

In der Spalte G soll die jeweilige Restschuld ermittelt werden. In Zelle G8 errechnet sich diese Restschuld, indem Sie die Tilgung des Zeitraums 1 zur Darlehenssumme hinzuzählen lassen. Sie müssen addieren, weil der Tilgungswert schon ein negativer Wert ist.

```
fx  =Darlehensbetrag+B8
```

Ab Zelle G9 addieren Sie die Tilgung zur Restschuld des vorherigen Zeitraums, also z. B. =G8+B9. Diese Formel lassen Sie wiederum nach unten ausfüllen. Die fertige Tabelle sieht damit folgendermaßen aus:

	A	B	C	D	E	F	G
1	**Tilgung eines Darlehens**						
2							
3	Darlehnsbetrag:	20.000,00 €					
4	Zinssatz:	8%					
5	Laufzeit in Jahren:	10					
6							
7	Zeitraum	Tilgung (KAPZ)	Tilgung kumuliert	Zinsen (ZINSZ)	Zinsen kumuliert	Annuität (RMZ)	Restschuld am 31. Dez.
8	1	-1.380,59 €		-1.600,00 €		-2.980,59 €	18.619,41 €
9	2	-1.491,04 €	-2.871,63 €	-1.489,55 €	-3.089,55 €	-2.980,59 €	17.128,37 €
10	3	-1.610,32 €	-4.481,95 €	-1.370,27 €	-4.459,82 €	-2.980,59 €	15.518,05 €
11	4	-1.739,15 €	-6.221,09 €	-1.241,44 €	-5.701,27 €	-2.980,59 €	13.778,91 €
12	5	-1.878,28 €	-8.099,37 €	-1.102,31 €	-6.803,58 €	-2.980,59 €	11.900,63 €
13	6	-2.028,54 €	-10.127,91 €	-952,05 €	-7.755,63 €	-2.980,59 €	9.872,09 €
14	7	-2.190,82 €	-12.318,73 €	-789,77 €	-8.545,40 €	-2.980,59 €	7.681,27 €
15	8	-2.366,09 €	-14.684,82 €	-614,50 €	-9.159,90 €	-2.980,59 €	5.315,18 €
16	9	-2.555,38 €	-17.240,19 €	-425,21 €	-9.585,11 €	-2.980,59 €	2.759,81 €
17	10	-2.759,81 €	-20.000,00 €	-220,78 €	-9.805,90 €	-2.980,59 €	0,00 €
18		-20.000,00 €		-9.805,90 €		-29.805,90 €	

Tabelle DARLEHEN *in der Arbeitsmappe* `Zinsrechnung.xlsx` *nach Fertigstellung*

Speichern Sie nun noch einmal die Arbeitsmappe und schließen Sie sie anschließend.

5.3 Übung (Zinsrechnung)

Die folgende Übung ist ein Ausflug in die Vergangenheit, denn heutzutage sind Wechsel eher eine Seltenheit, aber es gibt sie noch. Früher waren Wechsel (wie der gezogene Wechsel oder der Solawechsel) ein gängiges Zahlungsmittel und Kreditinstrument, besonders im internationalen Handel. Heute sind sie durch moderne Zahlungsformen wie Überweisungen, Kreditkarten und digitale Zahlungsdienste weitgehend verdrängt worden.

Unternehmen können einen Wechsel an die Hausbank „verkaufen". Diese berechnet dafür den Wechseldiskont und übernimmt danach auch das Risiko, dass ein Wechsel „platzt", also aufgrund nicht gegebener Kontodeckung nicht eingelöst wird. Dieser Diskont wird von der Bank von der Summe des Wechsels (oder der Wechsel) abgezogen, wie Sie der Musterabrechnung unten auch entnehmen können. Je früher das Unternehmen den Wechsel an die Bank „verkauft", desto höher ist der zu zahlende Diskont.

a) Die Heinrich KG hat von der Hamburger Sparkasse folgenden Beleg über Wechseldiskontierungen bekommen:

Hamburger Sparkasse

Heinrich KG 22.08.2025
Rahlstedter Straße 144
22143 Hamburg

Konto DE07 2005 0550 1120 2399 08

Die von Ihnen eingereichten Wechsel rechnen wir zum 22.08.2025 wie folgt ab:

Betrag	Fälligkeit	Bezogener	zahlbar bei
5.330,00 €	23.11.2025	Ostkamp	Deutsche Bank
7.890,00 €	12.12.2025	Wienert	Volksbank Schwelm
8.700,00 €	19.12.2025	Drösel	Stadtsparkasse Pusemuckel
21.920,00 €			
536,60 €	8 % Diskont		
21.383,40 €	Diesen Betrag schreiben wir Ihrem Konto gut.		

Überprüfen Sie mithilfe von *EXCEL*, ob die Berechnung stimmt. Verwenden Sie zunächst die Zinsberechnung für Kaufleute („kaufmännische Methode"), wobei das Jahr mit 360 Tagen und jeder Monat mit 30 Tagen gerechnet wird, auch wenn dies für die Diskontierung von Wechseln nicht korrekt ist. Daher werden die Ergebnisse nicht mit der Abrechnung der Hamburger Sparkasse übereinstimmen.

Für die kaufmännische Methode könnte Ihre Lösung wie folgt aussehen:

	A	B	C	D	E	F	G	H	I
1		***Wechseldiskontierung***							
2									
3		Abrechnungstag:		22.08.2025					
4		Diskontsatz:		8%					
5									
6									
7		Betrag	Fälligkeit	Tage	#				
8		5.330,00 €	23.11.2025	91	4850				
9		7.890,00 €	12.12.2025	110	8679				
10		8.700,00 €	19.12.2025	117	10179				
11		21.920,00 €			23708	:	45	=	526,84 €
12		526,84 €	8%	Diskont					
13		21.393,16 €							

b) Wenden Sie anschließend die sogenannte **Euro-Zinsmethode** an, bei der die Tage genau gezählt werden, in der Zinsformel aber dennoch mit 360 Tagen für ein Jahr abgerechnet wird. Welche Differenz ergibt sich zur vorherigen Berechnung?

Das entspricht dann auch der Berechnung, die auf S. 158 abgedruckten Beleg der Hamburger Sparkasse verwendet wurde.

	A	B	C	D	E	F	G	H	I
1		***Wechseldiskontierung (Eurozinzmethode)***							
2									
3		Abrechnungstag:		22.08.2025					
4		Diskontsatz:		8%					
5									
6									
7		Betrag	Fälligkeit	Tage	#				
8		5.330,00 €	23.11.2025	93	4957				
9		7.890,00 €	12.12.2025	112	8837				
10		8.700,00 €	19.12.2025	119	10353				
11		21.920,00 €			24147	:	45	=	536,60 €
12		536,60 €	8%	Diskont					
13		21.383,40 €							

6 Wertschöpfungsprozesse erfolgsorientiert steuern (Lernfeld 10)

Auch Kalkulationen lassen sich natürlich mit *EXCEL* wesentlich einfacher umsetzen. Hier gibt es zwar leider keine speziellen „Kalkulations-Funktionen“, die Sie einsetzen könnten, um z. B. mit HANDELSSPANNE(Listenverkaufspreis;Bezugspreis) die Handelsspanne zu errechnen, aber da die mathematischen Bestandteile der Kalkulation nicht sonderlich kompliziert sind, sollte es auch kein Problem sein, die nachfolgenden Übungen mit Ihnen bereits bekannten Funktionen bzw. Rechenoperationen durchzuführen.

6.1 Übung 1 (Vorwärtskalkulation)

Erstellen Sie zunächst in einer neuen Arbeitsmappe das Ihnen bekannte Kalkulationsschema (links) und ergänzen Sie dann sinnvolle Werte sowie die notwendigen Formeln. Das Ergebnis könnte dann so wie in der rechten Darstellung aussehen. – Zellen, die berechnet werden, sind hervorgehoben.

	A	B	C	D
1	**Kalkulation auf Vollkostenbasis**			
2				
3	*Kalkulationsschema - Vorwärtskalkulation*			
4				
5		Listeneinkaufspreis		8.000,00 €
6	-	Mengenrabatt	12,0%	
7	=	Zieleinkaufspreis		
8	-	Einkaufsskonto	3,0%	
9	=	Bareinkaufspreis		
10	+	Einkaufsprovision	3,5%	
11	+	Bezugskosten		12,50 €
12	=	Bezugspreis		
13	+	Handlungsgemeinkosten	25,0%	
14	=	Selbstkosten		
15	+	Gewinn	8,0%	
16	=	Barverkaufspreis		
17	+	Verkaufsprovision	3,4%	
18	+	Verkaufsskonto	2,5%	
19	=	Zielverkaufspreis		
20	+	Rabatt	40,0%	
21	=	Listenverkaufspreis		
22				
23		Kalkulationszuschlagsatz:		
24		Kalkulationsfaktor:		
25		Handelsspanne:		

	A	B	C	D
1	**Kalkulation auf Vollkostenbasis**			
2				
3	*Kalkulationsschema - Vorwärtskalkulation*			
4				
5		Listeneinkaufspreis		8.000,00 €
6	-	Mengenrabatt	12,0%	960,00 €
7	=	Zieleinkaufspreis		7.040,00 €
8	-	Einkaufsskonto	3,0%	211,20 €
9	=	Bareinkaufspreis		6.828,80 €
10	+	Einkaufsprovision	3,5%	246,40 €
11	+	Bezugskosten		12,50 €
12	=	Bezugspreis		7.087,70 €
13	+	Handlungsgemeinkosten	25,0%	1.771,93 €
14	=	Selbstkosten		8.859,63 €
15	+	Gewinn	8,0%	708,77 €
16	=	Barverkaufspreis		9.568,40 €
17	+	Verkaufsprovision	3,4%	345,72 €
18	+	Verkaufsskonto	2,5%	254,21 €
19	=	Zielverkaufspreis		10.168,33 €
20	+	Rabatt	40,0%	6.778,89 €
21	=	Listenverkaufspreis		16.947,22 €
22				
23		Kalkulationszuschlagsatz:	139,11%	
24		Kalkulationsfaktor:	2,3911	
25		Handelsspanne:	58,18%	

Sollten Sie grüne Ecken (Zellen D7 und D15) sehen, dann können Sie diese ignorieren, weil *EXCEL* hier einen Fehler „erkannt haben will“, der aber gar keiner ist. Die Rechenzeichen in Spalte A müssen Sie – wie auch schon auf Seite 89 – mit einem vorangestellten Hochkomma oder einer Formatierung als „Text“ eingeben. Außerdem müssen Sie beachten, dass bei allen Rechenoperationen, bei denen Zahlen mit mehr als zwei Nachkommastellen herauskommen können, mit der Funktion RUNDEN gearbeitet werden sollte, weil Sie andernfalls Rundungsfehler in die Kalkulation „einbauen“ (siehe auch Seite 98). Dass die Provision jeweils auf den Zielpreis bezogen wird, war Ihnen natürlich bekannt.

6.2 Übung 2 (Rückwärtskalkulation)

Kopieren Sie jetzt die Vorwärtskalkulation aus Übung 1 in das zweite Tabellenblatt der Arbeitsmappe. Löschen Sie alle Formeln, passen Sie die Überschrift an und gehen Sie nun von einem gegebenen Listenverkaufspreis aus. Links sehen Sie wieder die Ausgangstabelle und rechts das fertige Ergebnis – wiederum mit hervorgehobenen Zellen, in denen Berechnungen durchgeführt wurden:

	A	B	C	D
1	**Kalkulation auf Vollkostenbasis**			
2				
3	*Kalkulationsschema - Rückwärtskalkulation*			
4				
5		Listeneinkaufspreis		
6	-	Mengenrabatt	12,0%	
7	=	Zieleinkaufspreis		
8	-	Einkaufsskonto	3,0%	
9	=	Bareinkaufspreis		
10	+	Einkaufsprovision	3,5%	
11	+	Bezugskosten		12,50 €
12	=	Bezugspreis		
13	+	Handlungsgemeinkosten	25,0%	
14	=	Selbstkosten		
15	+	Gewinn	8,0%	
16	=	Barverkaufspreis		
17	+	Verkaufsprovision	3,4%	
18	+	Verkaufsskonto	2,5%	
19	=	Zielverkaufspreis		
20	+	Rabatt	40,0%	
21	=	Listenverkaufspreis		16.947,22 €
22				
23		Kalkulationszuschlagsatz:		
24		Kalkulationsfaktor:		
25		Handelsspanne:		

	A	B	C	D
1	**Kalkulation auf Vollkostenbasis**			
2				
3	*Kalkulationsschema - Rückwärtskalkulation*			
4				
5		Listeneinkaufspreis		8.000,00 €
6	-	Mengenrabatt	12,0%	960,00 €
7	=	Zieleinkaufspreis		7.040,00 €
8	-	Einkaufsskonto	3,0%	211,20 €
9	=	Bareinkaufspreis		6.828,80 €
10	+	Einkaufsprovision	3,5%	246,40 €
11	+	Bezugskosten		12,50 €
12	=	Bezugspreis		7.087,70 €
13	+	Handlungsgemeinkosten	25,0%	1.771,93 €
14	=	Selbstkosten		8.859,63 €
15	+	Gewinn	8,0%	708,77 €
16	=	Barverkaufspreis		9.568,40 €
17	+	Verkaufsprovision	3,4%	345,72 €
18	+	Verkaufsskonto	2,5%	254,21 €
19	=	Zielverkaufspreis		10.168,33 €
20	+	Rabatt	40,0%	6.778,89 €
21	=	Listenverkaufspreis		16.947,22 €
22				
23		Kalkulationszuschlagsatz:	139,11%	
24		Kalkulationsfaktor:	2,3911	
25		Handelsspanne:	58,18%	

6.3 Übung 3 (Gewinnkalkulation)

Auch die letzte Variante, bei der sowohl der Listeneinkaufs- als auch der Listenverkaufspreis gegeben sind, lässt sich mithilfe von *EXCEL* natürlich umsetzen. Kopieren Sie dazu die Rückwärtskalkulation aus Übung 2 in das dritte Tabellenblatt der Arbeitsmappe und gehen Sie wie in Übung 2 vor. Beachten Sie, dass hier der Zuschlagssatz für den Gewinn errechnet werden muss. Das Ergebnis sollte so aussehen:

	A	B	C	D
1	**Kalkulation auf Vollkostenbasis**			
2				
3	*Kalkulationsschema - Gewinnkalkulation*			
4				
5		Listeneinkaufspreis		8.000,00 €
6	-	Mengenrabatt	12,0%	
7	=	Zieleinkaufspreis		
8	-	Einkaufsskonto	3,0%	
9	=	Bareinkaufspreis		
10	+	Einkaufsprovision	3,5%	
11	+	Bezugskosten		12,50 €
12	=	Bezugspreis		
13	+	Handlungsgemeinkosten	25,0%	
14	=	Selbstkosten		
15	+	Gewinn		
16	=	Barverkaufspreis		
17	+	Verkaufsprovision	3,4%	
18	+	Verkaufsskonto	2,5%	
19	=	Zielverkaufspreis		
20	+	Rabatt	40,0%	
21	=	Listenverkaufspreis		16.947,22 €
22				
23		Kalkulationszuschlagsatz:		
24		Kalkulationsfaktor:		
25		Handelsspanne:		

	A	B	C	D
1	**Kalkulation auf Vollkostenbasis**			
2				
3	*Kalkulationsschema - Gewinnkalkulation*			
4				
5		Listeneinkaufspreis		8.000,00 €
6	-	Mengenrabatt	12,0%	960,00 €
7	=	Zieleinkaufspreis		7.040,00 €
8	-	Einkaufsskonto	3,0%	211,20 €
9	=	Bareinkaufspreis		6.828,80 €
10	+	Einkaufsprovision	3,5%	246,40 €
11	+	Bezugskosten		12,50 €
12	=	Bezugspreis		7.087,70 €
13	+	Handlungsgemeinkosten	25,0%	1.771,93 €
14	=	Selbstkosten		8.859,63 €
15	+	Gewinn	8,0%	708,77 €
16	=	Barverkaufspreis		9.568,40 €
17	+	Verkaufsprovision	3,4%	345,72 €
18	+	Verkaufsskonto	2,5%	254,21 €
19	=	Zielverkaufspreis		10.168,33 €
20	+	Rabatt	40,0%	6.778,89 €
21	=	Listenverkaufspreis		16.947,22 €
22				
23		Kalkulationszuschlagsatz:	139,11%	
24		Kalkulationsfaktor:	2,3911	
25		Handelsspanne:	58,18%	

Wenn Sie die drei Übungen bearbeitet haben, geben Sie einfach weitere Zahlen ein, die Sie Ihrem Lehrbuch entnehmen können (oder von Ihrer Lehrerin/Ihrem Lehrer genannt bekommen). Spätestens jetzt sollten Sie erkennen, dass *EXCEL* Ihnen sehr viel Arbeit abnimmt, wenn Sie sich einmal die Mühe gemacht haben, ein rechnerisches Problem logisch in seine Bestandteile zu zerlegen und mit einer Tabellenkalkulation aufzubereiten.

6.4 Übung 4 (Reisekostenabrechnung)

Als letzte Übung sollten Sie jetzt auch noch ein Formular zur Reisekostenabrechnung erstellen. Passen Sie auch hier wieder die Daten auf das aktuelle Jahr an. Das abgebildete Beispiel wurde am 21.09.2025 erstellt und daher sind alle Daten auch ins Jahr 2025 verlegt worden. Selbstverständlich können Sie aber auch jedes andere Datum und jede beliebige Uhrzeit verwenden, denn *EXCEL* ist ja genau dafür da, wie Sie inzwischen selbst wissen.

Sie können auch noch beliebige Erweiterungen vornehmen, z. B. Verknüpfungen mit Personaldaten (siehe auch Seite 134), sodass nur die Personalnummer eingegeben werden muss, die Hinterlegung von Kilometersätzen und Verpflegungsmehraufwendungen in Hilfstabellen, auf die Sie dann mittels der Suchfunktionen zugreifen, usw. – *EXCEL* bietet hier eine Vielzahl von Möglichkeiten, lassen Sie also Ihrer Kreativität freien Lauf!

Beachten Sie bei der Erstellung die gesetzlichen Vorgaben, die zum Zeitpunkt der Erstellung dieser Übungsaufgabe in Bezug auf die Verpflegungsmehraufwendungen wie folgt aussahen:

- Erfolgt die Reise nur eintägig und ist kürzer als 8 Stunden, gibt es keine Verpflegungsmehraufwendung.
- Für eintägige Reisen, die mindestens 8 Stunden dauern, werden 14,00 € angesetzt.
- Reisen, die zwei Tage dauern, werden pauschal mit jeweils 14,00 € für den An- und Abreisetag angesetzt, also mit 28,00 €.
- Jeder weitere Tag, der dazwischen liegt, wird mit 28,00 € vergütet.

Erstellen Sie zunächst in einer neuen Arbeitsmappe den Eingabebereich der Reisekostenabrechnung. Nur hier sollen später Daten eingegeben werden:

	A	B	C	D	E	F
1	**Reisekostenabrechnung**					
2						
3	***Eingabebereich***					
4	Nachname			Namremiz		
5	Vorname			Lexa		
6	Reisebeginn (Datum Uhrzeit):			07.01.2025 08:00		
7	Reiseende (Datum Uhrzeit):			11.01.2025 16:00		
8	Reiseziel:			Knöllerup		
9	Entfernung zum Ziel (einfache Strecke):			423 km		
10	Anlass der Reise:			Messebesuch		
11	Übernachtungskosten:			123,00 €		
12	Spesen:			22,00 €		
13	Bankverbindung - IBAN:			DE02 4401 0046 0123 4567 89		

Geben Sie zunächst genau die Daten ein, die Sie oben sehen. Beachten Sie dabei auch, dass in den Zellen D6, D7, D9, D11 und D12 Zahlen stehen. Hier müssen Sie also entsprechende Formate auswählen oder benutzerdefiniert erstellen.

Nun sollten Sie den Ausgabebereich ergänzen. Auch in der folgenden Darstellung sind die Zellen, in denen Sie mit Formeln arbeiten sollen, farblich hervorgehoben. Denken Sie aber auch daran, dass auch hier mit benutzerdefinierten Zahlenformaten gearbeitet wurde:

	A	B	C	D	E	F
15	***Abrechnung***					
17	Abrechnung der Reise für Namremiz, Lexa					
18						
19	Anlass der Reise:			Messebesuch		
20	Reiseziel:			Knöllerup		
21	Entfernung einfach:			423 km		
22						
23	1. Fahrtkosten					
24	846 km Gesamtstrecke			0,30 €/km =		253,80 €
25						
26	2. Verpflegungsmehraufwendungen					
27	Reisebeginn:	07.01.2025 08:00				
28	Reiseende:	11.01.2025 16:00				
29						
30	Reisedauer:	4 Tage	8 Stunden			
31		Reise mit An- und Abreisetag				
32		Pauschal für An-/Abreisetag		28,00 €		
33		weitere Tage:	3	84,00 €		
34		Verpflegungsmehraufwendung insgesamt:				112,00 €
35		Dauer ab 24 Stunden:	28,00 €/Tag			
36		Dauer ab 8 Stunden:	14,00 €/Tag			
37		An- und Abreisetag pauschal jeweils:	14,00 €/Tag			
38						
39	3. Übernachtungskosten					
40	Durch Belege nachgewiesene Übernachtungskosten:					84,00 €
41						
42	4. Spesen					
43	Durch Belege nachgewiesene sonstige Reisekosten:					45,50 €
44						
45						
46				Gesamtbetrag		495,30 €
47						
48						
49	Der Betrag von 495,30 € wird auf Ihr Konto DE02 4401 0046 0123 4567 89 überwiesen.					
51	Hamburg,	21.09.2025				

Wie Sie schon in den Erläuterungen zu dieser Aufgabe gelesen haben, ist die Ermittlung der Verpflegungsmehraufwendungen kompliziert. Die Ausgabe in den Zeilen 27 bis 34 müssen also automatisch (WENN-Funktionen) an die jeweilige Situation angepasst werden.

Folgende Situationen kann es geben:

1. Die Reise ist nur eintägig und dauert weniger als 8 Stunden. Ein Mehraufwand für Verpflegung liegt nicht vor. Die Abrechnung müsste sich in den entsprechenden Zeilen also wie folgt ändern:

	A	B	C	D	E	F
26	2. Verpflegungsmehraufwendungen					
27	Reisebeginn:	07.01.2025 08:00				
28	Reiseende:	07.01.2025 15:00				
29						
30	Reisedauer:	0 Tage	7 Stunden			
31		Eintägige Reise				
32		Dauer unter 8 Stunden		0,00 €		
33		weitere Tage:	0	0,00 €		
34		Verpflegungsmehraufwendung insgesamt:				0,00 €
35		Dauer ab 24 Stunden:	28,00 €/Tag			
36		Dauer ab 8 Stunden:	14,00 €/Tag			
37		An- und Abreisetag pauschal jeweils:	14,00 €/Tag			

2. Die Reise dauert immer noch nur einen Tag, aber ist mindestens 8 Stunden lang:

26	2. Verpflegungsmehraufwendungen				
27	Reisebeginn:	07.01.2025 08:00			
28	Reiseende:	07.01.2025 16:00			
29					
30	Reisedauer:	0 Tage	8 Stunden		
31		Eintägige Reise			
32		Dauer mindestens 8 Stunden		14,00 €	
33		weitere Tage:	0	0,00 €	
34		Verpflegungsmehraufwendung insgesamt:			14,00 €
35	Dauer ab 24 Stunden:		28,00 €/Tag		
36	Dauer ab 8 Stunden:		14,00 €/Tag		
37	An- und Abreisetag pauschal jeweils:		14,00 €/Tag		

3. Die Reise beginnt an einem Tag und endet am nächsten:

26	2. Verpflegungsmehraufwendungen				
27	Reisebeginn:	07.01.2022 08:00			
28	Reiseende:	08.01.2022 16:00			
29					
30	Reisedauer:	1 Tage	8 Stunden		
31		Reise mit An- und Abreisetag			
32		Pauschal für An-/Abreisetag		28,00 €	
33		weitere Tage:	0	0,00 €	
34		Verpflegungsmehraufwendung insgesamt:			28,00 €
35	Dauer ab 24 Stunden:		28,00 €/Tag		
36	Dauer ab 8 Stunden:		14,00 €/Tag		
37	An- und Abreisetag pauschal jeweils:		14,00 €/Tag		

4. Die Reise dauert mindestens drei Tage – oder wie im Ausgangsfall 4 Tage und 8 Stunden: Diese Lösung sollten Sie ja schon erstellt haben, weil das die Ausgangssituation darstellte.

Wichtig ist aber, dass Sie nicht jeweils eine individuelle Lösung erstellen, bei der Sie persönlich entscheiden, was in den farbig hervorgehobenen Zellen steht, sondern das muss *EXCEL* automatisch machen! Sie dürfen nur Eingaben im Eingabebereich, also den Zeilen 4 bis 13 vornehmen!

Wenn Sie jetzt wirklich vier verschiedene Arbeitsmappen auf dem Rechner gespeichert haben, ist es leider so, dass Sie nicht verstanden haben, welchen Zweck ein Tabellenkalkulationsprogramm hat. Wenn Sie Abrechnungen von Hand erstellen möchten, dann wäre eine Textverarbeitung (z. B. Microsoft *WORD*) die richtige Wahl, aber stellen Sie sich vor, Sie sollen für ein größeres Schulungsprojekt, an dem zahlreiche Mitarbeiterinnen und Mitarbeiter Ihres Unternehmens teilgenommen haben, manuell die Abrechnungen erstellen. Abgesehen von der Wahrscheinlichkeit, dass es Flüchtigkeitsfehler gibt, würden Sie dafür auch sehr lange brauchen und für jede Dienstreise erst mal wieder überlegen müssen, wie die einzelnen Posten berechnet werden. In *EXCEL* erstellen Sie einmal die Vorlage, tragen die Daten ein und drucken die individuellen Abrechnungen aus. Wenn Sie das noch erweitern, sodass nur noch die Personalnummer benötigt wird, sinkt der Arbeitsaufwand für künftige Abrechnungen noch weiter!

7 Arbeitsmappen gemeinsam bearbeiten

Arbeitsmappen können in *EXCEL* auch von mehreren Personen bearbeitet werden. Man muss dabei zwischen dem kollaborativen Arbeiten, bei dem mehrere Personen zur selben Zeit in einer Arbeitsmappe Änderungen vornehmen können, und einer Bearbeitung nacheinander unterscheiden. Im letztgenannten Fall kann immer nur eine Person die Arbeitsmappe öffnen und die andere Person muss warten, bis diese geschlossen wurde. Hier unterscheiden sich dann auch die *EXCEL*-Versionen *EXCEL* 2024 und *EXCEL* 365, denn nur mit der Version aus Microsoft 365 ist das echte kollaborative Arbeiten möglich.

7.1 Dateien gemeinsam bearbeiten im LAN

Wenn eine Arbeitsmappe im Netzwerk eines Unternehmens oder einer Schule liegt, kann immer nur einer darauf zugreifen. Wenn eine zweite Person, die Zugriff auf den Ordner hat, dies versucht, wird sie darauf hingewiesen, dass die zu bearbeitende Datei aktuell „besetzt" ist. *EXCEL* gibt dann z. B. eine Meldung wie die Folgende aus:

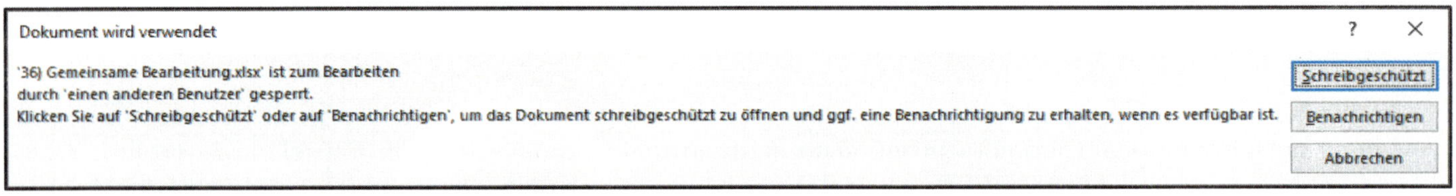

Wenn man nun „Schreibgeschützt" auswählt, wird die Arbeitsmappe zwar geöffnet, aber Änderungen können nicht in der Originaldatei gespeichert werden, sondern lediglich in einer Kopie. Alternativ kann man sich benachrichtigen lassen, wenn die Datei wieder verwendbar ist. Sobald das der Fall ist, erscheint am eigenen Bildschirm:

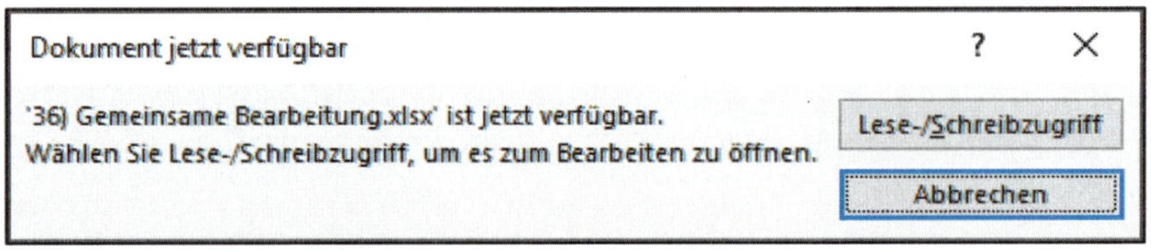

Wenn dann „Lese-/Schreibzugriff" ausgewählt wird, kann man in dieser Arbeitsmappe wieder ganz normal arbeiten. *EXCEL* überwacht dabei aber, ob Änderungen vorgenommen wurden! Sollte dies in der Zwischenzeit bei beiden Versionen der Fall sein, wird der Benutzer darauf hingewiesen:

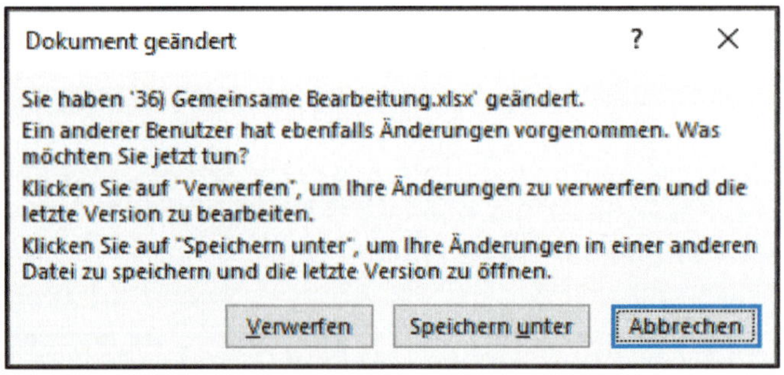

Wenn Sie in der „gemeinsamen" Datei weiterarbeiten müssen, müssen Sie Ihre Änderungen also verwerfen, da Sie andernfalls keinen Zugriff auf die Arbeitsmappe erhalten. Solange Sie die *EXCEL*-Tabellen aber jetzt bearbeiten, ist diese wieder exklusiv gesperrt. Sollte jetzt diese Datei wieder auf einem anderen Rechner geöffnet werden, wird dort auch wieder die Warnung ausgegeben, dass das Dokument verwendet wird.

7.2 Dateien gemeinsam bearbeiten in der Cloud (OneDrive)

Unter *EXCEL* 2024 ist diese Zusammenarbeit aber auch dann möglich, wenn die beteiligten Personen an unterschiedlichen Orten sind und keinen Zugriff auf ein gemeinsames lokales Netzwerk haben. Voraussetzung ist dann aber die Verwendung einer Cloud, in diesem Fall OneDrive von Microsoft. Es muss aber nur eine der beteiligten Personen Zugriff auf *EXCEL* haben!

Sehen Sie sich z.B. noch einmal Übung 1 (Personalkosten) auf Seite 66 an. Dort ging es darum, dass Frau Müller die Personalkosten der Bernhard Müller OHG auswertet. In der Tabelle stehen die monatlichen Personalkosten der drei Werke. Diese musste Frau Müller (bzw. Sie, als Sie die Übungsaufgabe bearbeitet haben) alle selbst eingeben. Schöner wäre es aber, wenn das z.B. in den jeweiligen Werken jeweils eigenständig gemacht wird. So könnten die zuständigen Personen, Herr Dönmez im Werk 2 und Frau Dröscher aus Werk 3, ihre Daten eingeben, sobald diese vorliegen und müssen diese nicht erst per E-Mail oder telefonisch an die Zentrale durchgeben.

In *EXCEL* 2024 ist das gemeinsame Bearbeiten von Dateien problemlos möglich. Ihnen ist vielleicht schon aufgefallen, dass oben rechts in Ihrer *EXCEL*-Version „Freigeben" steht.

Um die gemeinsame Bearbeitung zu testen, erstellen Sie eine einfache *EXCEL*-Arbeitsmappe, in der Sie einen Testtext eingeben:

	A	B	C	D
1	Das ist eine Testdatei für das gemeinsame Arbeiten!			
2				
3	Dieser Testtext wurde von Axel Zimmermann eingegeben.			

Wenn Sie dann „Freigeben" anklicken, erhalten Sie einen Hinweis.

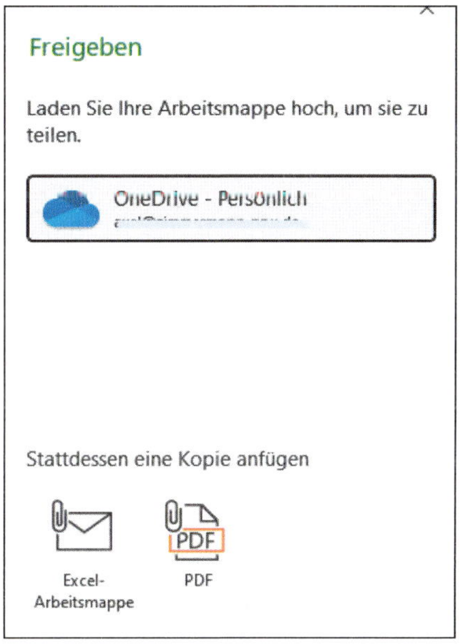

Hier bekommen Sie die Cloud von Microsoft angezeigt, die OneDrive heißt. Ggf. müssen Sie sich hier noch registrieren. Die persönliche Cloud (die allerdings einen relativ geringen Speicherplatz bietet) ist zum Zeitpunkt der Erstellung dieses Buches kostenlos, die professionelle Variante gebührenpflichtig. Wir gehen nachfolgend davon aus, dass Sie Zugriff auf OneDrive haben. Das geht aber nur mit einer funktionsfähigen Internetverbindung!

Hier können sie nun den angegebenen Cloud-Speicher auswählen und *EXCEL* fragt nach einem Dateinamen. Alternativ können Sie die Arbeitsmappe aber auch klassisch als Mailanhang verschicken, entweder als bearbeitbare *EXCEL*- oder als statische PDF-Datei.

Wir gehen davon aus, dass Sie mit der „echten" Freigabe arbeiten und daher die Arbeitsmappe in der Cloud ablegen. Wenn Sie daher darauf auf die Cloud geklickt haben, fragt Sie *EXCEL* nach einem Dateinamen:

Sobald Sie den eingegeben haben, dauert es einen Moment (abhängig von Ihrer Internetverbindung) und Sie werden dann gefragt, wie Sie die Arbeitsmappe freigeben wollen. Die erste Option versendet den erstellten Link per Mail und die zweite erzeugt einen kopierfähigen Link, den Sie dem Empfänger z. B. über Microsoft Teams oder auch WhatsApp schicken können.

Zusätzlich können Sie durch einen Klick auf „Jeder mit dem Link kann bearbeiten“ auch noch Rechte vergeben, ein Passwort festlegen oder auch entscheiden, dass dies nur in der kommenden Woche geht, das allerdings nur mit der Premium-Version von *EXCEL!*

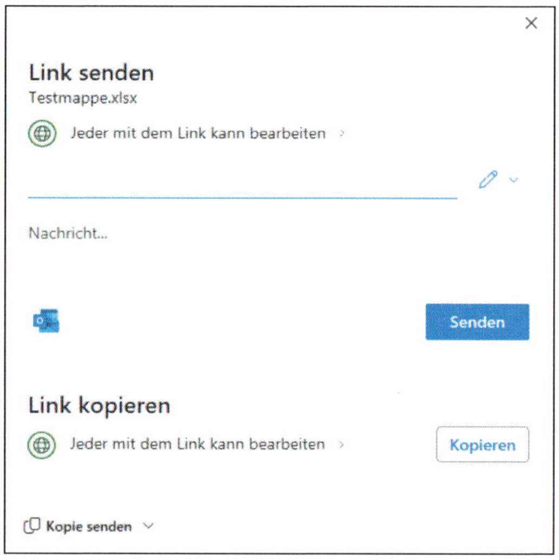

Ein solcher Link könnte dann z. B. so aussehen:

`https://1drv.ms/x/c/19ab2e08cff1145a/EXew50exlEXBkL6ArQAH4LcBAewJ3ydchCUV2pTS2xQJRw?e=123Ih0`

Bevor Sie sich die Mühe machen, diesen „Bandwurm“ jetzt abzutippen, weise ich darauf hin, dass hier einzelne Zahlen und Buchstaben verändert wurden, der Link also nicht funktionieren wird.

Der Empfänger eines echten Links kann diesen aber jetzt einfach in einem Browser aufrufen (z. B. in Microsoft Edge, Google Chrome usw.) und dort mit „Ihrer“ Arbeitsmappe arbeiten, ohne selbst *EXCEL* installiert zu haben.

Im Edge-Browser auf einem Windows PC sähe das dann z. B. so wie links aus. Rechts ist der Teil eines Screenshots eines Android-Smartphones mit installierter *EXCEL*-App:

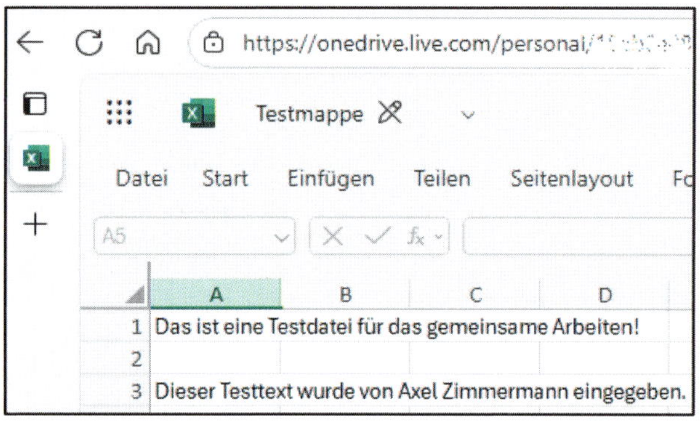

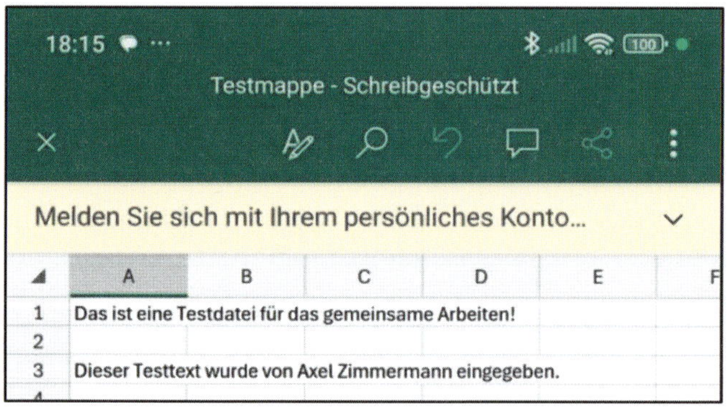

Nur darüber funktioniert mit dem „normalen“ *EXCEL* dann das gemeinsame Arbeiten. Das hat den Vorteil, dass es vollkommen egal ist, wo sich die Menschen befinden, die an der Datei arbeiten wollen. Es wird ein Link erstellt und an den anderen geschickt, der dann damit in einer webbasierten Oberfläche von *EXCEL* über einen Internetbrowser oder auch in einer installierten *EXCEL*-Version die Arbeitsmappe bearbeiten kann.

In diesem Vorteil liegt allerdings auch der Nachteil, denn ohne einen funktionierenden Internetzugang, ist auch kein Zugriff auf die in der Cloud liegende Datei möglich! Ein weiterer Nachteil besteht darin, dass die Daten, die Sie in der Cloud ablegen, auch nicht in Ihrem direkten Zugriff liegen, denn die Cloud gehört dem Anbieter, hier also Microsoft und Microsoft bestimmt, wo die Daten gespeichert werden. Dies sind in der Regel Server, die in den USA stehen, und daher gelten hier auch die Datenschutzbestimmungen der Vereinigten Staaten von Amerika. – Sie (bzw. die Vorgaben Ihres Unternehmens oder der Schule) müssen also festlegen, ob Sie Daten außerhalb des Gültigkeitsbereichs der DSVGO[1] ablegen wollen oder dürfen.

1 Die DSGVO ist die 2016 in Kraft getretene Datenschutz-Grundverordnung, in der für alle Mitgliedsstaaten der Europäischen Union einheitlich festgelegt ist, wie die Verarbeitung personenbezogener Daten zu erfolgen hat.

Wenn Sie die Einschränkung vornehmen, dass nicht jeder mit der Datei arbeiten kann, der den Link erhält, könnten Sie z. B. festlegen, dass nur bestimmte Personen den Link bekommen und nutzen dürfen. Im Eingangsbeispiel stand, dass Herr Dönmez für die Daten von Werk 2 zuständig ist. Daher verwenden Sie jetzt die Arbeitsmappe mit den Personalkosten und gehen so vor, wie gerade vorgestellt. Sie ändern jetzt aber den Eintrag von „Jeder mit dem Link kann bearbeiten" auf „Bestimmte Personen" (unter „Mehr Einstellungen" müssen Sie nichts ändern, weil Herr Dönmez deshalb von Ihnen den Link bekommt, weil er Änderungen vornehmen soll).

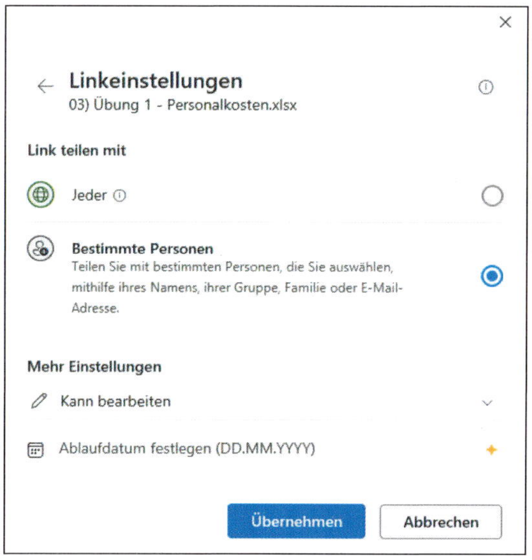

Nach dem Klick auf „Übernehmen" bekommen Sie die Maske, in der Sie die Mailadresse des Empfängers eingeben können. Es sind aber auch mehrere Adressaten zulässig. Außerdem kann eine kurze Nachricht an den Adressaten verfasst werden:

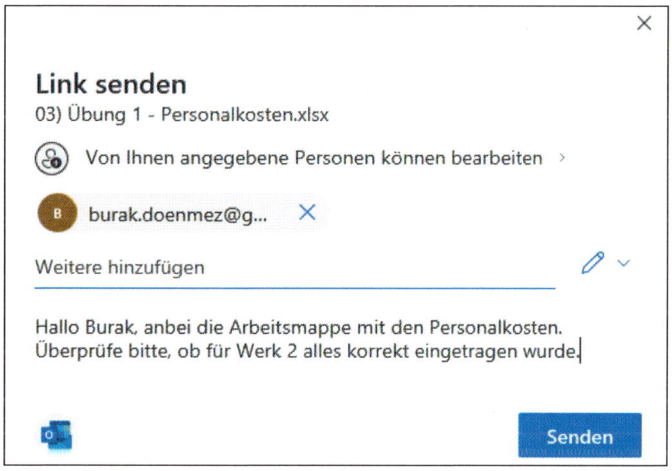

Nachdem Sie auf „Senden" geklickt haben, bekommen Sie auch die Bestätigung über den erfolgreichen Versand, der allerdings recht einfach ausfällt.

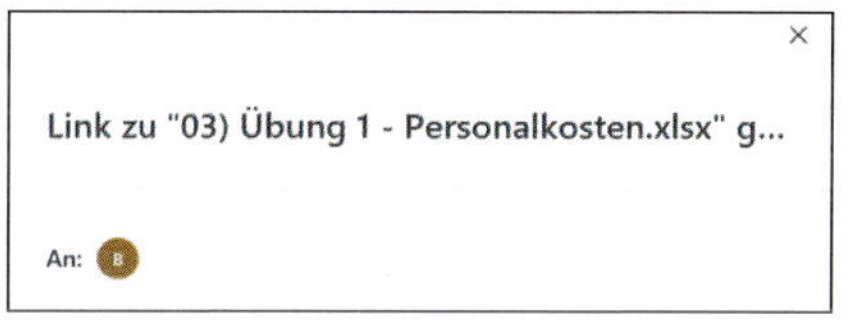

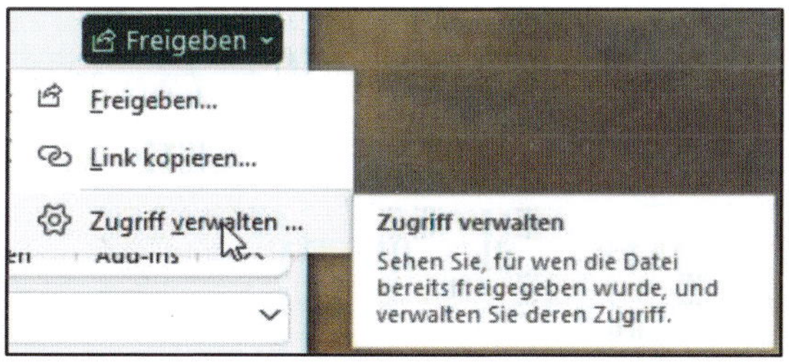

Fällt Ihnen später ein, dass Sie noch eine zweite Person in die Freigabe aufnehmen wollten (z. B. Frau Dröscher für Werk 3) oder, dass Ihnen ein Fehler unterlaufen ist, weil Herr Dönmez nachfragt, wo denn der Link bleibt, und Sie vermuten, dass Sie sich vertippt haben, können Sie wieder über den Button „Freigeben" auch Änderungen vornehmen, indem Sie dort „Zugriff verwalten" auswählen:

Hier können Sie jetzt alle möglichen Änderungen vornehmen, weitere Bearbeiter eintragen oder auch Berechtigungen entziehen.

Herr Dönmez hat inzwischen aber die E-Mail bekommen.

Darin kann er dann auf den „Öffnen-Link" klicken und im Standard-Browser (wie oben bereits dargestellt) wird dann in einer webbasierten Version von *EXCEL* die zuvor erstellte Arbeitsmappe geöffnet. Hier kann er dann auch Änderungen vornehmen. – Es gelten aber auch die Einschränkungen der Nutzung im lokalen Netzwerk, denn haben Sie vergessen, *EXCEL* zu schließen, erhält der Empfänger keinen Schreibzugriff, weil Sie diesen blockieren. Denken Sie daran, dass die Datei nicht mehr auf Ihrem Rechner liegt, sondern auf einem Server von Microsoft!

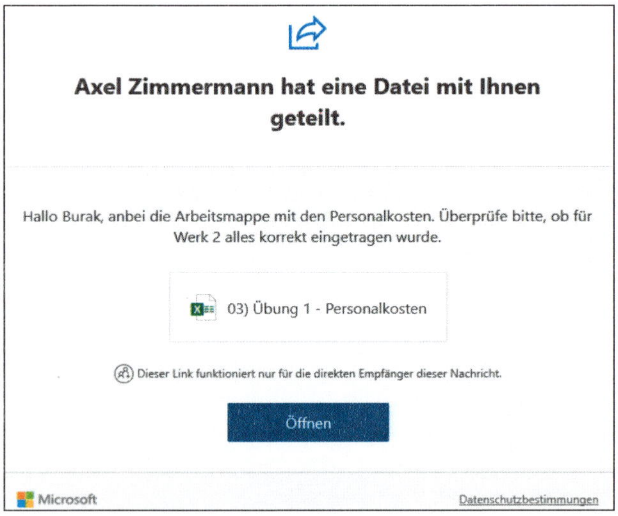

Herr Dönmez muss die Datei, wenn er Änderungen vornimmt, nicht speichern, denn das geschieht automatisch. Allerdings ist die Datei auch jetzt gesperrt, sodass der ursprüngliche Ersteller beim Versuch diese zu öffnen auch wieder einen Warnhinweis bekommt.

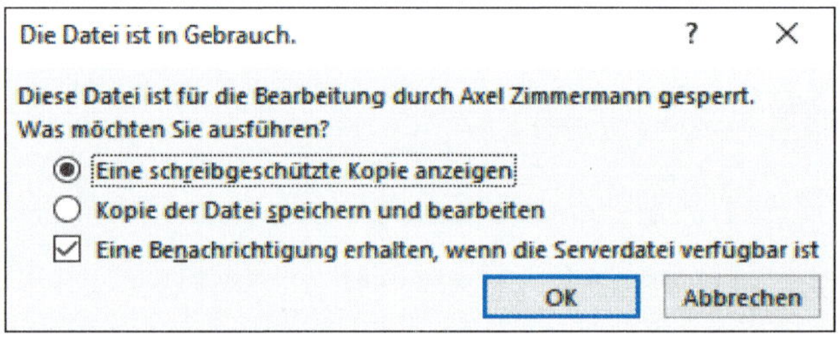

Es bietet sich also an, auf „OK" zu klicken und abzuwarten, dass Herr Dönmez seine Arbeit an der Arbeitsmappe beendet. Man sieht dann aber schon seine Eingabe in der Zelle G4! Nachdem das Browserfenster von Herrn Dönmez geschlossen wurde, erscheint mit etwas Verzögerung auch wieder der nebenstehende Hinweis.

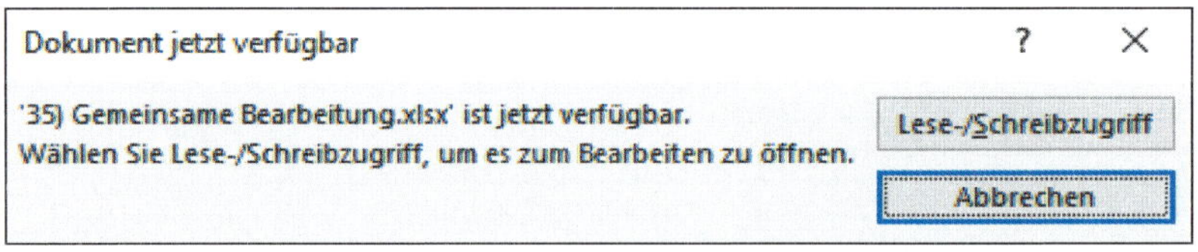

Bei Ihnen ist dann die Datei wieder in *EXCEL* 2024 geöffnet und Sie können wieder selbst weiterarbeiten und die Rückmeldung von Herrn Dönmez löschen.

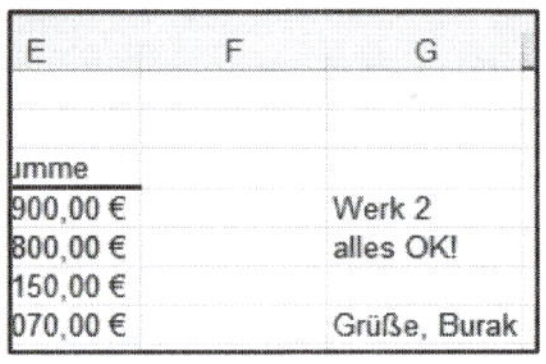

Herr Dönmez kann natürlich jederzeit wieder auf diesen Link zugreifen, bis Sie die Rechte entziehen oder ändern. Dies können Sie auch wieder über die Schaltfläche „Freigeben" erledigen. Sie müssen dort zur Registerkarte „Links" wechseln und können dann über den Papierkorb die Berechtigung entziehen.

7.3 Dateien kollaborativ bearbeiten mit EXCEL 365

Die auf S. 170 vorgestellte Methode, Arbeitsmappen, die in einer Cloud abgelegt sind, gemeinsam zu bearbeiten, ist zwar schon recht komfortabel, setzt aber immer noch voraus, dass nacheinander gearbeitet wird. Außerdem sieht man nicht in „Echtzeit“, was die anderen Personen gerade in der Tabelle ändern.

Spätestens seit der Coronapandemie und in Zeiten von Homeoffice und Distanzbeschulung ist es eben nicht so, dass man jederzeit in der IT-Abteilung die Kollegin/den Kollegen oder in der Schule die Lehrerin/den Lehrer fragen kann, wenn man nicht weiterkommt, ob hier schnell eine Hilfestellung gegeben werden kann. Gäbe es kein kollaboratives Arbeiten, könnte nur verbal (z.B. über das Telefon) erklärt werden, wo man drücken muss und was hier oder da eingegeben werden muss. Einfacher wäre es, wenn die helfende Person gleichzeitig in die Tabelle hineinsehen und ggf. auch Änderungen dort vornehmen kann.

Aber auch im zuvor aufgegriffenen Beispiel mit Herrn Dönmez und Frau Dröscher wäre es hilfreich, wenn jeder jederzeit den Zugriff auf die Arbeitsmappe hat und nicht warten muss, bis einer der anderen zugriffsberechtigten Personen die Arbeitsmappe geschlossen hat. Auch die *Rangfolge Vertreter* in Echtzeit anzuzeigen, ist nur möglich, wenn z.B. in der Heinrich KG die Arbeitsmappe, die Sie auf Seite 84 erstellt haben, dauerhaft geöffnet bleibt und die Vertreter Ihre Umsatzzahlen erfassen.

Das ist aktuell nur in *EXCEL* 365 möglich und auch hier nur bei Arbeitsmappen, die in OneDrive gespeichert wurden. Zusätzlich müssen alle Personen, die an der gemeinsamen Bearbeitung als „bestimmte Personen“ teilnehmen sollen, auch ein Konto bei Microsoft haben, da andernfalls der Link nicht geteilt werden kann.

Die Titelleiste von *EXCEL* 365 sieht geringfügig anders aus als die von *EXCEL* 2024.[1]

EXCEL 2024 (Stand September 2025):

EXCEL 365 (Stand September 2025):

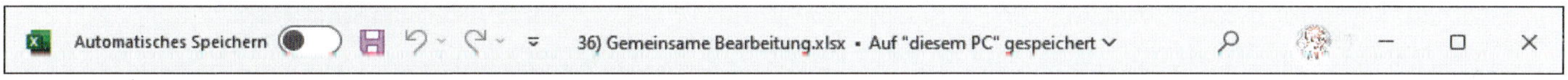

als Vergleich: *EXCEL* 365 (Stand Mai 2021):

Vor allem fällt auf, dass *EXCEL* 365 vor dem Speichern-Symbol einen „Schieberegler“ besitzt, mit dem das automatische Speichern eingeschaltet wird. Hier wird jede Änderung umgehend gespeichert. Dies funktioniert aber ebenfalls nur in der Cloud und ist die Grundvoraussetzung für die gemeinsame und zeitgleiche Bearbeitung, denn nur so ist sichergestellt, dass jede Eingabe auch unmittelbar bei allen anderen Personen zu sehen ist, die gerade angemeldet sind. Außerdem kann man noch neben dem Dateinamen erkennen, wann die letzte Änderung der Arbeitsmappe erfolgte.

Das Vorgehen, eine Arbeitsmappe zu teilen, ist zunächst einmal dem Vorgehen in *EXCEL* 2024 sehr ähnlich. Legen Sie zunächst – direkt in OneDrive eine neue *EXCEL*-Arbeitsmappe an. Auch hier klickt man auf „Freigeben“. Danach öffnet sich dann ein mit *EXCEL* 2024 identischer Dialog:

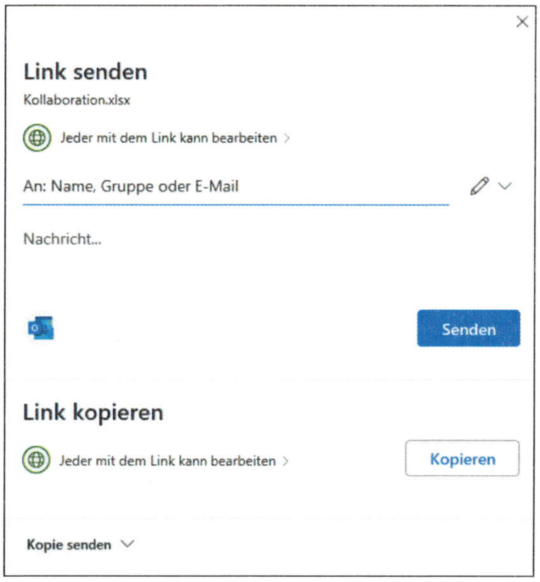

Wenn die Arbeitsmappe nicht in OneDrive abgelegt wurde, werden Sie zunächst mit dem entsprechenden „Speichern unter-Menü“ dazu aufgefordert, das nachzuholen.

1 Wahrscheinlich werden sich beide Programmversionen im Laufe der Zeit immer mehr unterscheiden, weil *EXCEL* 2024 lediglich Updates bekommt, die z.B. Fehler beseitigen und *EXCEL* 365 als Bestandteil von Microsoft 365 immer aktualisiert wird. So war *EXCEL* 365 im Jahr 2019 vergleichbar mit *EXCEL* 2019, entwickelte sich dann aber stetig weiter und bekam neben einem anderen Layout auch neue Funktionen. Es kann sogar sein, dass auf zwei unterschiedlichen PCs *EXCEL* 365 nicht identisch aussieht!

Danach füllen Sie die nebenstehende Maske aus. Zunächst legen Sie fest, ob Sie einen speziellen Freigabe-Link erstellen wollen oder ob der allgemein gelten soll, indem Sie auf den entsprechenden Text unter „Link senden“ klicken:

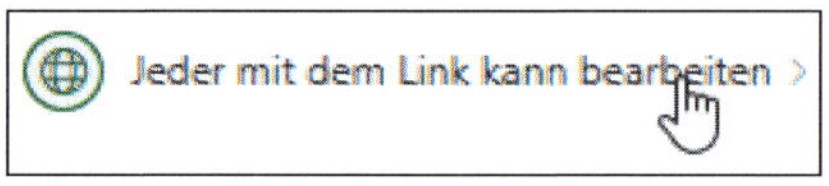

Daraufhin erscheint ein neues Fenster, in dem Sie zahlreiche Einstellungen vornehmen können, wozu auch die Vergabe eines Passwortes bei einem allgemeinen Link und die Festlegung einer Gültigkeitsdauer gehören. Wenn Sie z. B. Angaben bis zu einem bestimmten Zeitpunkt benötigen und verhindern wollen, dass danach noch Änderungen vorgenommen werden, brauchen Sie nicht manuell die Rechte entziehen, sondern dies geschieht automatisch. Eine zeitliche Befristung und die Passwortvergabe bei allgemeinen Links sind allerdings nicht mit jeder Version von *EXCEL* 365 möglich! Je nachdem, welche Version Sie installiert und wie Sie sich dort angemeldet haben, fehlen evtl. einzelne Auswahloptionen und/oder Sie sehen am rechten Rand des Fensters ein Symbol ( ), das zeigt, dass Ihre Version diese Funktion nicht unterstützt.

Zur Übung soll wieder Herr Dönmez einen Freigabelink per E-Mail bekommen, damit er gemeinsam mit anderen an einer *EXCEL*-Arbeitsmappe arbeiten kann. Dieser Link soll aber nur für ihn gelten. Sie können natürlich wieder eine Person Ihrer Wahl verwenden!

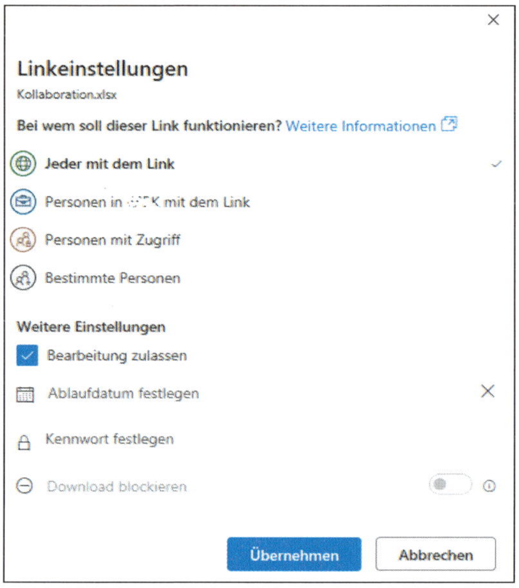

Es gibt nun mehrere Möglichkeiten, dieses Ziel zu erreichen (wenn Sie die „richtige“ Version von *EXCEL* 365 benutzen können und auch mit dem dazu gehörenden Firmen- bzw. Schulkonto angemeldet sind. Fehlen viele der Optionen, gibt es aber dennoch eine Möglichkeit, auch wenn diese weniger komfortabel ist (siehe unten).

Über „Weitere Informationen“ können Sie die Onlinehilfe zu den Auswahloptionen aufrufen. Vereinfacht gesagt, wird die Auswahl immer spezieller, je weiter Sie nach unten gehen, denn zunächst kann ein Link erstellt werden, der jeden berechtigt, die Datei zu bearbeiten, dann einer für alle Mitglieder Ihrer Organisation. Das kann ein Unternehmen, eine Schule usw. sein (daher ist der Eintrag hier auch unleserlich gemacht). Die nächste Ebene, die „Personen mit Zugriff“, haben von Ihnen bereits eine Berechtigung für die Datei oder den ganzen Ordner bekommen, und würden daher dann einfach den Link noch einmal zugeschickt bekommen. Zu guter Letzt gibt es dann noch die „Bestimmte Person“, die für unseren Zweck genau richtig ist, denn Herr Dönmez hat kein offizielles Microsoft-Konto und auch keinen Zugriff auf die Lizenz, die vom Unternehmen angeschafft wurde.

Sie klicken daher auf „Bestimmte Person“ (erkennbar an dem unscheinbaren Haken, der dann am rechten Rand des Fensters angezeigt wird) und wählen, wenn das nicht schon automatisch ausgewählt war, „Bearbeitung zulassen“ aus. Diese Einstellungen übernehmen Sie dann und gelangen zurück in das vorhergehende Fenster. Dort ergänzen Sie dann die Mailadresse und können auch wieder einen kleinen Text angeben, damit der Empfänger weiß, worum es geht:

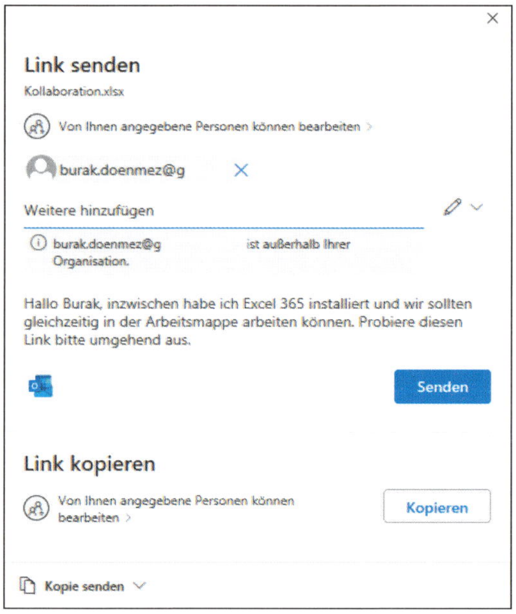

Jetzt sollte die Maske so aussehen (mit einer funktionierenden Mailadresse natürlich). Da Herr Dönmez keine Lizenz des Unternehmens hat und mit seiner privaten E-Mail-Adresse hinzugefügt wurde, steht dort jetzt auch folgerichtig, dass er „außerhalb Ihrer Organisation“ ist. Danach können Sie *Senden* anklicken. Anders als bei *EXCEL* 2024 wird der Versand auch bestätigt.

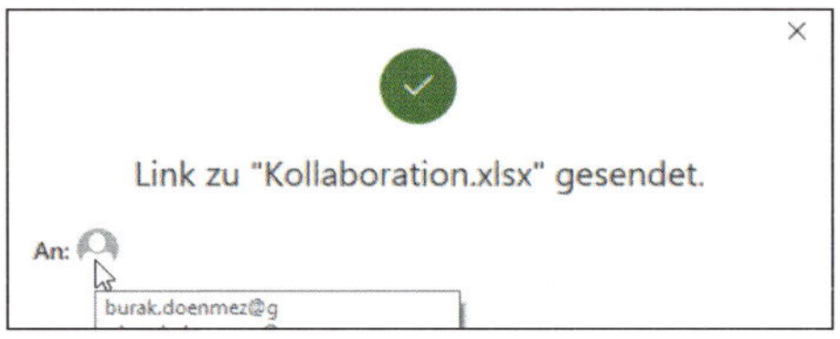

Wenn Sie die Maus (ohne zu klicken) auf das Symbol hinter dem „An:“ schieben, sehen Sie auch, dass die Nachricht an Herrn Dönmez geschickt wurde. Auch in diesem Fall wird Herr Dönmez wieder eine E-Mail bekommen, die der von *EXCEL* 2024 generierten, sehr ähnlich ist:

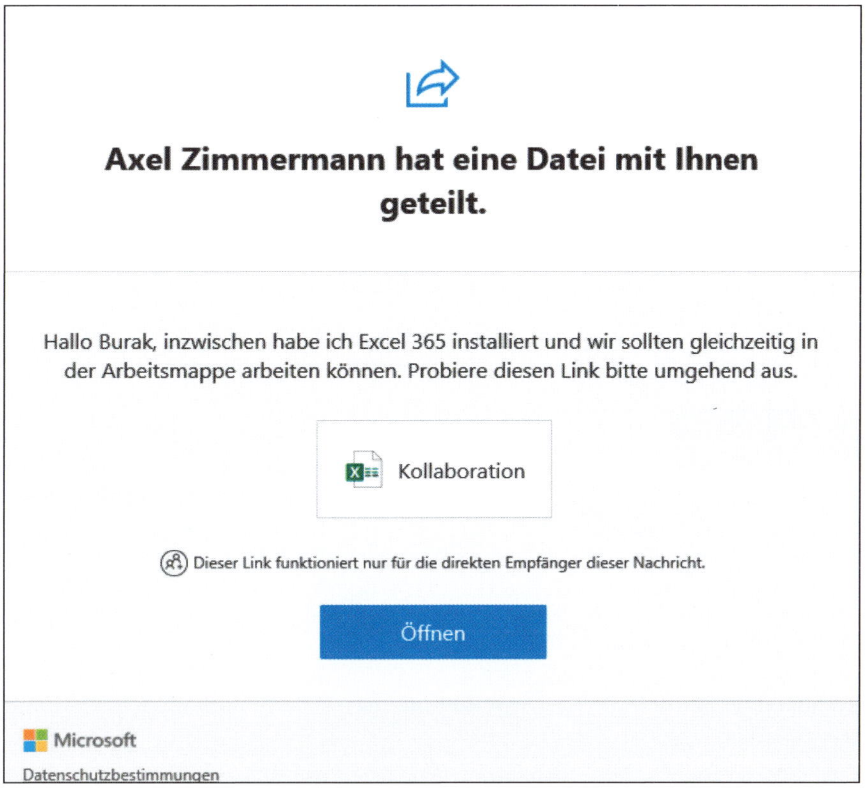

Im nächsten Schritt muss Herr Dönmez jetzt diesen Link öffnen, indem er entweder auf „Öffnen“ oder auf den angezeigten Dateinamen, hier „Kollaboration“ klickt. Es wird sich dann der Standard-Webbrowser öffnen und eine Sicherheitsabfrage erfolgen, denn wir hatten die Freigabe ausdrücklich nur für Herrn Dönmez erstellt. Aus Sicherheitsgründen sind auch in diesem Bildschirmfoto einzelne Bereiche gelöscht worden:

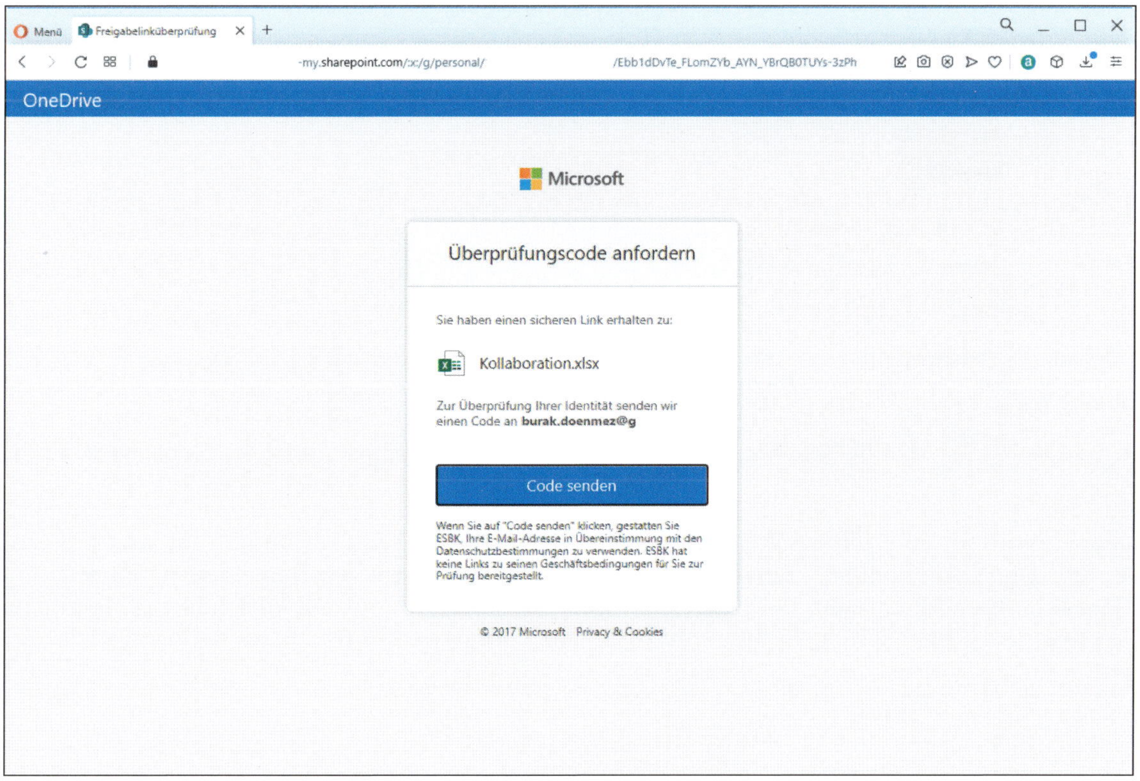

Nachdem Herr Dönmez auf „Code senden“ geklickt hat, wird „Überprüfungscode anfordern“ durch „Prüfcode eingeben“ ersetzt und erneut eine E-Mail an die angegebene Adresse versendet.

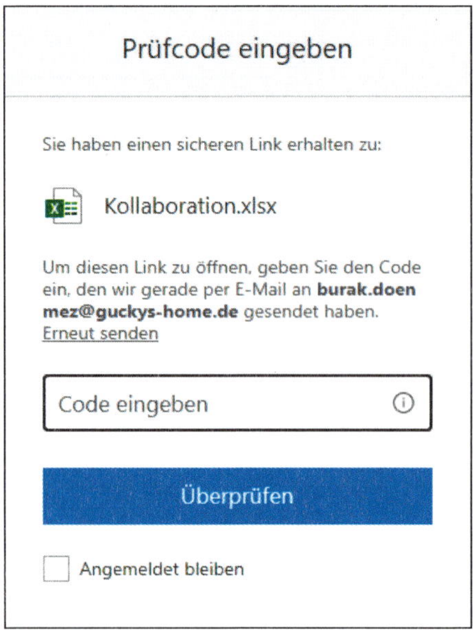

In der kurz darauf bei Herrn Dönmez eingehenden E-Mail steht dann ein Code und der Hinweis, dass dieser nur 15 Minuten gilt. Sollte in dieser Zeitspanne keine Eingabe erfolgen, muss der Code neu angefordert werden (und kann daher hier auch im Bildschirmfoto sichtbar bleiben):

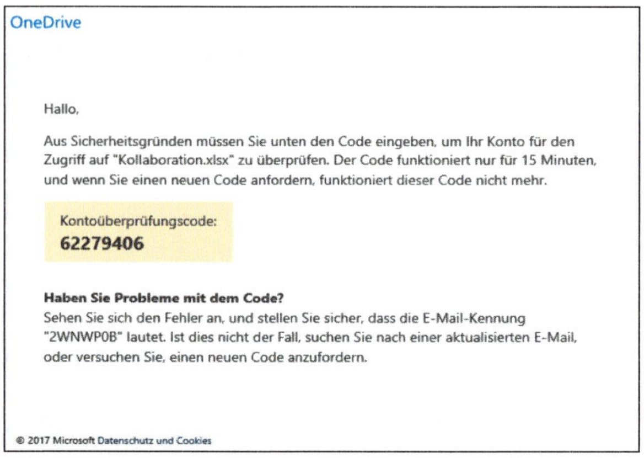

Damit der Ersteller der Freigabe darüber informiert ist, dass der Empfänger diese jetzt nutzen kann, erstellt Microsoft auch für diesen eine E-Mail:

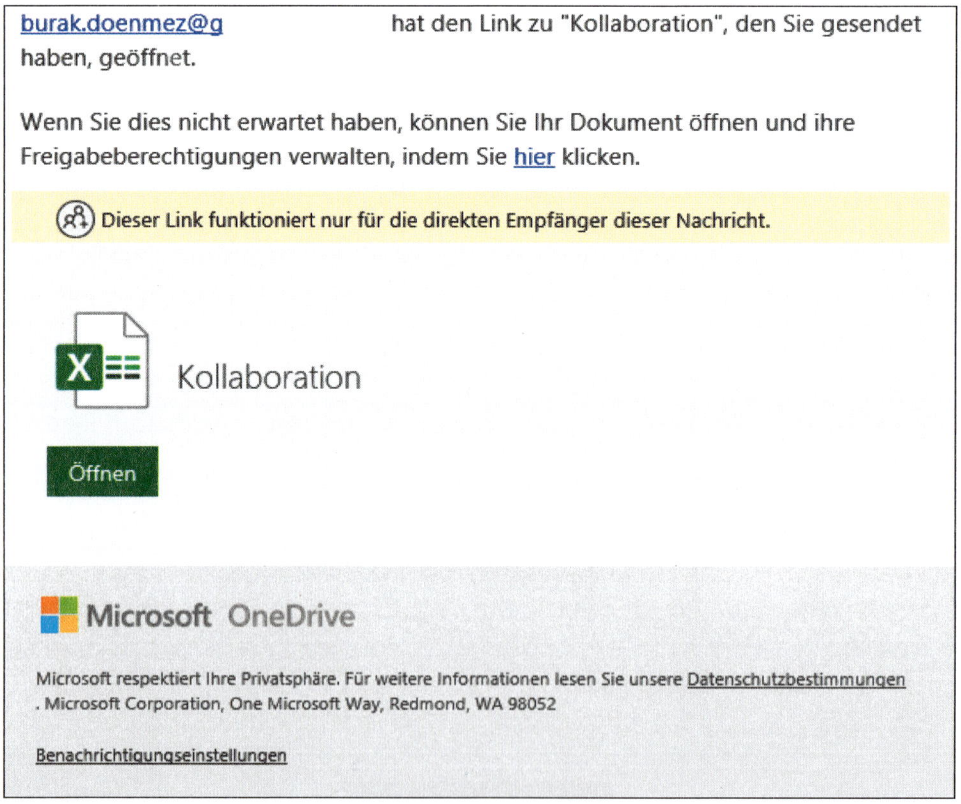

Hier kann dann noch mal überprüft werden, ob der Empfänger wirklich berechtigt war, auf die Datei zuzugreifen. Die Berechtigung könnte sogar jetzt noch angepasst werden, indem Sie auf den Link „hier“ klicken, denn der Ersteller der Datei ist immer auch der Eigentümer, der jederzeit Rechte an weitere Personen vergeben kann oder auch vorhandene Zugriffsberechtigungen zu ändern oder auch zu löschen!

Jetzt kann es aber mit der gemeinsamen Arbeit in *EXCEL* losgehen, denn so sehen die beiden Darstellungen aus (links Ihre in *EXCEL* 365), rechts die von Herrn Dönmez im Browser:

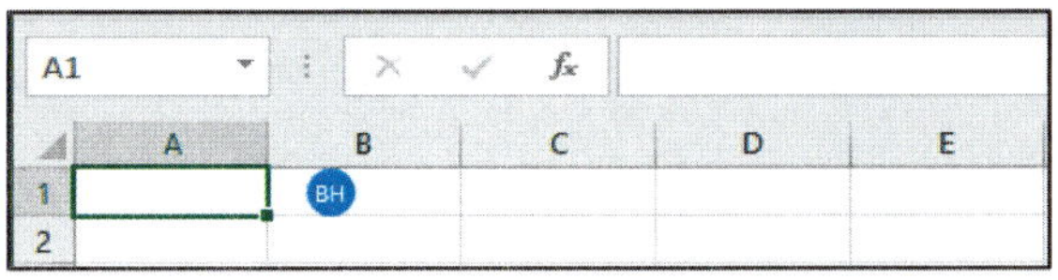

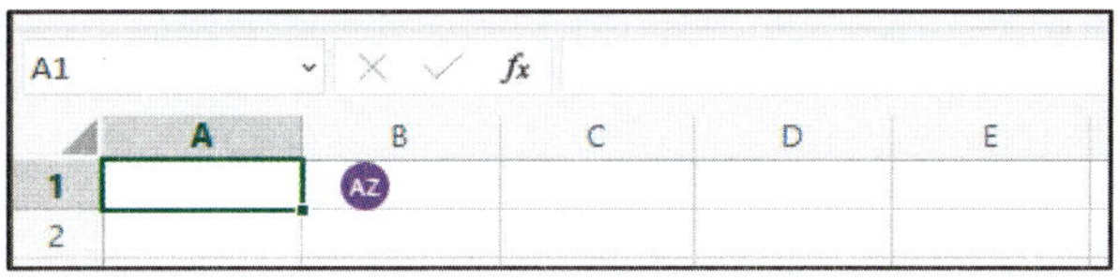

Auf den ersten Blick sind beide Fenster identisch, aber bei genauerem Hinsehen, werden Sie feststellen, dass neben der Zelle A1 jeweils ein anderes Symbol zu sehen ist. In der Version, die Sie auf dem Desktop sehen, steht ein Kürzel im blauen Kreis, mit dem *EXCEL* in diesem Fall Herrn Dönmez darstellt, bei ihm ein lila Kreis mit Ihrem Kürzel. Daran können Sie jederzeit sehen, wer gerade an welcher Stelle der Arbeitsmappe aktiv ist.

Wenn noch mehr Personen Zugriff auf die Arbeitsmappe haben und diese gerade benutzen, sehen Sie von allen entsprechende Darstellungen, wenn Fotos hinterlegt sind auch mit deren Bild. Da wir Herrn Dönmez die vollen Rechte gegeben haben, kann dieser auch wieder die Arbeitsmappe freigeben, um z. B. Aufgaben zu delegieren.

Wenn jetzt einer der (in diesem Fall zwei) Personen etwas in die Zelle eingibt, dann passiert Folgendes:

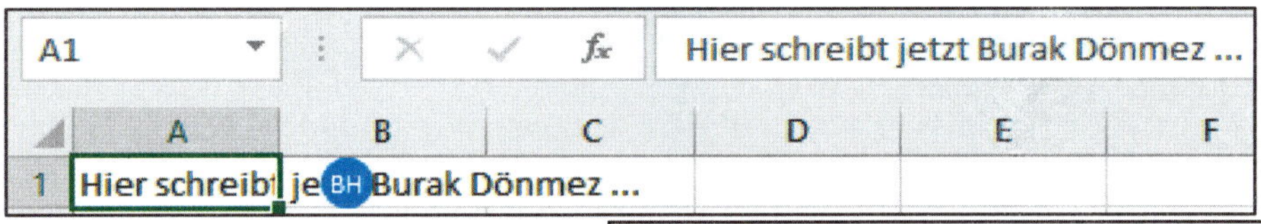

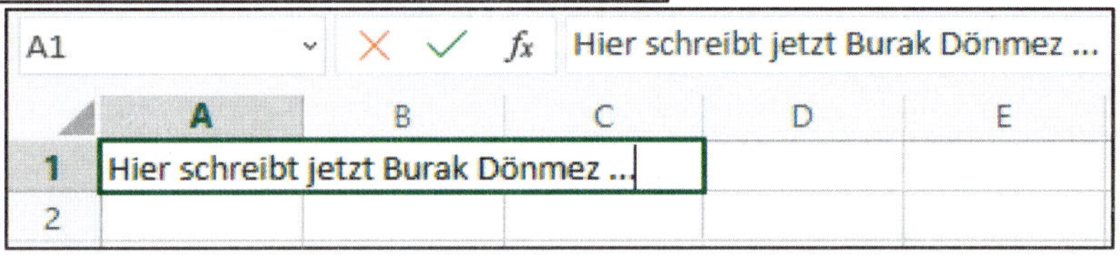

Sie sehen in Echtzeit (je nach Internetverbindungen mit einer kleinen Verzögerung) alles, was in „der anderen" *EXCEL*-Arbeitsmappe eingegeben wird. Diese ist auch in Wirklichkeit keine „andere" Arbeitsmappe, sondern mit der identisch, die Sie bearbeiten. Sie müssen sich immer klar machen, dass die eigentliche Datei gar nicht bei Ihnen oder den anderen Personen liegt, sondern auf OneDrive, also vermutlich auf irgendeinem Server in den USA! Es ist daher auch vollkommen egal, ob Sie in Rinteln, Tokyo oder Sidney sitzen – solange Sie eine funktionierende Internetverbindung haben!

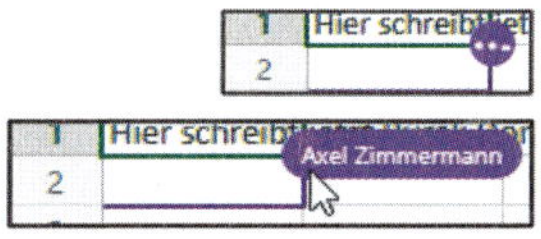

Wenn Sie schreiben, wird das in der Webversion von *EXCEL* so dargestellt, wie Sie das z. B. auch aus WhatsApp oder MicrosoftTeams kennen, denn in diesem Beispiel kann Herr Dönmez sehen, dass sich im lila Kreis drei Pünktchen bewegen und wenn er die Maus darauf schiebt (ohne zu klicken), auch den Namen der Person im Klartext. – Weder Herr Dönmez noch Sie selbst müssen das, was Sie in der Arbeitsmappe ändern, speichern, denn das geschieht jeweils automatisch (siehe oben).

Am besten probieren Sie das kollaborative Arbeiten mit Kolleginnen und Kollegen bzw. Mitschülerinnen und Mitschülern einmal aus, denn es ist am Anfang etwas gewöhnungsbedürftig, wenn man nicht mehr allein in der Arbeitsmappe ist, sondern mehrere Personen diese bearbeiten.

Sie können auch Aufgaben aus diesem Buch deutlich schneller umsetzen, wenn Sie Aufgabenteile untereinander verteilen, also z. B. im Kapitel 3.3.1 (Eine Rechnung unter Verwendung der Funktion SVERWEIS erstellen) auf Seite 101 oder Übung 1 (Rechnung) auf Seite 131.

Wenn Sie dies z. B. in der Schule machen oder in einem Unternehmen, in dem Microsoft Teams eingesetzt wird, brauchen Sie nicht einmal die Freigabe über „Freigeben" erstellen, sondern Sie schicken die Arbeitsmappe per Teams-Chat einfach an die entsprechenden Teilnehmer. Diese bekommen dann nämlich gar nicht die Datei zugeschickt, sondern (im Hintergrund) den Link auf die Arbeitsmappe, die wiederum in OneDrive, also auf Servern Microsofts, abgelegt wird.

Stichwortverzeichnis

Schnellfinder

Befehlsübersicht für Teil 1 der gestreckten Abschlussprüfung (Auszug zur Tabellenkalkulation)[1] – Zuordnung zum „Erfolgreichen Büromanagement mit EXCEL 2021/EXCEL Microsoft 365" („ErBüEx")

Kaufmann/Kauffrau für Büromanagement (Teil 1 der gestreckten Abschlussprüfung) Prüfungsbereich „Informationstechnisches Büromanagement		
Befehle und Funktionen für die Tabellenkalkulation		**„ErBüEx", Seite**
Funktionen für Berechnungen	ANZAHL/ANZAHL2	74
	HEUTE	102
	JAHR/MONAT/TAG	145
	MIN/MAX	85
	MITTELWERT	86
	ODER	94
	RANG	86
	RUNDEN, AUFRUNDEN, ABRUNDEN	98 f.
	STUNDE/MINUTE	145
	SUMME	23
	SUMMEWENN	81
	SVERWEIS	101
	TAGE360	153
	UND	97
	WENN (auch verschachtelt)	87, 90
	ZÄHLENWENN	83
Diagramm erstellen und bearbeiten	Achse formatieren	119
	Achsenbenennung	117
	Datenbeschriftung in allen Diagrammtypen	121, 124
	Diagrammüberschrift	116
	Gitternetzlinien	118
	Legende	124
	Muster der Datenreihen und -punkte	125
	Trendlinie hinzufügen	127
	Zeichnungsfläche formatieren	117
	Zusatz (Textfeld, Autoformen)	140
Allgemeine Rechen-Operationen	Dreisatz	61, 70
	Durchschnitt (auch gewogen)	61, 67
	Prozentberechnung (auch prozentuale Veränderung)	49, 68, 71, 87
Formatierung	Benutzerdefiniertes Format	58
	Format Zellen	26
	Übersichtliche Darstellung von Diagrammen	114
	Zeilen- und Spaltenüberschrift, Gitternetzlinien anzeigen	37

1 Quelle: http://www.ihk-aka.de/sites/default/files/download/bu_bm_t1_6364.pdf (Befehlsübersicht für Teil 1 der gestreckten Abschlussprüfung, Auszug zur Tabellenkalkulation, Zugriff: 06.09.2022).

Notizen

Notizen

Notizen

Notizen

Notizen

Notizen